校企合作双元开发新形态活页式教材
高等院校财经商贸高素质应用型人才培养实用教材

创业经营与工业沙盘

（活页式）

主　编　董婕妍　张志新　徐海清
副主编　唐璇子　李思瑾　刘　阳

西南交通大学出版社
·成　都·

图书在版编目（CIP）数据

创业经营与工业沙盘 ： 活页式 / 董婕妍，张志新，徐海清主编. --成都：西南交通大学出版社，2024.2

ISBN 978-7-5643-9756-2

Ⅰ. ①创… Ⅱ. ①董… ②张… ③徐… Ⅲ. ①企业管理 – 创业 – 教材 Ⅳ. ①F272.2

中国国家版本馆 CIP 数据核字（2024）第 038400 号

Chuangye Jingying yu Gongye Shapan（Huoye Shi）

创业经营与工业沙盘（活页式）

主编 董婕妍 张志新 徐海清

责任编辑 罗爱林
封面设计 墨创文化

出版发行 西南交通大学出版社
（四川省成都市金牛区二环路北一段 111 号
西南交通大学创新大厦 21 楼）
邮政编码 610031
营销部电话 028-87600564 028-87600533
网址 http://www.xnjdcbs.com
印刷 四川玖艺呈现印刷有限公司

成品尺寸 185 mm × 260 mm
印张 18.75
字数 470 千
版次 2024 年 2 月第 1 版
印次 2024 年 2 月第 1 次
定价 54.00 元
书号 ISBN 978-7-5643-9756-2

课件咨询电话：028-81435775
图书如有印装质量问题 本社负责退换

前言
PREFACE

党的二十大报告把教育、科技、人才作为全面建设社会主义现代化国家的基础性、战略性支撑，单列“实施科教兴国战略，强化现代化建设人才支撑”。总体上看，教育优先发展，重在夯实人力资源深度开发基础；创新驱动发展，重在实现高水平科技自立自强。

“大众创业、万众创新”提出后，企业的管理流程、管理模式也发生了新的变化，新流程、新思想与新技术（人工智能、共享经济、移动互联、物联网、大数据、区块链和云计算）的融合，为打破组织内外边界、激活个体及多元创新和变革，提供了越来越多的新的可能性；新的商业模式和管理流程层出不穷，并已广泛渗入从消费到生产的各个领域，有力地推动了产业创新、组织创新、产品创新和技术创新。在这个“互联网+”的时代，如何使大学生在学习中掌握创业创新、企业经营和经济管理的基本理论、知识与技能，并积极投入到创业创新的大潮中去，具有重要的战略意义。

创业，即创建一个企业或创立一项事业，是经济社会发展中的伟大创举。其之所以伟大，是因为在现代，支撑整个经济社会发展的主体正是千千万万的企业和事业单位，正是它们，源源不断地为人们提供日益丰富的商品和服务，为人们的生存提供最基本的生活资料和服务，为社会再生产提供必要的生产资料和服务，为人们生活质量的提升和人的全面自由发展提供日益增多的必要条件。

创业，就是以创新的精神去抓住机遇、整合资源，为经济社会创造价值或提供服务；创业，就是创业者努力去做以创新和服务社会为己任的企业家。创业者都是追梦者，都在为自己的梦想和理想而奋斗。

创业，是一个过程，一个创造经济和社会价值并融入社会经济体系的过程；创业是一种思维模式，一种敢于承担风险和责任的思维模式；创业是一种心态，一种苦中作乐、追求结果但更享受过程的心态；创业是一种意识，一种不断学习、锐意进取的意识。创业过程也是经营的过程，管理的过程。经营管理，又称运营管理，是企业在创立后对人、财、物、产、供、销等的经营或运营管理。

编者参考了国内外多部教材及参考书的内容，结合在教学中取得的经验和遇到的问题，针对大学本科生缺少实际工作经历，对企业和社会的实际情况不甚了解等问题，对创业及经营管理的基本理论加以论述，力求对相关的理论、理念、精神及经营管理的基本流程加以系统地梳理和阐释。本书从企业、企业家和企业家精神入手，对创业的关键环节——经营决策问题加以分析；通过研究企业组织创立、生产经营决策及风险防范、生产经营、创业分析、市场营销、创业团队和股权结构、创业融资等内容，进而概述创业计划书的内容和编制方法；

通过使用大量的案例分析，工业沙盘的实践，力求阐释现代企业生产经营系统的框架、流程、运作方法和管理模式。本书能帮助大学生了解和认识企业家、企业家精神在创业经营及企业管理中的重要地位，并且能对现实生产流通和企业经营的基本过程，对创业需具备的条件、创业者需具备的素质和技能，对于企业在运营过程中对产供销人财物的管理控制流程，以及如何通过运营管理提升企业核心竞争力等有一个总体的了解和认知。

本书由云南大学滇池学院会计学院董婕妍、张志新、徐海清、唐璇子、李思瑾、刘阳等老师编写，具体分工为：模块一、模块二和模块十由董婕妍老师编写，模块三由刘阳老师编写，模块四由徐海清老师编写，模块五、模块八由张志新老师编写，模块六、模块十一、模块十二由唐璇子老师编写，模块七、模块九由李思瑾老师编写。

鉴于时间和水平所限，书中难免存在不妥与疏漏之处，敬请广大读者批评指正。

编　者

2024 年 1 月

□□□□□□□

目录
CONTENTS

上篇 创业经营

模块一 创业经营与企业家精神

学习目标

1.掌握市场经济中企业家的作用、企业家精神的体现。

2.了解和认识企业家、企业家精神在创业经营及企业管理中的主体地位。

3.通过对创业和生产运营管理的历史、现状和企业家创业案例的学习，了解创业的实质。

思政目标

1.初步树立起以创业创新为核心的企业家精神。

2.树立学生理想信念、培养思想品格的学习。

3.激发学生追求高远的理想主义境界和爱国主义情怀。

单元一 企业与企业家精神

一、企业

进入 21 世纪后，现代市场经济飞速发展，企业已成为国民经济的基本细胞，承载着社会经济有序高效发展的使命。现代企业的发展、壮大直接推动着我国国民经济的不断增长和持续发展。在国家“大众创业、万众创新”的背景下，无数新型企业诞生，为市场经济增添了新的活力。

（一）企业的内涵

传统经济学认为，企业是谋求产出最大化或利润最大化的经济组织，其功能仅仅是将投入生产中的各类生产要素，如土地、劳动、资本等转化成一定产品或服务产出，被简单视为一个生产方程或者生产函数。

亚当·斯密在其代表作《国富论》中论证了分工协作可以大大改善劳动生产力，从而提高生产效率。从其论断中也可判断，分工创造的协作生产是工厂存在的原因之一。马克思在《资本论》中明确指出，协作是最简单和最基本的内部分工形式，协作的产生也就是原始企业的产生。

在微观经济学后期，随着企业产量的增加、规模的扩大，许多学者从规模经济的角度来分析企业存在的必然性。规模经济使那些实行劳动专业化分工、采用机器设备、推行先进管理技术、推行先进生产工艺的企业蓬勃发展；反之，则会被淘汰。因此，企业只有把规模提高到一定水平才能生存与发展。

20 世纪 30 年代，科斯在《企业的本质》一文中提出“企业为何要存在”的问题，并认为交易费用的存在是企业产生和发展的根本原因。交易费用是指市场交易过程中产生的一系列费用。该理论认为，市场运行是有成本的。交易费用对于企业来说是一种外部成本。当交易费用大于企业组织成本时，企业组织就产生，即原来的市场交易双方合并成一个企业，外部成本内部化。

本书认为企业是指从事生产、流通或服务等活动，为满足社会需要自主经营、自负盈亏、承担风险、独立核算、具有法人资格的基本经济单位。按此定义，企业可以分为工业企业和商业企业两大类。工业企业是指从事工业性生产的经济组织，它利用科学技术、合适的设备对原材料进行加工，使其改变形状或性能，为社会提供需要的产品，同时获得利润。商业企业则是间接地向社会供应货物或劳务，以满足顾客的需要。在法律范畴中，企业拥有一定法律形式下自主经营和发展所必需的各种权利。企业的法律形式有多种，主要有个体企业、合伙制企业、公司制企业。

企业必须具备以下基本要素：①拥有一定数量的资金和一定技术水平的生产设备；②具有开展一定生产规模经营活动的场所；③具有一定技能、一定数量的生产者和经营管理者；④从事社会商品的生产、流通等经济活动；⑤进行自主经营、独立核算，并具有法人地位；⑥生产经营活动的目的是获取利润。

企业是社会生产力发展到一定水平的结果，是商品生产与商品交换的产物。在资本主义社会以前，虽有一些手工作坊，但是它们并未形成社会的基本经济单位。虽然有些手工作坊具有一定的生产规模和一定数量的劳动者，但是生产的产品只是为了部落、家庭、奴隶主和封建统治者享用，不是为了进行商品交换，不产生经营活动，严格来讲，它们不是真正意义上的企业。只有到了资本主义社会，随着社会生产力的提高和商品生产的发展，社会的基本经济单位才发生根本的变化，才产生严格意义上的企业。

企业的初期形态，主要是由资本所有者雇佣较多工人，采用一定的生产手段，在分工协作的基础上从事商品生产和商品交换而形成的。由于企业这种组织形式能够较好地应用当时的科学技术（机器、设备），从而能够显著地提高劳动生产率，能够大幅度降低生产成本而带来高额利润，能够集中、大量地生产商品，满足日益增长的社会需要，因而社会生产力快速发展，企业也逐步发展为社会经济重要的组织单元。

（二）企业的法律形式

在市场经济条件下，企业是法律和经济上独立自主的实体，拥有在一定法律形势下自主经营和发展所必需的各种权利。企业有多种法律形式，现就简要介绍如下：

1.个人业主制企业

个人业主制企业是指由业主个人出资兴办、由业主自己直接经营的企业。业主享有企业的全部经营所得，同时对企业的债务负有完全责任，如果经营失败，出现资不抵债的情况，业主要用自己的家财来抵偿。它的特点是，建立和歇业的程序简单易行，能够比较自由地转让产权，经营者与所有者合一，经营方式灵活，决策迅速，利润独享，保密性强。

2.合伙制企业

合伙制企业是指由两人或两人以上联合经营的企业、合伙人分享企业所得，并对营业亏损共同承担责任。它可以由部分合伙人经营，其他合伙人仅出资并共负盈亏，也可以由所有合伙人共同经营。多数合伙制企业规模较小，合伙人数较少。它可以分为普通合伙制企业和有限合伙制企业。

合伙制企业与个人业主制企业相比有很多优点：可以从众多的合伙人处筹集资本，合伙人共同偿还责任能减少银行贷款风险，使企业的筹资能力有所提高。同时，普通合伙人对企业债务承担连带无限清偿责任，有限合伙人以其认缴的出资额为限对企业债务承担清偿责任，因而有助于提高企业的信誉。

合伙制企业也有明显缺点。首先，合伙制企业是根据合伙人之间的契约建立的，每当一位原有的合伙人离开，或者接纳一位新的合伙人，都必须重新确立一种新的合伙关系，从而造成法律上的复杂性，通过接纳新的合伙人增加资金的能力也就受到限制。其次，由于所有的合伙人都有权代表企业从事经济活动，重大决策都需要得到所有合伙人的同意，所以很容易造成决策上的延误和差错。最后，有限合伙人以其认缴的出资额为限对企业债务承担责任，普通合伙人对企业债务承担连带无限清偿责任，这就使那些并不能控制企业的合伙人面临很大的风险。

3.合作制企业

合作制企业是指以本企业或合作经济实体内的劳动者平等持股、合作经营、按劳分配与按股分配相结合的企业制度。合作制企业是劳动者自愿、自助、自治的经济组织。

实行合作制的企业，外部人员不能入股。这是合作制与股份制的区别之一。如果在企业内外部发行股票或股权证，那就不是合作制而是股份制了，应当按照股份制的有关法律和规则进行运营。

4.无限责任公司

无限责任公司是指由两个或两个以上的股东所组成，股东对公司的债务承担连带无限清偿责任的公司。所谓连带无限清偿责任，是指股东不论出资多少，对公司债权人以全部个人财产承担共同债务或单独清偿全部债务的责任。无限责任公司是典型的人合公司。相对资合公司而言，人合公司是指信用基础建立在股东个人的信用之上，而不是建立在公司资本多少上的公司。

一般来说，如果在公司章程中没有特殊规定，每个股东都有权利和义务处理公司的业务，都有对外代表公司的权力。公司的自有资本来自股东的投资和公司的盈利。公司的盈余分派一般分为两个部分：一部分按股东的投资额，以资本利息的形式分派；另一部分则按合伙的平分原则分派。

对股东而言，无限责任公司的风险很大，因为他们承担的是连带无限清偿责任。与这种高风险相对应的是，可能得到高额的利润。无限责任公司这种形式由于股东所负责任太大，筹资能力有限，在国内外都没有得到广泛的发展。

5.有限责任公司

有限责任公司又称有限公司，在英、美称封闭公司或私人公司，是指由符合法律规定的股东共同出资，每个股东以其认缴的出资额为限对公司债务承担有限责任，公司以其全部资产对其债务承担有限责任的企业法人。有限责任公司不对外公开发行股票，股东的出资额由股东协商确定。股东交付股本金后，公司出具股权证书，作为股东在公司中所拥有的权益凭证。这种凭证不同于股票，不能自由流通，须在其他股东同意的条件下才能转让，并要优先转让给公司原有股东。

公司股东对公司债务所负责任仅以其出资额为限（有些公司股东对公司债务所负责任以其出资额倍数为限，这种公司在美国又称担保有限公司），也就是说，把股东投入公司的财产与他们个人的其他财产脱钩，这就是“有限责任”的含义。与无限责任股东相比，有限责任公司的股东所承担的风险大大降低。有限责任公司的优点是：设立程序比较简单，不必公开账目，尤其是公司的资产负债表一般不予公开，公司内部机构设置灵活。其缺点是：由于不能公开发行股票，筹集资金的范围和规模一般都较小，难以适应大规模生产经营活动的资金需要。因此，有限责任公司这种形式一般适合于中小企业。

6.股份有限公司

股份有限公司又称股份公司，在英、美称公开公司或公众公司，是指注册资本由等额股份构成，并通过发行股票（或股权证）筹集资本，公司以其全部资产对其债务承担有限责任的企业法人。

与其他类型的公司相比，股份有限公司是典型的资本组合公司，各国法律都把它视为独立的法人。公司股东的身份、地位、信誉不再具有重要意义，任何愿出资的人都可以成为股东，不受资格限制。股东成为单纯的股票持有者，他们的权益主要体现在股票上，并随股票的转移而转移。公司股东人数有法律上的最低限额。法国法律、日本法律均规定不得少于 7 人，德国商法规定不得少于 5 人，《中华人民共和国公司法》则规定股东人数为 2~200 人。

股份有限公司的资本总额均分为每股金额相等的股份，以便根据股票数量计算每个股东所拥有的权益。出资多的股东占有股票的数量多，而不能单独增加每股的金额。在交易所上市的股份有限公司，其股票可在社会上公开发行，并可以自由转让，但不能退股，这主要是为了保持公司资本的稳定。

（三）组织结构

微课：应该注册哪种企业组织形式

1.简单结构

简单结构是一种低度部门化、宽管理幅度，职权集中在一人手中，且正规化程度低的组织结构，在所有者与经营者合一的小企业中广泛应用。

一般来说，初创阶段的企业会采用简单结构。由于这类企业的人财物都较紧缺，往往需要一人身兼数职，企业内部的大小事情都是创业者（老板）一人说了算，通过这种高度集权的方式来强化企业的经营方向。同时，所有的工作环节都刚刚运转，还有很多不够完善的地方，因此工作的正规化程度也较低。

对于这个阶段的企业而言，外部环境变化对企业的冲击较大，企业能否度过这个阶段几乎完全取决于创业者个人的资源与能力；同时企业也需要发挥“船小好调头”的优势，需要快速而准确地抓住市场机会来扩大实力，因此“指哪打哪”般的高效率运转是企业生存的法宝，这就意味着组织结构不需要从下向上传递信息，决策的难度不大，不需要员工贡献太多智慧，而是需要创业者自己想清楚未来如何经营。低度的正规化对于这个阶段的企业反而是好事，因为企业的一切工作流程和环节都在“摸着石头过河”。初期的低度正规化恰恰可以检验出哪种工作方式更有效，通过实践检验来积累沉淀出未来成熟的工作方式。总之，简单结构具有快速、灵活、维护成本低以及责任明确的优点；缺点在于不适用于成长后的企业，且因过于依赖老板个人决策而存在较大风险。

2.直线型组织结构

这种组织结构是一种较为集权的组织结构，组织中的岗位按照垂直系统直线排列，不设专门的职能部门。

实行直线型组织结构有一定的前提条件，一般从战略因素、组织规模因素、技术因素和环境因素出发来考虑：首先，要求组织的战略是成本领先战略。在这一战略选择下，组织追求的就是高效率的执行。而直线型组织结构没有横向联系，所有联系都是由上至下的直线单向联系，这有利于贯彻成本领先战略。其次，要求组织的规模不能太大，方便对人财物相对进行集中管理。再次，实施这种组织结构，也要求组织运用的技术相对成熟，技术的更新换代较慢，这样就不需要过多的横向联系。最后，直线结构属于刚性结构，不适应快速变化的技术和产品，因此只有外部环境较为稳定时才适用。

3.职能型组织结构

职能型组织结构是指，在总经理的统一领导下，根据所开展业务的专业属性来设立职能部门，各个职能部门具有相关业务领域的权力。

这种组织结构将相关业务技能领域的工作都整合到一个部门，如“财会部”的员工从事的都是财务会计类工作，他们可能具有相似的教育背景和专业，在业务技能上可以互相取长补短。这种组织结构以“物以类聚”的方式来划分部门，好处在于能提高单个部门的效率；但缺点是缺乏不同专业背景人员的互相学习和碰撞，如果发生环境变化，这一结构的适应性不强，不能很好地实现横向沟通，“头脑风暴”发生的概率低，且不同部门间易形成狭隘的部门利益，不利于整个组织目标的实现。

4.事业部制组织结构

事业部制组织结构是指在公司总部的统一管理下，按照顾客、地区、产品等分别设立若干事业部，每个事业部拥有较大的经营自主权，并且独立核算，而公司总部对各事业部进行总体管控。

这种组织结构主要运用在多元化经营的企业组织中，当企业生产多种产品时（包括相关多元化和不相关多元化），不同产品满足的消费者需求各有不同。为了更好地满足特定产品或服务的消费人群的需求，企业会成立多个事业部，针对每个产品或服务设定事业部，而每个事业部内部再设立自己的职能部门。这样每个事业部就如同一个小的“子企业”，单个事业部内部的各个职能部门都是为本事业部服务的。

这种组织结构往往适用于中大规模的企业组织，尤其是针对不同的产品或服务来划分事业部，有利于每一个事业部发展壮大；同时企业也可以对不同的事业部进行比较，进而做出不同的投资预算。当某一个事业部经营不善时，企业也可以将其单独卖掉，因而该组织结构的可塑性较强。

5.矩阵型组织结构

矩阵结构中的“矩阵”二字意味着这是一个二维结构。职能型组织结构和事业部型组织结构都属于一维结构，前者是基于职能来划分部门的，后者是基于产品来划分部门的，而矩阵结构是基于这两个维度来共同划分部门的（当然也可以基于其他两个维度来划分）。

例如矩阵结构的横轴是按照职能来划分部门的，包括研发、市场、客服、人力资源和财务等部门。当企业需要开发新产品时，就需要这些职能部门分别派出相应的人员来组成一个团队，因而在纵轴上形成了产品 1、产品 2、产品 3 这样的部门序列。这样每个职能部门的员工就有了两个上级，一个是本职能部门的管理者，另一个是所属产品团队的负责人。矩阵结构的好处在于，可以解决职能结构的缺点，即可以使不同职能部门的员工发生横向的联系和碰撞，进而在开发新产品时吸收不同部门员工的智慧，使产品在初期的策划上更加成功，也更具可操作性。矩阵结构也有明显的缺点，即每个员工都有两个上级，如果两个上级的指令不一致，就会使员工产生困扰。因此，实行矩阵结构的组织都需要针对职能部门管理者和团队负责人进行培训，让他们分别明确各自的职权范围。一般而言，职能经理拥有晋升、薪酬建议和年度考核等职权，而团队负责人（或称为项目经理）则拥有与实现该团队目标相关的职权。

二、企业家与企业家精神的形成和发展

（一）企业家

奥地利经济学家熊彼特在《经济发展理论》中率先提出：企业家对社会的重要意义在于，对资源进行新的组合来实现创新。企业家与一般厂长、经理等经营不同，与资本家、实业家也不同，主要表现是敢于冒险、善于创新，以社会责任为己任。企业家代表一种素质、一种精神，而不是一种职务。总的来说，企业家是不断在经济结构内部进行“革命突变”，对旧的生产方式进行“创造性破坏”，实现生产要素重新组合的人。

美国管理大师彼德·德鲁克认为，企业家是勇于承担风险、有目的地寻找革新源泉、善于捕捉变化并把变化作为可供开发利用机会的人。总的来说，企业家体现了浓烈的企业家精神。

（二）企业家应具备的职业素质

企业家的学识、智慧、才能、经验、品格等内在要素在领导活动中常常起重要作用，且直接影响企业的工作效果。总的来说，企业家职业素质主要由高尚的道德素质、渊博的知识素质、深厚的能力素质、沉稳的心理素质等构成。

1.道德素质

“德才兼备”是选拔人才的标准，古今中外概莫能外，所以企业家必须具备良好的道德素质。企业家职业道德水平对企业团队影响极大，因而应当成为团队职业道德的榜样、团队

成员效仿的楷模。企业的领导人在运用权力的同时，更要承担社会义务与企业责任，树立道德与社会责任感，做到明礼诚信，谦虚谨慎，实事求是，严于律己，宽以待人。

2.知识素质

现代社会的企业家不能完全凭借经验主义进行管理，而是要跟随科技的发展不断更新知识储备、管理理念和理论方法论。只有具备了广博的知识，才能面对激烈竞争的市场，使企业具有持续生产力。这里的知识素质包括：①企业管理知识。企业家应该掌握企业管理的基本原理方法及有关的专业管理知识，掌握经济学理论，市场营销理论，以及有统计学、会计学、经济法、财政金融和国际贸易等方面的基本知识 ，了解国内外现代管理理论的基本原理和方法；而且不能单单了解理论知识，还应该与实践结合，能够对企业做到有效的管理组织、激励、领导和控制。②具备深厚的从事本专业的业务知识。企业家应当是所在企业中具有较高专业水平的技术专家或者业务专家，精通本职业务工作，了解本产业的科研技术和业务发展趋势。

3.能力素质

能力素质是指企业家胜任管理工作的各项能力，这是领导者素质中的核心素质。能力素质主要包括以下几方面：①决策能力；②组织能力；③沟通协作能力；④用人及激励能力。

4.心理素质

企业家应当具备强大成熟的心理素质，面对社会经济大潮的冲击以及市场竞争对手的打击能够从容应对，表现出成熟稳重的心理状态。同时，企业家也应当具有坚韧不拔的意志，具备勇敢、坚毅、顽强、果断等性格特征。要获得这种良好的心理素质，就要培养企业家在工作中积极向上，不墨守成规，对生活、对未来尤其是事业和工作总是充满激情，具有不骄不馁的品格，能够充分利用自己的情商为工作提供有利契机。

5.创新素质

创新素质是企业家的核心素质，是指企业家能够适应内外部环境的变化，不断改造本企业的领导思想、发展方针、发展目标和管理方式等，不断调动组织和利用组织内外部有利的协调力量，不断开发新“产品”，提高领导和组织的整体效能与效率。随着全球经济复杂性和多样化发展以及市场竞争的日趋激烈，具有创新精神已经成为企业领导者或者企业家成功的重要标准。创新不仅是企业增强活力的重要源泉，也是企业领导者取得优良业绩，实现自我价值的必然要求。创新，就是不断超越，不断进取，不断革新的道路，要理论创新，机制创新，科技创新，管理创新和技术创新。在瞬息万变的市场竞争中，只有不断创新，才能更好地生存与发展。企业家要善于在这种环境中，创造新的要素，塑造新的精神，从而调动全体组织成员共同发挥集体的智慧和力量，使企业立于不败之地。

6.学习素质

企业家应当具备强烈的学习欲望。谦虚地向先进的企业家学习是企业家再次获得竞争的一条捷径。优秀企业家的成功之路，闪烁着光辉的足迹，他们的奋斗历程凝聚着宝贵的经验，学习他们的管理精华与成功之道，对提高企业家自身素质大有裨益。除此之外，企业家也应当向本企业的员工学习，学习优秀员工的工作方法和思路，认同他们的价值和作为。另外，企业家还应不断学习培训，更新知识，不盲目自大、停步不前，而是要将自己的能力与知识不断更新，做到与时俱进。

（三）企业家精神的形成

一个国家的创新文化和企业家精神促使经济可持续增长。文化对塑造国家的企业家精神至关重要。同时，企业家精神也是企业经营活动的灵魂，是推动企业创立、成长的根本力量。

企业家精神是对企业家在市场上发现和利用机会，并以创新的形式承担风险并获取利润的综合特质的表述方式，它是一种重要而特殊的无形生产要素。从企业家精神这个术语的内涵上分析，企业家精神表明企业家这一特殊群体所具有的共同特征，是对他们所具有的独特的个人素质、价值取向以及思维模式的抽象表达。人们常以此为标尺来识别、挑选和任用企业家。

企业家精神也是企业在长期生产经营管理活动中逐渐形成发展、为职工所认同并作为规范而为之努力奋斗的企业的群体意识、共同心理定势和价值取向。

企业精神是企业文化的重要组成部分，也是企业价值观的重要组成部分。它的功能主要包括导向功能、内聚功能、鼓励功能和教化功能。

综上，我们认为，企业家精神根源于企业家所具有的知识、对市场敏锐的洞察力、勇于承担风险和创新精神，包括发现市场和识别市场机会的市场知识、开发新产品满足市场需求的科研开发能力，将企业家个人独创性的洞察力和创新整合到新产品中去的能力，将企业生产的知识产品推向市场、传播知识的能力，这些知识和创新精神的组合就构成了企业的核心能力，即企业家精神。

（四）企业家精神的发展

1911 年，熊彼特第一次提出“企业家精神”理论，他认为企业家是对一产要素的原有组合进行破坏的人，即进行创新的人。熊彼特是创新的鼻祖，也是提出“企业家精神”的第一人。

1985 年，德鲁克出版了《创新与企业家精神：实践与原则》（*Innovation and Entrepreneurship：Practices and Principle*）一书，不仅继承了熊彼特关于创新的一系列理论和思想，还将创新与企业家精神相结合，认为创新是企业家精神最重要的体现，并且将创新发展看作企业家们可以学习、利用和实践的工具。德鲁克在熊彼德提出的理论的基础上，还进行了延伸与发展。他认为，创新可以由组织与管理实现，并非完全由企业家个人推动，提出了“创新型组织”概念。德鲁克也对创新进行了明确的定义，认为创新不单纯是一个技术概念，而是一个经济和社会概念，是当社会、经济及技术方面发生变化时，对于这种变化所带来的机会的系统运用。德鲁克将创新与企业家精神视为一种实践、一门科学，并且探讨了具有创新意识的企业家精神的行动和行为，认为这种企业家精神是职业经理人获得成功的关键因素。企业家精神的本质就是对以前未被认识到的机会的敏感或警觉，用来反映企业家能否在复杂的市场经济环境下发现市场机会存在与否或者是否具有价值的能力。对市场机会的洞察能力主要取决于市场贴近的程度、过去积累的经验和对学习机制的自我强化效应，甚至可能与某种个人禀赋有极为密切的直接联系。这些资源的性质进一步说明企业家的创新能力是一种难以模仿的异质性资源，是某些企业具有竞争优势的根源。在德鲁克看来，这种创新为主的企业家精神是可以在企业经营实践中训练出来的。德鲁克企业家精神的内生性质说明，企业家精神是一种新的知识能力或能力要素，是企业的一种动态能力建造机制，是一种隐性知识，具有不可模仿、不易转移的特征。这种新的知识能力包括两个方面：企业家现存的和独有的能力、更新现存能力的能力。它强调了企业家精神的内生性质，推动了动态能力理论和知识基础论的发展。

美国哈佛大学教授霍华德·斯蒂文森等（1990）认为，应当把企业家精神视为企业的创业过程，将其定义为整合资源以开发市场机会的行为过程，并不需要考虑目前所掌握的资源情况和对机会的追求。

德国管理学教授戈延格教授（2000）指出，企业家应具备 10 个方面的素质：①开阔的视野，要具有全球眼光；②要向前看，改进战略性思想；③将远见卓识和具体目标结合起来；④要有适应新的形势，不断变革的能力；⑤要具有较强的协调和沟通的能力及知识；⑥具有管理各种不同人和各种不同资源的能力；⑦要有不断改进质量、成本、生产程序和新品种的能力；⑧要具有创造性管理的才能；⑨要善于掌握情况、各种信息，并通晓决策过程；⑩具有准确的判断力，富于创新精神，并能造就社会新的变革。

欧雪银（2009）认为，“创新精神”是企业家精神最本质的特征。企业家精神代表着一种适应市场挑战不断进行创新活动的品质，是技术创新和制度创新的载体，是推动社会进步的强大力量。创新，是企业家的灵魂。与一般的经营者相比，不断创新是企业家的主要特征。企业家的创新精神体现为一个成熟的企业家能够发现一般人所无法发现的机会，能够运用一般人不能运用的资源，找到一般人所无法想出的办法。企业家创新精神体现为：引入一种新的产品、提供一种产品的新质量、实行一种新的管理模型、采用一种新的生产方法、开辟一个新的市场。

钱颖一（2010）认为，企业家精神不是一种职业，也不是一种职务，而是一种取向、一种态度。并非所有的管理者、创业者、企业家都具有企业家精神。企业家精神是一种时常以新方式整合资源以提高生产力的心态。

王丽敏、肖昆、项晶（2010）认为，“冒险精神”是企业家的基本素质。在英文里，企业家一词“Entrepreneur”即指风险承担者。一个企业经营者，要想获得成功，成为一名杰出的企业家，必须要有冒险精神。对企业和企业家来说，不敢冒险才是最大的风险。企业战略的制定与实施、企业生产能力的扩张和缩小、新技术的研发与运用、新市场的开辟和占领、产品品种的增加和减少、产品价格的提高和降低都是企业家冒险精神的体现。

陈晶（2011）提出，精神家精神的基本要素都是一样的，就是要敢于冒险又不盲目承担风险，要勇于创新，对事业执着追求，对外部信息反应极为敏锐等。同时提出，宽容精神也是企业家精神的一个重要特征，企业家应具有宽容心，愿意与人友好相处，愿意与他人合作，要尊重同行和下属，能够聆听不同的声音和意见，尊重人才；善用人才，敢于起用人才。

方虹（2012）提出，企业家精神是指具有企业家素质的人或所属组织机构，基于一定创新意识和进取态度，敢于承担风险和挑战的不确定性，以其敏锐的洞察力发现投资机会，发挥个人特性或团队合作精神，是个人或组织机构获取竞争优势和实现效益最大化过程中不可或缺的要素。

（五）企业家精神的内容

1.创新精神

企业家精神总与创新联系在一起，这也是企业家与一般经营者的主要区别。企业家的创新精神体现为一个成熟的企业家能够发现一般人无法发现的机会，能够运用一般人不能运用的资源，能够找到一般人无法想出的办法。创新是企业家活动的典型特征，从产品创新到技术创新、市场创新、组织创新等。所以，具有创新精神的企业家更像是激情的艺术家。

2.冒险精神

没有甘愿冒风险和承担风险的魄力，就不能成为一个合格的企业家。企业创新，要么成功，要么失败，没有第三条道路。众多企业发展的背景不同、机遇不同，创始人的创业机缘各不相同，但无一例外都是在条件极不成熟和环境极不明晰的情况下，敢为人先，敢冒风险。

3.创业精神

创业精神是指创业者具有的开创性思想、观念、个性、意志、品质和行为模式等。具有创业精神的企业家主动寻求变化、对变化做出迅速反应，并视变化为机遇，克服艰辛与挫折，主动去创造具有更多价值的新事物；锐意进取，追求社会贡献与个人满足。这种创业精神是在各类社会中刺激经济增长和创造就业机会的一个必备因素。

4.宽容精神

宽容精神是指企业家具有宽容心，愿意与人友好相处，愿意与他人合作。它主要体现在：尊重同行和下属，尊重人才；善用人才，敢于起用人才；虚怀若谷，善于听取别人的意见，尤其是批评自己的意见；发扬民主精神，避免独断专行。

5.敬业与奉献精神

出于个人心理因素考虑，纯粹的企业家不仅要追求利润最大化，而且要出于对生活的热爱，对工作的热爱，表现出一种“敬业与奉献”精神。

6.合作与竞争精神

合作是为了更好地竞争，竞争也是为了更好地合作，没有竞争就没有发展，没有合作就没有进步，只有把竞争与合作结合起来才能适应时代的发展，单有合作精神或单有竞争能力都是不够的。因此，优秀的企业家必须要有竞争意识，要有合作意识，在竞争中合作，在合作中竞争，力求双赢和多赢。

（六）影响企业家精神的主要因素

影响企业家精神形成的因素有很多，有外在因素，如外部社会政治、文化、经济、环境等因素，也有内在因素，如企业家个人的世界观、人生观、价值观、理想、追求、意识、思维、能力等。但在诸多因素中，以下因素尤为重要。

1.企业家的人生观和价值观是影响企业家精神形成的首要因素

不同的人有不同的人生观和价值观，不同的人生观和价值观会产生不同的精神。企业家人生的最大价值和意义在于对社会所尽的责任、所做的贡献，在于努力实现企业家的人生目标，不断追求的是企业的成功，为了企业的成功，敢于开拓、创新，富于冒险，奋斗不息。他们的一生注定与企业的兴衰成败紧密相连，他们的所思所想、所作所为都是为了一个目标，即企业的可持续发展。所以，企业家的人生观和价值观是影响企业家精神形成的首要因素。

2.企业家追求卓越目标是影响企业家精神形成的重要因素

企业家追求的卓越目标是企业的可持续发展，为了实现可持续发展，企业家不仅需要带领企业创造利润，同时还需要带领企业承担相应的社会责任，得到社会的认可，实现企业的价值。只把追求眼前的利润作为企业唯一目标，急功近利，而不从长远的战略高度考虑企业的发展，导致企业生命短暂的企业管理者，就不能被称为企业家，也不可能具备企业家精神。所以，企业家追求卓越的目标是影响企业家精神形成的重要因素。

3.企业家正确敏捷的思维和意识是影响企业家精神形成的关键因素

企业家是否具有正确敏捷的思维和意识决定着企业的兴衰成败、大小强弱，也决定着企业家本身的境界、素养、韬略和能力的高低。实践证明，那些成功的企业家是头脑敏捷、思维正确、眼光长远、高效率的人。

4.企业家的综合能力是影响企业家精神形成的必备条件

一个企业家具备的能力是多方面的、全方位的，体现为一种综合的才能。企业家具有预见未来的能力、决策能力、用人能力、应变能力、沟通协调能力、控制能力等，企业家的这些能力在企业生存和发展过程中，有时可能由某一个或几个能力起主导作用，但更多的是这些能力的综合运用。如果一个企业的领导者不具备以上综合能力，就不能被称为企业家，更谈不上具有企业家精神。所以，企业家的综合能力是影响企业家精神形成的必备条件。

（七）企业家精神发展趋势

当代中国正处在改革实践的深水期，企业家对社会经济以及市场的影响、地位与作用日趋重要，而以首创性、成功欲、敢于冒险、精明敏锐和强烈的事业心为特征的企业家精神则超越企业家个人的价值取向、性格、气质和作风的范畴，甚至超越经济组织，影响并渗透到社会各种组织当中，成为社会经济文化的一个重要组成部分，成为经济发展的动力源。因而，培育企业家精神具有重要意义。企业家精神产生的巨大作用在企业改革与转型中随处可见：一个企业带动了一个行业的发展，一个职业经理人的更换使企业起死回生。可以预见，中国的企业家在新时代将会引领中国现代企业在经济全球化的浪潮下越走越远。

三、企业家在市场经济中的地位和作用

（一）企业家的地位

近年来，我国企业家推动企业创新发展、促进企业变革、提升企业竞争力、实现企业国际化等方面的能力不断增强，企业家个人素质水平不断提升，企业家作用不断突显，企业家的地位不断提高、社会影响力也不断扩大。企业家由“政府部门任命”的比例大幅下降，更多的是由董事会通过市场化机制选出或者企业家自己创业，职业经理人队伍发展迅速，企业家的职业化程度和市场化水平快速发展。具体来说，企业家在市场经济中的地位如下：

1.企业家推动企业持续发展

企业家是特殊的人力资本，是更为可贵和稀缺的人力资源，具有实现边际报酬递增的异质性和打破均衡的缺乏程式性的特点。企业家人力资本的特点决定了企业家推动经济转型，在实现经济可持续发展中具有重要作用。企业获取持续竞争优势的根本素养主要体现为：一是企业家具有发现机会的能力。企业家富有创新精神，乐于接受新事物，善于发展市场中的新机会，对新市场、新技术总是保持着敏锐的眼光，能够帮助企业抓住机遇，成功引领企业实现转型，从而推动国家经济转型升级；二是企业家具有强烈的担当意识，勇于决策，善于决策，在充满不确定的市场环境条件下找到发展的方向和路径，并且能够承担起企业发展方向上的各类风险，使企业不断发展。

2.企业家精神引领创新发展

如何实现创新驱动发展，重点在企业，关键是要发挥企业家的创新精神。企业家是企业的主要负责人和决策者，是企业战略的制定者和推动者，他们在推动企业创新发展过程中一直处于引领者的地位，其地位和作用不可替代。冒险和创新精神是企业家精神的实质，企业家既要有强烈的创新欲望，也要有强大的创新能力。企业家是在企业中进行创新的具体实施者，企业家的职责就是创新。创新精神推动着企业家在企业经营发展过程中不断追求新的潜在盈利机会，重新组合生产要素，引进新的生产技术和方法、新的管理方式和新的商业模式等，以获取超额的市场利润。如今，经济形势发生重大变化，发展的条件和要求都有所不同，必须准确把握这种条件和要求，大力推进经济结构战略性调整。这一发展过程中，同时也孕育着大量的新的发展机遇。积极发挥企业家的创新精神，建立企业家创新发展和分享机制，营造良好的创新氛围，鼓励企业家勇于创新，是抓住机遇、实现我国企业和经济创新发展的关键。

3.企业家群体勇于推进体制改革

当前我国经济体制改革进入了深水区和关键期，加快改革进程，推动改革方案和措施落实，提高改革成效，促进经济持续平稳发展，是一项迫切而又艰巨的任务。企业是市场经济的主体，企业家作为企业的统帅和灵魂，对制约市场经济发展的体制机制和妨碍市场公平的壁垒，有着切身感受。我国企业家队伍是随着市场经济的发展而成长壮大的，企业家是我国市场经济改革和企业改革的直接产物。企业家群体在改革实践中，能够结合企业实际提出具体、可行的建议，有利于政府制定科学合理的改革方案，有利于发挥市场在资源配置中的决定性作用。

（二）企业家的作用

企业家是任何企业都不能缺少的核心人员，在企业管理活动的整个过程中处于领导地位。企业家作为领导过程的实施者，是整个企业经营管理过程中的主体。其主要作用包括：制定并落实企业目标；指导企业设计并从事人员配备；保证企业维系与正常运作。

单元二　创业与企业经营

一、创业

（一）创业的内涵

创业是一门深刻的创造性艺术，创业家们从形成思想或者见解开始，突然变成了狂热的梦想追求者。他们的目标永远不会轻易实现，但他们宁愿承受创业过程的艰难困苦也不愿意轻易放弃自己的梦想。因此，创业和创业家，也总是与企业家密切联系在一起的。

创业是一种普遍的社会现象和人类活动，相信每个人都会觉得自己知道创业是什么，但如果要准确地定义、刻画出创业的本质和精髓，又是一件非常困难的事。

创业是一种普遍的活动，学者们给出的定义也很多。总结各种定义中出现的关键词，出现得最多的是“启动、创建、创造、新事业、新企业”“创新、新产品、新市场”“追逐机会、风险承担、风险管理、不确定性”“资源或生产方式的新组合”等。

创业有狭义和广义之分。狭义的创业就是指创建新企业，英文中经常用“Start-up”一词。按照这样的定义，很容易区分一个人的工作是否在创业。广义的创业则是指开创新事业，英文中倾向使用“Entrepreneurship”一词。任何一个在不确定情况下开发新产品或新业务的人都是创业者，无论他本人是否意识到，也不管是身处政府部门、获得风险投资的公司、非营利机构，还是由财务投资人主导的营利性企业。狭义的创业定义是广义创业的载体，在创业活动日趋活跃以及对社会经济发展的贡献越来越突出的今天，为了探索创业的本质，弘扬创业精神，更多的人倾向使用广义的创业定义。

在长期以来的教学和研究工作中，编者比较了不少定义，总的来说，更认同哈佛大学霍华德·史蒂文森教授的定义：创业是不拘泥于当前资源条件的限制而对机会的追寻，组合不同的资源以利用和开发机会并创造价值的过程。该定义集中体现了创业所包含的关键要素，也容易体会到创业活动所具有的关键要素，包括识别机会、整合资源、创造价值等，也反映了创业活动的主要特征，如资源高度约束，但该定义对环境的不确定性不够关注。

微课：谁最有可能创业失败

（二）创业的分类

随着创业活动的活跃，创业活动的类型也是呈现出多样化的趋势。了解创业类型，有助于更好地理解创业活动。

1.生存型创业与机会型创业

该分类是由全球创业观察项目依据创业者的创业动机提出来的。在该项目中，生存型创业（Necessity-push Entrepreneurship）被定义为：创业行为出于无其他更好的选择，即不得不参与创业活动来解决其所面临的困难。不少下岗职工的创业行为便属于这种类型。机会型创业（Opportunity-pull Entrepreneurship）被定义为：创业行为的动机出于个人抓住现有机会并实现价值的强烈愿望，创业有更好的机会。李彦宏创建百度公司显然属于机会型创业。

2.个体创业与公司创业

这是根据创业活动的发生场所和创业者的个体差异进行的分类。个体创业主要指不依托于某一特定组织而开展的创业活动；公司创业主要指由已有组织发起的创造、更新与创新活动，创业活动是由在组织中工作的个体或团队推动的。虽然在创业本质上，公司创业和个体创业有许多共同点，但是由于起初的资源禀赋不同、组织形态不同、战略目标不同等，在创业的风险承担、成果收获、创业环境、创业成长等方面也有很大的差异。

两者的主要差异体现在以下方面：

（1）个体创业：创业者承担风险；创业者拥有商业概念；创业者拥有全部或大部分事业；从理论上看，对创业者的潜在回报是无限的；个体的一次失误可能意味着生涯失败；受外部环境波动的影响较大；创业者具有相对独立性；在过程、试验和方向的改变上具有灵活性；决策迅速、低保障、缺乏安全网；在创业决策上，可以沟通的人少；至少在初期阶段，存在有限的规模经济和范围经济；严重的资源局限性。

（2）公司创业：公司承担风险，而不是与个体相关的生涯风险；公司拥有概念特别是与商业概念有关的知识产权；创业者拥有的公司权益，可能只是很小一部分；在公司内，创业者所能获得的潜在回报是有限的；公司具有更多的容错空间，能够吸纳失败；受外部环境波动的影响较小；公司内部的创业者更多受团队的牵扯；公司内部的规则、程序和官僚体系会阻碍创业者；策略调整决策周期长；高保障、有一系列安全网；在创业决策上，可以沟通的人多；能够很快地达到规模经济和范围经济；在各种资源的占有上都有优势。

3.其他创业类型

（1）网络创业。

网络创业又被称为互联网创业，简单地说，是指利用互联网作为平台进行创业的行为。目前学术界关于网络创业的研究还不多，但我们身边却有很多例子。在国内，享有“网络牛仔商人”称号的马云可谓家喻户晓，他认为互联网像一个无穷的宝藏，等待人们前去发掘。网络的价值是巨大的，网络中的虚拟世界与现实中的真实世界一样丰富多彩。人们利用互联网作为平台形成了巨大的市场，有市场当然就有机会，就可以有创业行为。而且，由于互联网具有传播速度快、互动性强、不受地理等自然条件限制等特点，现已成为创业者关注的主要创业方式一。

（2）弱势群体创业。

弱势群体创业是政府关心的创业行为，指创业行为的主体是那些处于社会边缘状态的个体。由于是弱势群体，他们往往更难以整合到资源，创业会更加艰难。但反过来，创业也能够改变弱势群体的社会地位，体现社会公平。为此，政府制定了一系列特殊政策为弱势群体创业提供支持，包括税收减免、融资担保等。

（3）衍生创业。

从广义上讲，凡是从已有组织（企业、大学或科研机构）中产生出来的企业都可以称为衍生企业。具体来说，衍生创业是指在现有组织中工作的个体或团队，脱离所服务的组织，凭借在过去工作中积累的经验和资源，独立开展创业活动的创业行为。

二、企业经营管理

（一）经营管理的内涵

经营是人类进行物质财富生产和分配的经济活动。企业经营则是企业达到预期目标的活动的总称，广义的企业经营包括企业人财物、产供销等全部活动，狭义的经营是指对经营活动的管理。经营管理一般指狭义的企业经营。企业经营管理者通常肩负着经营体的最高职能，对经营体的创立和解体、最高人事的安排、最高经营方针的决定和下达都负有重大责任，不仅如此，经营者还应在政治、社会、法律等方面负有责任。经营者通过计划、组织、指挥、控制和创新进行经营管理活动。其中，计划是研究将来怎么样，从而制订以提高经济效益为中心的行动计划。组织是对业务进行分类，将工作分配给每一个职工，同时规定出该项工作的职权与责任，从而使全体职工为一个共同的目标而井然有序地进行行动。指挥是指上级领导多方参与，领导每一个职工圆满完成委托给他的任务。控制是检验所有行动是否符合既定的工作目标和计划，从而保证计划得以有效完成。而创新则是突破原有规则，创新地以增加新的机会、新的效率、新的效果为目标进行革新。经营管理从这 5 个方面共同引导企业实现既定目标和价值。

（二）企业经营思想

企业经营思想是企业从事经营活动、解决各种经营问题的指导思想。经营思想的形成和发展与社会制度及经济发展状况密切相关。在资本主义社会，私人占有生产资料，尽管其经营思想曾经历过生产、销售、销售、市场观念的不同发展阶段，但资本主义经营思想的本质没有发生变化，仍然是把资本家的利益放在第一位，用各种手段、各种方式挤压工人福利，从而为资本家获得更多的利润。在社会主义社会里，企业的一切活动都是为了满足消费者的需要，这是社会主义企业经营的基本指导思想。因此，企业应该树立以下经营思想：①战略观念；②竞争观念；③效益观念；④全局观念；⑤服务观念等。企业应把人民利益及其体现的国家利益放在第一位，并且体现国家、人民、企业和职工根本利益的一致性。

（三）企业经营管理目标

经营管理目标就是企业经营管理所要达到的预期结果。企业经营管理目标是在正确的经营思想指导下，通过甄别企业内外部各种环境的影响，建立起以经营管理目标体系表示的，一系列相互联系的目标所构成的有机整体。它反映企业经营管理中各方面的相互依存关系，主要包括以下内容：

（1）基本目标：满足用户需要，为客户服务以及环境保护等目标。

（2）发展目标：开发新产品，发展新品种，提高质量和经营管理水平，以及技术改造、人才开发、生产能力的提高等目标。

（3）市场目标：提高企业的竞争能力、适应能力，其中包括市场开拓、市场渗透、市场占有率等目标。

（4）经济效益目标：主要包括利润、销售、资金利用等目标。

企业经营管理的目标有长期和中短期之分。长期经营管理目标又称战略目标，一般指 5 年以上的长远目标。长期目标应保证企业生存和稳定发展，制定长期经营管理目标必须高瞻远瞩，要从战略的高度提出战略目标和管理措施，长远地制定出企业的成长方向和获利能力。长期目标主要包括企业发展方向、市场定位、产品研究与开发、适应能力以及控制制度、创新能力等。长期目标都是通过短期目标的实现得以完成的。中短期目标一般是指 5 年以内的目标。因此，需要把长期目标分解为数个中短期目标。企业一步步实现这些中短期目标，最终保证长远目标的实现。为实现中短期目标可以使用目标管理，以目标分解和连续的形式，将目标转换为组织或者个人的具体目标，再以经济责任加以保证，使目标落实并且逐步实现。

（三）企业经营管理原理、内容及方法

1.企业经营管理原理

（1）组织原理。

组织就是根据一定的原则，对人和事进行有效的组合，建立起一个高效率的机构。组织的 3 个环节就是对企业经营活动内容进行任务划分、任务部门化和授权。组织管理的 3 个基本原则是：①整分合原则，即在总体经营规划下的分工，在分工基础上进行有效的整合。②平衡原则，即管理中应及时发现问题，并调整平衡。③效率原则，即通过对各组织的活动分析进行评价，区分优劣，有效调整。

（2）分工合作原理。

功效优化是管理的目的，而分工合作则是管理的基础。分工合作越是合理，功效优化程度便越高。分工应使一个独立的功能单位具有完全的管理权；合作应为一个共同的目标相互支持和帮助。分工必须科学，协作必须协调。

（3）制约适度原理。

制约是指通过各种组织的、法律的、经济的途径和措施，保障经营管理工作能够符合目的地进行。管理中的制约有自然制约和人为制约两种。人为制约通常来自领导和管理人员。制约主要有权责制约、权力制约与奖惩制约。

（4）激励沟通原理。

激励沟通原理旨在通过有效的沟通来调动员工的积极性。激励的基本动力有物质动力和精神动力以及信息动力。良好的沟通是有效激励的前提，能够充分调动员工的积极性，是企业经营活动的保障和基础。

（5）控制原理。

控制就是根据企业发展目标，随时跟踪企业经营管理活动过程中的各项数据，对有偏差的活动进行强有力的干预，以实现既定目标。控制原理的 3 个阶段包括：设立标准、衡量效果和纠正偏差。

（6）弹性原理。

企业经营管理必须要保持充分的弹性，以适应内外部环境随时出现的各种可能性变化。例如，不管制订什么类型的计划都要留有一定余地，以防出现意外的因素影响时措手不及。应用弹性原理时，要严格区分积极弹性和消极弹性。消极弹性是人为地留下不该留的余地，它会致使系统效益降低。

对以上几个原理的综合运用，是推动现代管理迅速发展的强大动力。

2.企业经营管理内容

企业日常活动主要有两大类：一类是生产管理活动；另一类是经营管理活动。生产管理活动主要包括企业主要产品设计研发、原材料采购、产品半成品生产管理、产品库存管理。企业经营管理活动包含的内容涉及企业经营活动方方面面，如企业经营战略管理、企业信息管理、企业经营决策管理、企业经营计划制订、生产经营管理、市场营销管理、企业财务管理、企业人事管理、企业创新等。

3.企业经营管理方法

科学的经营管理方法是一个有机的体系，不仅包括分层次、分领域的具体方法，还包括指导人们研究和处理企业管理问题的方法论。

（1）经营管理的一般科学方法论。

①系统论。企业就是一个人造系统，具有集合性、相关性、目的性和适应性等特点。其集合性、相关性所包括的基本要素是人、物、资金、信息、时间。在系统论的支持下，我们在企业经营管理活动中要着重强调整体性观点。在管理中，要把企业的内部条件和外部环境、局部利益和全局利益、眼前利益和长远利益结合起来，从而最佳地处理各种经营管理问题。

②控制论。控制论是研究各种控制系统的共同控制规律的科学。企业要在运转中实现其目标，必须根据已获得的有效信息，及时对系统进行调节，这就是控制。在企业经营管理系统中，由反馈所建立的管理调节机构的主要功能是对管理对象进行调查和测定，考察该管理对象表现的状态和输出的管理特定性，再与既定目标相比照，找出偏差及其原因并及时进行调整，以保证管理目标的实现。

③信息论。信息是企业的生命。在企业系统中，信息是企业制订计划决策的依据，是进行各项业务管理、指挥生产经营活动的依据，是控制生产流程的工具。因此，企业的信息必须完整、准确、及时、适用和具有经济性。

系统、信息、控制三者之间的关系是：系统是客观事物存在实体，信息是实体的神经，控制是使实体按照预定目标运行的手段。

（2）经营管理的具体方法。

经营管理的具体方法包括 3 大类：

①按照管理信息沟通特点，可分类为：权威性的沟通、利益原则的沟通、真理性沟通；

②按照决策者类型，可分为：专制型决策者的管理方法、民主型决策者的管理方法、民主集中制的管理方法；

③按精确的程度，可分为：定性的经营管理方法和定量的经营管理方法。

（3）经济类的管理方法。

经济类的管理方法是指依靠经济组织，运用经济手段，按照客观经济规律的要求来管理经济的各种方法。经济手段主要指价格、工资、利润、利息、税收、资金、罚款等经济杠杆和价值工具，以及经济合同、经济责任制等。经济管理方法的核心和实质是贯彻物质利益原则，从物质利益上来处理国家、企业、劳动者个人等各种经济关系，调动各方面的积极性。

（4）法律制度方法。

法律制度方法即为法治，在企业中意味着各种关于生产经营与管理经营的各项制度、程序和流程，它是企业能够正常运行和实施的保障。制度是为了使企业这个系统更好地运转，从而实现更大的利益。制度在企业中必须具有强制性，是人人必须遵守的行为规则，对全体成员均具有约束性。此外，制度还必须具有规范性，规定人们在一定情况下可以做什么，应当做什么或者不应当做什么；同时又起到指引作用，可作为评价行业正常与否的客观标准。

（四）企业经营管理的意义

在市场经济环境下，现代企业注重经营管理工作，无论对于企业本身，还是对于社会都具有十分重要的意义和价值，具体表现在以下几个方面：

（1）注重企业经营管理是现代企业生存的基础。随着我国社会经济与世界逐步融合，现代企业的舞台更大，同时要求也更高，机遇和挑战并存。现代企业必须朝着科学化、规范化的发展方向迈进，只有朝着规范化、科学化的方向发展，才能让企业的各项工作更加规范化和标准化，才能更好地推动企业的管理工作。因此，注重企业管理是现代企业生存的基础。

（2）注重企业经营管理是现代企业竞争力的原动力。现代企业应积极加强自我的管理工作，不断完善自我，才能让企业的竞争具有活力，让企业能够更好地生存和发展，从容面对市场经济体制下的各种挑战。因此，注重企业管理可以说是现代企业市场竞争的源泉，也是企业得以发展壮大的基础性保障。

（3）注重企业管理有助于提升企业员工的归属感。在市场经济环境下，一个企业注重自身的管理工作，注重企业管理工作的规范化、法治化和制度化，对于企业及企业员工都具有十分重要的意义。它能够让企业员工有归属感，能够让企业员工感受到企业的正规化，也有利于企业的成长。

总的来说，企业经营管理对企业自身的影响主要体现在 6 个方面：①企业管理可以增强企业的运作效率；②可以让企业有明确的发展方向；③可以使每个员工都充分发挥他们的潜能；④可以使企业财务清晰，资本结构合理，投融资恰当；⑤可以向顾客提供满意的产品和服务；⑥可以更好地树立企业形象，为社会多做实际贡献，最终提高企业的经济效益。

单元三　创业与企业经营管理发展的历史

一、早期概念时期（1776—1880 年）

中世纪的威尼斯兵工厂不再采用流水作业。1534 年亨利三世访问这个工厂时，它的生产效率已经能达到一小时之内下水一艘大船的水平。威尼斯兵工厂还建立了早期的成本会计制度，并且进行了管理上的分工：兵工厂的管理指挥领班和技术顾问，全权管理生产，而市议会通过一个委员会来干预工厂的计划、采购、财务事宜。

18 世纪下半期英国开始了产业革命，产生了工厂制度，发展了专业协作。生产的基本组织发生了变革。1776 年，亚当·斯密在《国民财富的性质和原因的研究》一书中指出了分工与专业化的 3 个优越性：一是人们重复地完成单项作业时，劳动技能或熟练程度会得到提高；二是节约了通常同工作变换而损失的时间；三是当人们将注意力集中在一种特定的对象上从事专业化生产时，有利于制造新工具和改进机器设备。在工厂制度下，由于很多人在一起从事共同劳动，必然出现劳动分工，而随着劳动分工的发展，协作越来越重要。亚当·斯密的这一理论成为生产运营管理发展的一个重要里程碑。

在亚当·斯密之后，英国的查尔斯·巴贝奇进一步发展了亚当·斯密关于劳动分工的理论。他出版的《论机器和制造业的经济》一书中指出，劳动分工能带来更高生产率的原因如下：

（1）节省了学习所需要的时间。因为生产中包含的不同工序越多，所需要的学习时间越长。如果一个工人不必做所有的工序，只是做其中的少数工序甚至一道工序，就只需要少量的时间即可掌握。

（2）节省了学习中所耗费的材料。由于劳动分工，需要学习的内容和学习时间减少了，学习所需要耗费的材料也就相应减少了。

（3）节省了从一道工序转变到另一道工序所耗费的时间。

（4）节省了改变工具所耗费的时间。

（5）由于经常重复同一种工序的操作，技术更加熟练，从而大大提高了工作的速度和效率。

（6）劳动分工后，由于注意力集中在比较单纯的作业上，也容易发现问题，有利于改进工具和机器，同时也容易设计出更加适用的工具和机器。

巴贝奇还指出，不仅一般劳动可以进行分工，脑力劳动和体力劳动也可以进行劳动分工。

二、科学管理运动时期（1880—1910 年）

人们一般认为，科学管理运动的创始人是弗雷德里克·泰勒，他被誉为“科学管理之父”。1911 年，泰勒出版了《科学管理原理》一书，动摇了当时流行的企业管理组织方法（泰勒称其为“放任管理”）。他把“科学管理”称为一场“全面的智力革命”。他认为在一切管理问题上都能够而且应该用科学方法，主张一切工作方法都应通过考察由管理人员科学合理地决定。他把管理职能概括为以下 4 点：

（1）搜集、分析、整理企业的所有经验数据，以发展科学的方法。

（2）对工人进行严格挑选和培训，以发挥其最大能力。

（3）在工人和管理人员之间培养合作精神，以保证工人按科学方法完成任务。

（4）在工人和管理人员之间进行明确、适当的分工，以保证管理任务的完成。

泰勒在管理领域里的很多工作是开拓性的，对管理理论有很大的促进作用。泰勒及其合作者和追随者亨利·甘特以及弗兰克·吉尔布雷斯等在员工选择、生产计划、动作研究以及现在流行的人类工效学领域作出了巨大贡献，是生产运营管理科学的基础。

三、大量生产时期（1910—1980）

1913 年，亨利·福特和查尔斯·索伦森将零部件标准化和肉品包装与邮件分拣行业的标准装配线相结合，提出了工人站立不动而物料移动的装配线这一革命性概念。福特发明的流水生产线拉开了现代大工业生产的序幕。在福特的汽车厂采用流水生产以前（1913 年 8 月以前），每一辆汽车底盘由一名工人装配，大约需要 12.5 小时。8 个月后，在最后改进的装配线上，每个工人只需要做很小一部分工作，每辆汽车底盘的平均作业时间只需要 93 分钟。这项管理技术上的重大突破是在科学管理和劳动分工原理的指导下取得的，时至今日仍然有效。

生产管理在 20 世纪 30 年代出现了两项令人瞩目的发展：一是 1931 年美国的沃尔特·休哈特出版了《工业产品质量的经济控制》一书，运用概率论和数理统计学原理创立了控制图，用于生产过程中的产品质量控制。控制图后来被一些大公司广泛采用，并把质量控制列为生产管理的一项重要内容。二是 1934 年英国的蒂皮特进行了工作抽样理论的研究，首先把统计抽样方法运用于工时调查。第二次世界大战后，基于特定的历史背景和经济发展形势的客观要求，朱兰、戴明和费根鲍姆等提出了全面质量管理的概念，认为全面质量管理是指：为了能够在最经济的水平上以及充分满足用户要求的条件下进行市场研究、设计、生产和服务，而把企业内各部门研制质量、维持质量和提高质量的活动构成融于一体，形成一种有效的管理体系的活动。

从 20 世纪 40 年代开始，生产管理的一个重大发展是数学方法（特别是管理运筹学）在合理配料、搭配产品品种、任务分配、决定产品加工顺序、流水线上的工序、控制库存、配送物资、组织企业内部的物资流程、研究设备更新等方面的广泛应用，从而有了一种基本的数学工具，使生产系统有限资源的安排和分配方面的大量复杂问题有可能得到正确的处理及解决。

网络计划技术（CPM）是 20 世纪 50 年代在计划管理方法上的一个重大突破。1958 年，美国海军武器规划局在研制北极星导弹系统时，研究提出了计划评审技术（PERT），应用效果良好。在此之前，美国杜邦化学公司也研究并应用了一种新的计划管理方法（CPM），在应用的第一年就节约了 100 万美元。PERT 和 CPM 是独立发展起来的计划方法。网络技术的基本原理是以网络图的形式，反映组成工程项目的各项活动（工序）的先后顺序及相互关系，并通过相应的计算，找出影响全局的关键活动和关键路线，以便对工程项目进行统筹安排，使在工期、成本、资源利用等方面都达到预期的目标。网络计划技术特别适用于一次性的大规模工程项目，如大型科研和新产品试制项目、设备大修、大型建筑工程项目等。

20 世纪 60 年代后，系统原理在生产管理中被广泛运用。它从系统的观点出发，去观察、思考、分析和解决问题。把企业生产过程中投入的各种要素及其活动作为一个系统，进行合理的组织和控制，从而进一步加强了生产的综合和协调，保证了复杂的生产任务如期完成，并取得总体效果的最优。

生产管理在 20 世纪 70 年代的主要进展是计算机技术的应用。在制造业中，一项重大突破是 MRP（物料需求计划）被用于生产计划与控制。这项技术可以把一个结构复杂的产品的全部零部件统一管理起来，也能使计划人员迅速地调整生产作业计划和库存采购计划，以适应最终产品需求的变化。在 MRP 的基础上，又进一步发展出 MRPⅡ、ERP。

四、精益生产时期（LP）

精益生产是美国麻省理工学院数位国际洗车计划组织（LMVP）的专家对日本“丰田 JIT 生产方式”的赞誉之称。精，即少而精，不投入多余的生产要素，只是在适当的时间生产必要数量的市场急需产品（或下道工序急需的产品）；益，即所有经营活动都要有益有效，具有经济性。精益生产是当前工业界公认的一种最佳的生产组织体系和方式。

精准生产是第二次世界大战后日本汽车工业遭到的“资源稀缺”和“多品种、少批量”

的市场制约的产物，在 20 世纪 60 年代后逐步形成和完善。

精益生产既是一种以最大限度地减少企业生产所占用的资源、降低企业管理和运营成本为主要目标的生产方式，同时又是一种理念，一种文化。实施精益生产就是决心追求完美的历程，也是追求卓越的过程，它是支撑个人与企业生命的一种精神力量，也是在永无止境的学习过程中获得自我满足的一种境界。其目标是精益求精、尽善尽美、永无止境地追求“七个零”的终极目标。

精益生产的关键是管理过程，包括人事组织管理的优化，大力精简中间管理层，进行组织扁平化改革，减少非直接生产人员；推进生产均衡化、同步化，实现零库存与柔性生产；推行全生产过程（包括整个供应链）的质量保证体系，实现零不良；减少和降低任何环节上的浪费，实现零浪费；最终实现拉动式准时生产方式。

精益生产的特点是消除一切浪费、追求精益求精和不断改善，去掉生产环节中一切无用的东西，每个工人及其岗位的安排原则是必须增值，撤除一切不增值的岗位。精简是它的核心，精简产品开发设计、生产、管理中一切不产生附加值的工作，旨在以最优品质、最低成本和最高效率对市场需求做出最迅速的响应。

五、大规模定制时期（MC）

大规模定制方式将两种传统管理理论（大规模生产和个性化定制生产）不能同时采用的系统合二为一。祈国宁教授认为，大规模定制（MC）是一种集企业、客户、供应商、员工和环境于一体，在系统思想指导下，用整体优化的观点，充分利用企业已有的各种资源，在标准化技术、信息技术和先进制造技术的支持下，根据客户的个性化需求，以大批量生产的低成本、高质量、高效率提供定制产品和服务的生产方式。

在新的市场环境下，企业迫切需要一种新的生产模式，大规模定制由此生。1970 年美国未来学家阿尔文·托夫在 Future Shock 一书中提出了一种全新的生产方式的设想；以类似于标准化和大规模生产的成本的时间，为客户提供特定需求的产品和服务。1987 年，斯坦·戴维斯在该书中首次将这种生产方式称为 Mass Customzation，即大规模定制。大规模定制的核心是产品品种的多样化和定制化急剧增加，不相应增加成本，范畴是个性化定制产品的大规模生产，其最大优点是提供战略优势和经济价值。

MC 的基本思路是基于产品零部件和产品结构的相似性、通用性，利用标准化模块化等方法降低产品的内部多样性，增加顾客可感知的外部多样性，通过产品和过程重组将产品定制生产转化或部分转化为零部件的批量生产，从而迅速向顾客提供低成本、高质量的定制产品。大规模定制的基本思想在于通过产品结构和制造流程的重构，运用现代化的信息技术、新材料技术、柔性制造技术等一系列高新技术，把产品的定制生产问题全部或者部分转化为批量生产，以大规模生产的成本和速度，为单个客户或小批量多品种市场定制任意数量的产品。

六、现代企业经营发展趋势

现代企业生产运营管理的范围已经有了更大的扩展，已经不仅局限于制造企业的制造过程而是扩大到服务业企业。其涉猎内容也不再局限于生产过程的计划、组织与控制，而是将生产运营战略、新产品开发、产品设计、采购供应、生产制造、产品配送直至售后服务看成一条完整的价值链，并且在以下很多方面都有了新发展：①生产运营管理的范围不断扩展。②多品种中小批量生产成为主流生产方式。③信息技术和现代管理理论在生产运营管理中得到综合应用。除此之外，现代管理理论如组织行为学、管理运筹学等也在生产运营管理中得到综合运用。通过灵活运用这些理论，生产运营管理的视野变得更加广阔，解决问题的方法和手段也更加丰富。

单元四 现代企业创业经营的环境

一、现代企业创业经营的条件

现代企业创业经营的环境是指企业的创业者或者创业团队所面临的各种条件，包括来自周围的外部条件（称为外部环境）和自己的内部条件（称为内部环境）。内外部环境之间有密切的联系，一方面，外部环境对创业企业提供创业机会，起到制约作用；另一方面，改善创业公司的内部条件，增强企业实力，又反作用于外部环境，两者是互相作用的。

一般来说，外部环境具有多变性，是不可控因素；内部环境具有个性特点，是可控因素。创业者通过自己的努力，可以提高对外部环境的适应性和影响力。

（一）企业创业经营外部环境

企业创业经营外部环境包括两个方面，一方面是指一般的宏观外部环境；另一方面是指行业的外部环境。

宏观外部环境包括政治条件、经济条件、技术因素、社会因素和自然环境因素 5 个方面。

1.政治条件

一国的政治气候对企业创业经营有重要影响。政治环境引导着企业经营活动的方向，也给企业创造了一个稳定的外部氛围。其中的法律环境对跨国创业公司的战略管理产生重大影响，需要创业者认真分析和掌握。

2.经济条件

创业企业所在国和地区的经济形势，是高速发展还是低速发展，或者整个经济处于停顿或倒退状态，这些问题要在创业初期分析清楚。当宏观经济形势较好时，市场需求量增长较快，企业发展机会就越多。除此之外，还要分析中央银行的利率水平、劳动力供给状况、消费者收入水平、通货膨胀等，这些因素将影响创业企业的投资决策以及人员录用政策等。

3.技术因素

创业者要密切关注引起时代革命性变化的新发明、新技术、新工艺、新材料等。关注技术发展的新趋势和应用前景。技术的变革会为创新型企业带来机遇，会给反应迟钝的企业造成威胁。此外，还应及时了解国家对科技开发的投资和重点支持领域的研究及相关政策的分析。

4.社会因素

社会因素包括社会文化、社会习俗、社会道德观念、公众的价值观、消费者的购买习惯以及人口统计特征等。这些因素直接影响人们的婚姻、家庭、教育、生活、习惯、购买偏好、人口质量与数量，对社会因素的分析便于创业者把握市场机会和制订正确的战略计划。

5.自然环境分析

主要分析创业企业所处的地理位置和气候条件、道路交通及资源存储状况等自然因素，以便于企业趋利避害。

（二）企业创业行业环境

企业创业行业环境主要是指行业市场的需求状况、产品价格变化和竞争对手等客观条件。

1.行业市场需求状况分析

主要调查市场中居民的收入水平，以及收入高、中、低的结构比例关系；市场的现实需求量和潜在需求量；顾客的消费习惯和偏好以及价值观，以考察创业者进入该市场的未来前景。

2.行业市场上可能面临的竞争对手分析

根据波特五力模型，创业公司的竞争对手有五类：现实的竞争对手、潜在的竞争对手、替代品生产者、供应商和顾客。

（1）现实竞争对手分析。首先，要分析现有竞争对手的基本情况，包括竞争对手的数量、地域分布、各自的规模、资金、技术力量、市场占有率等。从中识别出哪些对手对自己的威胁较大，找出主要竞争对手，进而对它们的竞争实力做进一步的详细分析，弄清它们的优势是在技术方面，还是在资金、营销或其他方面，以便企业制定出相应的战略对策。

（2）潜在竞争对手分析。潜在竞争对手，就是在将来有可能要进入本行业的同类产品生产者。它们的进入，如果以一种创新的大规模业务方式或充足的资金作资本，会使行业内竞争更加激烈，可能造成产品价格下降，利润降低。因此，创业企业要注意收集行业信息，充分估计潜在进入者对本公司可能造成的威胁。

（3）替代品生产者分析。产品都具有一定的使用功能和价值，而使用功能的实现方式、方法、原理、结构，可能会随时代的变化而不断被革新，因此存在着各种可能的替代品。企业创新经营过程中要深入对替代品进行分析，研究可能面临的挑战。

（4）顾客的讨价还价能力分析。顾客对产品的总需求量决定了行业市场的潜力，从而影响行业内所有企业的发展，顾客对商品的讨价还价能力，诱发企业间的价格竞争，从而影响企业的利润空间。所以，创业企业必须对顾客进行分析研究。顾客的讨价还价能力一般受下列因素的影响：一是购买数量；二是替代品的价格情况；三是产品形象，是否是品牌产品；四是顾客对该商品的急用程度；五是顾客对商品信息的掌握程度；六是顾客的购买经验等。

（5）供应商的讨价还价能力分析。供应商能否按质、按时、按量供应原材料，直接影响创业企业生产规模的维持与扩大；供应商供货的价格水平又直接影响企业的成本和利润。因此，对供应商的分析也十分必要。

（三）企业创业经营内部条件

创业公司内部条件包括：创业资金、生产技术水平、人力资源、信息资源、合作伙伴资源等。

1.创业资金

创业资金的多少，决定了创业企业的规模。创业公司的融资能力大小，一方面取决于创业者的资信情况和过去的经营状况，另一方面创业人员与银行的沟通也很重要。公司生产经营规模扩大，有利于降低产品成本，也能使公司在市场上的竞争力得到提高。

2.生产技术水平

技术水平的高低，决定了产品和服务质量的好坏。产品和服务的质量高，显然是公司参与竞争的有利条件。具有进入某个市场的特定技术与产品，特别是具有独立知识产权的专有垄断技术就会使进入该市场更加有利。

3.人力资源

人力资源主要指本公司的人员结构、技术人员、管理人员、技术工人、销售队伍等的业务能力与水平。杰出的职业经理人与优秀的员工是企业创新性发展的核心资源。

4.信息资源

现代企业的任何决策与行动都离不开信息资源。利用现代化的管理信息系统，对生产经营管理各类信息资源进行集成化处理，并将其传递给企业的领导层，为企业生产经营决策提供可靠依据，让企业的创业经营管理有的放矢。

5.合作伙伴资源

在企业创立初期，需要找到能够互赢，有合作关系的伙伴资源，相关企业的公司经理、销售人员及技术服务人群。这些合作伙伴资源优势能够发展为互相帮助的受益群体，相互支持与合作，实现互惠共赢。

对创业公司自身条件进行分析，目的是真正厘清公司的优势是什么，劣势是什么，以便选好创业方向，避免战略上的失误。

二、现代企业创业经营的内容与发展趋势

（一）现代企业创业经营管理的主要内容

（1）创业机会的发现、辨识、把握与坚持。具有敏锐判断力的企业家，需要从众多商业机会中去寻找符合自身条件，拥有竞争优势的创业机会。对于吻合的机遇要果断把握并且持之以恒地追求与坚守下去。

（2）创业风险的评估。任何选择都有机会成本，也有失败的风险。因此，企业创业经营初期的关键工作是要提前预估风险，提前制定好各种风险出现后的应对策略和措施。

（3）创业行动的策划。创业经营策划主要指面对各种可以利用的内外部机会，创业者要制定出一整套切实可行的行动方案，不能盲目行动。根据战略规划制定具体的操作方案，形成创业的策略群。

（4）创业的商业计划的编制。商业计划是对创业战略和策划的系统性、详细性的描述。有了合理、周密的商业计划，才能组织创业团队，明确创业经营方向，吸引各类创业资源，打通后续环节，甚至获得政府支持。

（5）创业经营团队的建立。绝大多数创业活动都不可能由某一个人来完全推动和实施，而需要一个团队的共同努力。因此，对于创业初期的经营管理活动，团队的组建与成立是关键问题之一。

（6）创业资源要素的组合。创业者自身不可能拥有所需的全部创业资源。这就需要借助适当关系的市场联系和利益链条，赢得合作伙伴的支持，以获得更多的资源，从而让创业实现有更大的可能性。

（7）创业企业经营发展战略。新企业创立初期，奠定了发展的战略。在经营过程中，企业的进一步成长也需要有一定的路径即成长模式分析。在竞争中成长壮大的企业也要有一套与竞争环境相适应的成长战略。

（8）创业经营中的法律问题。企业创业初期有很多具体的法务事务需要完成，因此创业者要熟知经济领域的相关法律，规避法律风险，实现有效创业。

（二）现代企业创业经营管理发展趋势

网络信息快速发展后，企业也与时俱进，不断更新创业经营管理的理念、方法和思路，总的来说包括以下几个方面：

从创业经营管理方法看，数学方法、系统论、控制论、信息论、运筹学等现代自然科学的最新成果在经营管理中被广泛应用，社会科学与自然科学方法相结合，使经营管理工作水平大大提高。企业经营管理方法的现代化，是指在总结和继承传统的行之有效的管理经验、方法的基础上，积极推广先进的管理方法，如目标管理、市场预测、价值工程、统筹法、优选法、ABC 管理法、决策技术、量本利分析、滚动计划、线性规划、看板管理等，并在管理实践中创造、总结和创新经营管理方法。

从创业经营管理手段看，电子计算机、现代通信技术等现代化工具得到了广泛应用。管理手段的现代化，是指在企业管理中积极采用包括电子计算机、现代信息技术在内的各种先进管理手段。计算机网络作为一种先进的管理手段和工具已被我国企业广泛应用，并且还建立了一套以计算机为基础的经营管理系统，以提供完整、准确的信息，提高管理工作的效率和决策水平，减少管理中的失误，使生产经营取得最佳的经济效益。

从创业经营管理人员看，管理者的素质大大提高，具有更加丰富的实践经验，还具有创业经营管理的相关理论知识。企业的创业经营管理人员是一支专业化的队伍。管理人员不仅拥有企业现代经营管理的基本理论和广博的管理知识，而且具有丰富的实践经验，对企业忠诚、敬业、勤业，勇于进取，不断创新；同时还具有较高的洞察、分析问题的能力和战胜困难的执着精神。

总的来说，现代企业创业经营管理活动更趋向于理性、人性和追求综合性的观点。在创业经营的策略决定、创业路径的选择、创业经营的发展等方面更趋于理性；在人力资源管理中更趋于以人为本、人性化管理；在追求企业发展壮大的同时，也考虑对合作伙伴、对企业员工、对顾客的关怀，以及对社会和环境的关注。

知识小结

本章主要阐述了企业、企业家及企业经营的相关内容，介绍了企业家对市场经济发挥着重要作用，企业家和企业家精神在企业管理中的重要地位。企业家精神最重要的在于创新，在创新力的驱动下，可以更好地理解创业和企业经营管理的价值与意义，由此介绍了企业经营管理的重大历史阶段。最后分析了现代企业创业经营所需的环境。

巩固提高

1.什么是企业家？什么是企业家精神？

2.简述企业家精神的内容和实质。

3.创新的内容是什么？

4. 企业经营管理的目标、内容和意义是什么？

案例分析

弘扬优秀企业家精神

“民营企业和民营企业家要筑牢依法合规经营底线，弘扬优秀企业家精神，做爱国敬业、守法经营、创业创新、回报社会的典范。”这段话出自2023年3月6日习近平总书记在看望参加全国政协十四届一次会议的民建、工商联界委员时的讲话。

在推动建设现代化经济体系进程中，作为市场主体的企业始终是创新发展的主力军。企业的生命力在于创新，创新的动力源自企业家精神，就是增强爱国情怀、勇于创新、诚信守法、承担社会责任和拓展国际视野。我们要大力弘扬企业家精神，这对于充分发挥企业家作用、建设世界一流企业具有重要意义，是持续增强我国经济创新力和竞争力的重要着力点。

党的十八大以来，以习近平同志为核心的党中央高度重视发挥广大企业家在国家发展中的重要作用，多次强调要弘扬企业家精神，鼓励广大企业家积极进取、奋发有为。以占我国市场经济主体90%的民营企业为例，截至2023年1月，全国登记在册个体工商户达1.14亿户，带动了近3亿人就业；12.7万家民营企业投身“万企兴万村”行动，精准帮扶13.91万个乡村，带动和惠及1 803.85万建档立卡贫困人口，为脱贫攻坚与乡村振兴贡献“民企力量”。2022年，在公示的第四批4 300多家专精特新“小巨人”企业中，民营企业占84%，成为增强发展活力、支撑高质量发展的重要力量。在参与河南、山西等地抗洪抢险救灾中，8 000多家民营企业累计捐款捐物达47亿元。特别是2020年以来，面对新冠疫情等的冲击，各行各业的民营企业和民营企业家奋战在抗击疫情、复工复产一线。有的快递企业昼夜不息，尽力做到物流保通保畅；有的企业为一线医务工作者、工作人员捐赠生活物资，彰显对社会的责任担当，为我国经济社会可持续发展发挥了不可或缺的作用。

党的二十大报告强调，要“完善中国特色现代企业制度，弘扬企业家精神，加快建设世界一流企业”。在推进中国式现代化的新征程上，我们要牢牢坚持“两个毫不动摇”，大力构建亲清政商关系，弘扬优秀企业家精神，提高市场主体创新创造活力，充分释放经济社会发展潜能动能。要引导企业家厚植和增强爱国情怀，主动担当、奋力拼搏，争创一流、服务社会；要引导企业家围绕高质量发展这个根本任务勇于创新，努力将企业打造成强大的创新主体；要引导企业家诚信守法，牢固树立法治意识、契约精神，自觉做诚信守法的表率；要引导企业家拓展国际视野，立足中国、放眼世界，不断完善治理结构和管理制度，带领企业在更高水平的对外开放中实现更好发展。

思政点睛

深刻理解习近平新时代中国特色社会主义思想，引导学生树立正确的创业观、良好的创业操守及纯正的创业动机，树立先进的创业教育理念，明晰创业教育目标，开启创业经营与企业家精神的学习。

思考：

1.根据案例分析什么是企业家精神？

2.企业家精神与创新的关系？

实训设计

实训要求：

收集资料，结合企业的发展历程，分享企业家在这个发展历程中的成长，归纳总结企业家精神，完成表 1-1。

表 1-1　实训设计表

姓名		学号		班级	
1.企业家简介					
2.企业家案例					
3.企业家精神总结					

模块二 创业计划与经营决策

学习目标

1.理解计划、决策的含义和作用。

2.理解计划的过程，树立正确的创业经营计划观。

3.理解决策的类型。

4.掌握定量决策方法及其适用范围。

思政目标

1.引导学生的创新创业思维，引导创新创业教育活动的正确方向。

2.增强学生的实践能力，引导学生开展具体的创业活动。

单元一 创业计划的基本理论和方法

一、计划概述

（一）计划的内涵

对计划一词的内涵，可以从不同的角度来解释。作为名词，计划是指通过文字或数字指标表示出来的工作或行动的具体内容和步骤；作为动词，计划是指事前拟订计划的工作过程。在管理学中，计划是指为了实现组织目标而事先制定工作的步骤和内容。一项完整的计划通常包括做什么、为什么做、何时做、何地做、谁去做和怎么做等方面的内容，如表 2-1 所示。

表 2-1 计划的内容

项 目	具体内容
做什么（What）	即需要完成的任务是什么。这是要明确所进行的活动及要求，如企业生产计划就要明确所生产产品的品种、数量、进度、费用等，以保证充分利用企业的生产能力，按质、按量、按期完成生产计划，并为考核提供依据
为什么做（Why）	即为什么要做这件事。这是要明确计划的目的和原因，使计划执行者了解、接受和支持这项计划，把“要我做”变为“我要做”，充分发挥下属的主观能动性，实现预期目标

续表

项　目	具体内容
何时做（When）	即这项工作的时间规划。这是要规定计划中各项工作的开始和结束时间，以便进行有效的控制，并对组织内的有限资源进行平衡
何地做（Where）	即在什么地点做这件事。这是要确定计划的实施地点或场所，了解计划实施的环境条件及限制因素，以便合理地安排计划实施的空间
谁去做（Who）	即谁应该为这件事负责。这需要划分各部门和组织单位的任务，规定由哪些部门和人员负责实施计划，包括每一阶段的责任者、协助者，各阶段交接时由谁鉴定、审核等
怎么做（How）	即如何行动。这是要制定实施计划的步骤以及相应的政策、规则，对资源进行合理分配和使用，同时要预估可能出现的各种情况以做好防范应对等

（二）计划的特点

1.目标导向性

计划的制订和执行是为了让组织以最少的消耗实现预定的目标。明确的计划可以帮助组织成员了解组织的目标及自己的职责，同时计划所规定的工作任务和衡量标准也为控制提供依据。所以，计划可以为员工指明方向，使整个组织的活动有序、高效，减少资源浪费，有利于组织目标的实现。

2.基础性

就管理的各项职能而言，计划是首要职能，是其他各项职能的基础和依据。管理者在确定目标、拟订计划后，才能确定合适的组织架构，才能知道组织在何时需要什么样的人才，才能明确员工的责权利以及有效的领导和激励手段，才能控制组织和个人的行为不偏离计划。所以说，计划是管理者行使管理职能的起步和基础。

3.普遍性

一个组织中的管理人员层次高低不同、部门职能不一，但每一位管理人员的工作都少不了计划职能，各层次的管理活动都需要进行计划，并持续推进。例如，高层管理者要制定战略规划，中层管理者要确定实施计划，基层管理者要制订作业计划。因此，计划是各级管理人员的基本职能，具有普遍性。

4.综合性

计划本身是一个结构化的过程，需要系统分析管理者的目标，根据目标确定可行的行动方案，进而在不同的部门、层级、人员之间分配工作职责，同时根据职责分工和实施进展确定可供控制的标准。因此，计划的编制涉及战略规划、组织资源调配、人员配置与管理等不同环节和内容，综合性非常强。

5.前瞻性

计划是面向未来的，而未来是不可知的，通常会面临新的机遇或挑战。因为计划是在掌握了过去和现在的基础上通过预测未来而做出的工作安排，所以计划中关于组织未来的行动方案和建议说明具有一定的前瞻性。

（三）计划的作用

微课：创业该从哪里开始

1.明确组织的发展方向

计划首先是系统地分析组织所拥有的内外部资源，明确组织的优劣势的过程。在计划的制订过程中，管理者需要判断哪些资源和行动有利于最终目标的实现，哪些资源和行动与最终目标的实现毫不相干，从而针对所要实现的目标设计出一种能够自始至终协调一致的工作程序和结构框架，用共同的目标、明确的方向来代替不协调的、分散的活动，使所有成员的行动保持一致，保证计划按部就班地顺利进行。

2.发现机会与威胁

未来充满了不确定性，计划的期限越长，不确定因素就越多。但是，计划的制订和实施过程可以让计划制订者摆脱日常事务的干扰，致力于未来不确定因素的分析和研究，及时预见未来可能出现的机会或威胁。就像微信的开发者张小龙所说的："我每天都会去谷歌阅读助手（Google Reader）之类的阅读空间，看看消费者在关心什么，互联网领域又有什么新鲜东西诞生了。"对于管理者来说这非常重要，应考虑未来环境变化的冲击，及早制订适应变化的方案或相应的补救措施，降低未来的不确定性的负面影响。

3.促进各层次管理者的沟通协作

计划的制订和实施是全员参与的过程，也是各部门、各层次管理者就目标制定和实施过程进行沟通交流、团结协作的过程。在这种环境中，各层次管理者并不是被动的任务接受者，他们充分参与计划的制订过程，开诚布公地沟通交流，了解计划的来龙去脉，可以有效地避免计划实施过程中的扯皮现象，有利于提高各层次管理者对计划的接受程度，提高计划实施的效率。

4.提供控制标准

计划和控制似乎是一枚硬币的两面，如果计划是因，那么控制就是果。未经计划的活动是无法控制的。管理者通过计划环节设立了组织的目标，而在控制过程中，管理者就可以将计划的实际执行情况与组织目标进行比较，以及时发现偏差，采取必要的校正措施，通过纠正脱离计划的偏差使活动保持既定的方向。因此，没有计划，控制活动的任何设想都是毫无意义的。如果没有计划设定的目标作为控制与考核的标准，管理者就无法检查其下属完成工作的情况，所以说，计划为控制活动提供了标准。

二、计划的类型

计划是管理的首要职能，它将各种资源预先在时间和空间上进行合理的配置，以实现组织目标。因此，可以根据实施计划的组织层次、计划实施的时间长短、计划明确性的程度以及计划的使用频率等对计划进行分类（见表 2-2）。

表 2-2　计划的类型

分类标准	类型
管理者层次	战略计划、业务计划、单元计划
实施时间的长短	长期计划、中期计划、短期计划
明确性	指导性计划、具体计划
使用频率	常规计划、一次性计划

（一）根据管理者所处层次的不同分类

根据管理者所处层次的不同，可以将计划分为战略计划、业务计划和单元计划。

1.战略计划

战略计划是企业在战略层面的计划，特别集中在公司战略层面，体现了组织在未来一段时间内总的战略构想和总的发展目标及其实施的途径。战略计划主要围绕企业的总体战略目标，并且根据目标制订企业的战略方案，依托该方案配置企业的各项资源，从而保证战略的顺利进行。因此，战略计划具有长远性、全局性、指导性等特征，在战略计划中必须明确企业的总体发展方向和行动方案。这意味着战略计划不能局限于企业内部的某些枝节性事务，不能仅就某一部门的经营重点和目标进行事先的设定。战略计划决定了在相当长的时间内组织资源的配置方向，涉及组织的各个方面，并在较长时间内发挥指导作用。

2.业务计划

业务计划是针对企业业务部门制订的，需要与业务部门的发展目标和可控资源相衔接，不同的业务部门有不同的关注重点。例如：营销部门的业务计划面向企业的市场销售工作，需要明确企业未来的销售目标以及为实现这一目标所必须采取的行动；生产部门的业务计划面向企业的生产运作活动，需要明确企业未来的生产目标以及相应的资源分配等具体工作方案。尽管如此，这些业务部门的计划都要服从企业的总体战略计划，它们的大致规划在战略计划中已经有了初步的设定。因此，业务计划不仅服务于业务部门的工作，同时也要保证彼此之间的协同，以推进企业的整体发展。

3.单元计划

单元计划是业务部门内部具体的业务单元的计划。一般而言，企业业务部门的全体人员不可能统一行动，他们总是分为不同的工作单元或工作小组，针对不同的业务范围开展工作，形成针对不同产品的销售行为，或针对不同订单的生产行为。因此，针对不同的业务单元就需要有相应的计划。这些计划为各个业务单元的经营目标和经营行动设定了大致的范围，可以用于指导和控制业务单元的工作状况。同时，单元计划也是服务于业务计划的，各个单元的计划要依据整个业务部门的计划而设定，并且反映总体的协同效应。

（二）根据计划涉及时间的长短分类

根据计划涉及时间长短的不同，可以将计划分为长期计划、中期计划和短期计划。

1.长期计划

长期计划又称远景规划，是为实现组织的长期目标服务的具有战略性、纲领性、指导性、综合性的发展规划。它是组织在相当长时期内（通常是 5 年以上）整体活动的指导性文件，主要规定组织的长远目标、关键行动步骤、分期目标和重大战略举措等。这类计划往往要对组织发展的整体进程进行长期构想，其应用对象一般是规模较大的组织。

2.中期计划

中期计划是根据长期计划提出的战略目标和要求，并结合计划期内组织外部环境和组织自身情况制订的计划，时间跨度通常是 1~5 年。这类计划一般涉及企业战略计划或业务计划，并需要经由一定时间才能检验计划方案的实施效果。中期计划也是企业内部常见的计划形式，因为长期计划有其自身的局限性，不能精准地确定企业的业务方案，能够应用长期计划的业务往往也较少；短期计划又往往流于琐碎，无法涵盖企业的一些重要问题，所以中期计划应用范围最广，也最值得管理者关注。它是长期计划的具体化，同时又是短期计划的依据。

3.短期计划

短期计划往往是一年以内的计划，主要是单元层面的计划。在各个业务单元中，管理者需要根据各项具体管理任务制订相应的计划。这些管理任务的目标、运作流程、实施标准往往较为明确，因此其计划内容非常具体详细。它是最接近实施的行动计划，其内容更加具体、详尽，是为实现组织的短期目标服务的。它是对长期计划和中期计划的具体落实，同时又对中期计划起着反馈作用，是修订中期计划的依据。

（三）根据计划明确性的程度分类

根据计划明确性的程度，可以将计划分为指导性计划和具体计划。

1.指导性计划

指导性计划只规定一般的方针，指出重点，但不为管理者设定具体的目标或特定的行动方案，赋予管理者更大的决策权限。例如，某企业利润增长的指导性计划可表示为，在未来的一年里，利润增加 5%～8%，这表明指导性计划具有一定的灵活性。

2.具体计划

具体计划是具有明确规定的目标，没有模棱两可的、容易引起误解的问题的计划。例如，某企业利润增长的具体计划可表示为，在未来的一年里，成本要降低 5%，营业收入要增加 6%，这说明具体计划规定了为实现目标而进行的各项活动及活动的进度安排。

（四）根据计划的使用频率分类

根据计划的使用频率，可以将计划分为常规计划和一次性计划。

1.常规计划

常规计划针对的是企业内部的日常事务性工作。企业大部分业务都可以纳入这一范畴——不论是企业战略层面的长期计划，还是业务层面和单元层面的中短期计划。因此，常规计划往往是企业内部的常态。对于这类计划，企业通常拥有一套完整的体系来确保计划在可控的范围内制订和实施。例如：在大型企业内部，一般都有专门的战略部门负责战略规划的制订；

在各个业务部门内，也有常规性的组织会议和程序服务于计划职能。

2.一次性计划

一次性计划是针对偶发事件或例外事件而制订的计划，如企业的突发性危机、出售事宜、破产清算等。当事件结束之后，计划也随之执行完毕。对于一次性计划，企业没有必要为之专门设定独立的部门或使之常规化，但是仍有必要在这些非常规事件发生时成立临时项目小组来承担相应的组织或协调等管理事务，负责计划的落实和事件的处理。

三、计划过程与计划的有效性

（一）计划过程

计划过程是一个复杂的、有组织的过程。计划的种类很多，不同类型的计划，虽然制订过程不尽相同，但是一般来说，都要经过一些必要的环节或步骤，如图 2-1 所示。

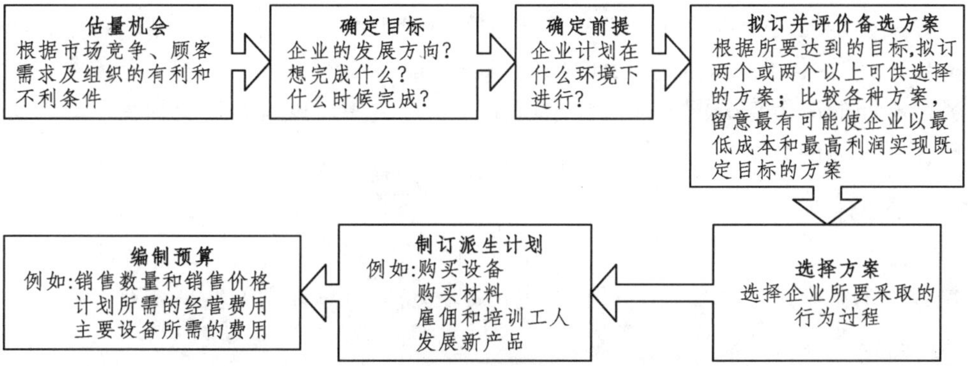

图 2-1　计划过程

1.估量机会

估量机会是计划工作的起点。其主要内容包括：广泛收集信息资料，在调查研究和社会需求分析的基础上，对组织将要面临的机会和威胁、获得成功需要具备的内外部条件、成功的可能性等进行分析和估计，比较本组织的有利条件和不利条件，弄清楚目前所处的位置及面临的不确定因素，并对未来可能取得的成果进行展望。一个组织能否把切实可行的目标确定下来，关键就在于能否准确地估量机会。

2.确定目标

对机会和威胁进行正确估量之后，就需要确定组织未来的具体行动目标，包括总体目标的设定、目标的分解、目标结构等，以指明将要做的工作及其重点。因此，在计划管理过程中，一方面要将目标转换为手段，另一方面还要同时把总体目标细分为更具体的目标。可以说，确定目标贯穿于整个计划工作过程。

3.确定前提

计划工作的前提就是计划工作的假定条件，也就是预期执行计划时组织所面临的环境和组织内部条件，这需要组织进行预测。作为长期计划的基础，科学预测能大大降低不确定性的负面影响。由于计划的未来情况非常复杂，所以计划前提的预测要比通常的基本预测复杂，但要想对每个细节都提出假设是不现实的，也是不经济的。因此，计划前提的确定应该选择那些对计划工作而言关键性的、有战略意义的、对计划情况影响最大的因素。

4.拟订并评价备选方案

由于一个计划往往同时有许多可供选择的方案，计划制订者的初步工作就是考查大量可供选择的方案，排除完成预期目标希望渺茫的方案，选择有成功希望的几个方案，减少可供选择方案的数目，以便集中精力和时间对希望最大的方案进行充分的分析论证。但在排除希望渺茫的方案时应十分谨慎，因为有时不太引人注意的方案反而是最好的方案。

评价方案时往往会发现几个可供选择的方案各有利弊，且都存在大量的变量和约束条件，因而需要运用运筹学、决策分析等技术进行处理。在这一过程中，应注意发现每个方案的制约因素或隐患；在将一个方案的预测结果和原有目标进行比较时，既要考虑许多有形的可以用数字量化的因素，也要考虑许多无形的不能用数字量化的因素。

5.选择方案

选择方案就是经过分析和评价，从备选方案中找出最令人满意的方案，这是作出决策的关键性步骤。“甘蔗没有两头甜”，有时候决策者可能找不到一个完美的计划方案，此时根据自身情况给不同的决策点分配不同的权重就变得非常重要，也就是需要权衡利弊，选择最有可能实现预期目标的方案。

6.制订派生计划

选择方案后，就要制订派生计划。派生计划是总计划下的分支计划，一个总计划的实现往往需要若干个派生计划的支持，只有派生计划完成了，总计划的实现才有保证。

7.编制预算

最后，要把决策和计划转化为预算。预算是组织资源的分配计划，用来帮助协调和控制给定时期内资源的获得、配置和使用。预算作为一种数量化的详细计划，它是对未来活动的细致、周密安排，是未来经营活动的依据。数量化和可执行性是预算最主要的特征。因此，预算是一种可以据以执行和控制经济活动的最为具体的计划，是对目标的具体化，是将企业活动导向预定目标的有力工具。一方面，它能为汇总和综合平衡各类计划提供有力的工具，使计划的指标体系更加明确；另一方面，也为衡量计划完成进度提供了重要标准，便于对计划的执行过程进行控制和约束。

（二）计划的有效性

毫无疑问，作为管理活动的重要职能之一，计划对于组织活动和组织目标的实现非常重要，但前提条件是计划必须是有效的计划，而不是管理者随心所欲炮制出来的半成品。为了制订一个有效的计划，需要关注以下几个方面。

1.业务的背景

计划服务于业务的开展，有效的计划必须立足业务的背景信息。从业务背景中提炼出来的思想和观点能够促进管理者深刻理解业务的发展特征和趋势，从而制订一份真正可行的计划。缺乏这些信息，计划将失去其实践指导意义。如果是企业战略层面的计划，则需要识别企业的经营环境，找到企业区别于其他企业的竞争优势，从而为战略计划的设定奠定必要的分析基础。如果是业务部门或工作单元层面的计划，则需要就业务发生的背景、可能出现的不确定因素进行系统分析，从而制订出一份有效的业务计划或单元计划。

业务背景的了解需要依托详尽的调查工作，而不是凭借管理者的经验或想象。一般来说，较低管理层级的计划，其对象的不确定性往往较小，有经验的管理者能够依靠自身判断和简单的调查获得有关业务背景的知识。当计划涉及层级较高时，尤其是在制订面向企业外部市场环境和消费人群特征的工作计划时，管理者一般无法掌握与业务相关的所有知识，市场也是千变万化的，无法准确预测。此时，更需要实施广泛而深入的调查，以保证计划的客观性和可行性。

2.业务的目标

目标设定是计划方案的重要内容。计划方案中所涉及的其他行动都从属于这一目标。目标是关于行动的未来的实施效果，也就是管理者预期在计划期末所能够达到的经营效果。目标的合理性是计划合理性的必要条件。具体而言，目标合理性反映在以下几个方面。

（1）目标必须是当前经营活动的主要环节。

当然，企业可以在业务执行过程中追求多样化的目标，如客户的满意度、销售额、员工的业绩等，但是，有效计划强调的是在计划方案中必须区分目标的主次，不能将所有的目标放在同一个重要级别上。这就要求管理者积极分析业务的发展走势以及组织的当前特征，寻找最有价值的突破点，将其作为主要目标。

（2）目标必须清晰。

目标用于指导企业的经营行动，必须是清晰的。员工必须知道自己在经营期末需要完成多少业绩指标，客户代表也必须知道自己需要完成多少销售额。太过宽泛或含糊的目标虽然可能在激励方面起到一定的作用，但是无助于企业业务层面的管理和监控。当然，考虑到企业发展的不确定性，应当在精确的目标之外留有一定的余地。

（3）目标必须兼具挑战性和可行性。

目标必须具有一定的超前性，必须超越已有的经营水平，这样可以激励员工探求既有经营模式的改进方案，适度的压力也可以保证员工拥有必要的工作动力。同时，目标不能太高，不能大大超出现实的可行性，否则后果只能是组织的凝聚力变弱。

3.业务的执行方案

业务的执行方案对于组织实践的指导作用是最直接的。管理者所设定的各项目标，总是要转化为具体的执行方案才能用于管理活动。应当注意到，在不同的管理层级，业务执行方案的要求有所不同。在较高层级上，业务的执行方案更侧重整体上的指导性，而不是偏重每个具体业务环节的实施步骤。管理层级越接近基层，执行方案越具体，越注重细节，越要强调计划方案可为员工直接采纳。

业务的执行方案与资源的配置密切相关。一份详尽的计划必然要限定不同工作岗位、工作层级上的人员和资源配置，同时明确各个人员的权限，避免在操作过程中发生争执和推诿，影响工作绩效。

4.业务的监督和检查

这一环节实际上已经涉及管理的控制职能。在计划中，为将来的监督和检查留有余地是必要的。计划并非一经推出就是固定不变的，需要根据执行环节出现的问题反复调整，因此计划的有效性还取决于是否拥有一整套完整的监督和检查体系。作为事先设定的行动指南，大部分计划在实施过程中总会出现与事先预料相左的情况，完全严格遵照计划设定的流程开展业务的概率非常小。此时，有效的监督和检查体系能够帮助管理者分析管理活动中的偏差。如果是因为最初设定的计划不符合业务发展的客观情况，就需要对计划进行适度调整，以满足业务推进的要求。

四、计划过程中可能存在的陷阱

（一）过于集权的计划

计划是由管理者来实施的管理职能，计划本身就是高层级管理者对于低层级人员的业务设定和指导。这种自上而下的模式使计划的主要权限处于更高的管理层级上。在实践中，一些企业计划职能的实施过于集权化，也就是说高层管理者将计划的所有相关工作全部掌控在自己手中，低层级人员无法参与其中，只能被动接受来自上级的命令。这样的计划模式风险非常大。虽然高层级管理者接收到的信息一般要多于低层级人员，其管理经验通常也较低层人员丰富，但是由于组织活动的复杂性，他们并不能完全掌控一切与计划相关的信息，特别是当计划职能涉及与基层员工的工作、激励、控制等活动相关的管理要素时，来自高层管理者的智慧并非总是能够通行无阻。此时，过于集权的计划可能会使企业经营出现问题。

消除过于集权的计划就是要在计划制订的各个环节积极吸纳来自下级的信息、知识和智慧。这就需要在组织内部形成一套有效的计划制订机制，将部分权限下放，并且积极开发多层次的沟通渠道，在计划的实施过程中不断完善和修正计划。

（二）过于大胆或过于谨慎的计划

计划是建立在对未来的假设基础之上的。常见的问题是，这些假设有时候可能过于大胆或过于乐观，有时候又可能过于谨慎。例如，营销部门在制订销售计划时，可能会过于乐观地判断市场需求将进入超常规井喷时期，也可能过于小心地坚信未来市场一片低迷。过于大胆或过于谨慎对于计划的制订都是不利的。过于大胆的假设会使管理者制订过高的目标，并且为未来迅速拓展的业务配置过多的资源。如果业务的未来发展并没有达到这些水准，就会造成各项投入的浪费，而且员工难以完成事先设定的业绩标准，也会对他们的工作造成负面的激励效果。过于谨慎的假设会使管理者在计划制订中尽可能压低各项指标，业务的开展也会趋于保守，这就使企业难以及时抓住转瞬即逝的市场机会，并且可能在市场竞争中处于下风。

避免计划过于大胆或过于谨慎的关键在于计划制订过程中需要加强对业务情境的深入分析，用客观准确的数据作为计划的支撑要素，而不是仅仅依靠经验或者某些管理者的主观臆断。

（三）关注自我的计划

计划是对组织自身未来经营行为的设定。在这一过程中，一个常见的问题是管理者过于关注自我，而忽视了在更大范围内的外部环境要素，特别是竞争对手的情况。组织的计划往往重点阐述自身的人员构成、资源禀赋和组织流程，较少涉及竞争对手的经营重点、发展方向和竞争优势等。这就降低了计划的实践指导价值，因为计划无法告诉组织成员如何应对外部竞争。在快速变化的市场环境中，这一类型的计划陷阱更为致命，因为在组织自身迅速成长壮大的同时，竞争对手也在发生各种变化，缺乏对竞争对手的分析往往会造成十分严重的后果。

避免此类陷阱的主要措施在于提高对外部竞争势态的警惕性，不要将计划仅仅看作汇聚人员、配置资源、设计流程的有力工具，更要把它看作协调企业内外环境、整合各种资源，提升企业竞争力的重要支撑。

单元二　企业经营决策的目标和类型

决策是管理的基础，也是管理的核心。虽然管理者要做的事很多，但决策确实最重要、最费时、最困难，也是最冒风险的事情。在管理的几项职能中，都会遇到决策问题。从某种意义上讲，整个管理过程都是围绕着决策的制定和组织实施而展开的。计划、组织、领导和控制都涉及决策问题。采用哪种组织结构，选择哪种计划方案，都属于企业经营的决策问题。

一、决策概述

决策就是人们为了达到一定的目标，在掌握充分的信息和对有关情况进行深刻分析的基础上，用科学的方法拟定并评估各种方案，从中选出合理方案的过程。合理的决策必须具备3个条件：①目标合理；②决策结果满足预定目标的要求；③决策本身符合效率、满意、有限合理、经济性原则。

决策在本质上更是一个系统的过程，而不是一个“瞬间”做出的决定。理论上可以想象，所有可能的方案都已被设计好，决策者的工作即是从这些备选方案中挑选最好的。但事实上，决策者需要做大量的调查、分析和预测工作，然后确定行动目标，找出可行方案，并进行判断、权衡、选择，最后结合起来组成一个完整的决策过程。在这个过程中，每一阶段都互相影响，一项选择在决策的某一阶段是最好的，但是会被接下去的选择所影响。因此，良好的决策活动必须依赖整个管理系统的辅助才能完成。

二、决策的作用

决策是管理者从事管理工作的基础，是衡量管理者水平高低的重要标志之一，在管理活动中具有十分重要的作用（见表2-3）。

表 2-3　决策与管理职能

管理职能	管理职能中的决策
计划	组织的长远目标是什么？ 什么战略能够最好地实现这些目标？ 通过哪些途径实现组织的长远目标？ 每个目标的困难程度有多少？ 通过哪些方法控制计划实施的偏差？
组织	直接向管理者报告的下属有多少？ 组织中的集中程度应多大？ 如何设计公司的组织结构？ 组织何时应实施改组？
领导	管理者应当如何对待缺乏积极性的雇员？ 在特定的环境中，哪一种领导方式最有效？ 怎样与下属就产品质量问题进行沟通？ 何时是处理冲突的最恰当时机？
控制	组织中的哪些活动需要控制？ 如何控制这些活动？ 绩效偏差达到什么程度才算严重？ 组织应建立哪种类型的管理信息系统？

（一）决策是管理者的主要职责

管理者及其管理技能在组织管理活动中起决定性作用，管理者主要通过协调和监督其他人的工作来完成组织活动的目标，管理者负责组织的决策，决策是管理者的主要职责。

但是，不同层次的管理者面临的决策问题是不一样的。一般而言，组织的高层管理者面对的更多是组织的重大战略决策，决策的是组织面临的重大问题；基层管理者需要解决的是生产经营活动中的具体问题。例如，华为公司实行董事会领导下的轮值 CEO 制度，轮值 CEO 在轮值期间作为公司经营管理和危机管理的最高责任人，对公司生存发展负责。CEO 作为企业最高行政首长，以高层管理团队轮流坐庄的方式产生，对企业战略策划和制度建设短期负责，而企业的日常经营管理工作，则由高层管理团队的成员分别负责。

（二）决策是管理的核心，贯穿于整个管理活动

管理是在特定的环境下，管理者通过计划、组织、领导和控制职能，整合其所掌握的各种资源，实现组织既定目标的活动过程。决策贯穿于计划、组织、领导和控制等管理活动，是管理的核心。首先，计划工作的每一个环节都涉及决策，如计划目标的确立、预测方法和分析方法的选取、行动方案的选择等都离不开决策。其次，组织、领导、控制等管理职能的发挥也离不开决策，如组织结构形式、领导方式的选取、控制方法的选择等，都需要通过管理者的决策来解决。

（三）决策决定组织绩效，关系组织的生存与发展

组织层面的重大决策涉及组织发展的方向性，直接影响组织绩效和组织发展。决策规定

了组织在未来一定时期内的活动方向和方式，是任何行动发生之前必不可少的一步，它为组织各种资源配置提供了依据，在组织活动尚未开始之前决策就已经在一定程度上决定了组织的活动效率。组织行动的成败得失与决策是否正确密切相关，每一项成功的重大决策都可能使组织转败为胜，而一项错误的决策也可能使组织陷入困境。因此，决策的正确性、合理性对组织的生存和发展至关重要。2004 年，急欲“走出去”的上海汽车集团收购了韩国双龙汽车公司，但由于整合不当，双方磨合了长达 4 年之久，最终以失败告终。

三、决策的分类

根据不同的标准，可以将决策划分成多种类型。了解各种类型决策的特点，有助于管理者进行合理决策。

（一）根据决策的作用范围划分

根据作用范围，决策可以划分为战略决策、战术决策和业务决策。

1.战略决策

战略决策是对涉及组织目标、组织战略规划等重大事项进行的决策活动，是对有关组织全局性的、长期性的，关系到组织生存和发展的根本问题进行的决策，具有全局性、长期性和战略性的特征。例如，确定或改变企业的经营方向和经营目标、开发新产品、企业上市融资、兼并重组、海外市场开拓、高管层的变动等，都是企业的战略决策。一般而言，战略决策面临的问题非常复杂，决策过程需要考虑环境的复杂多变，决策方案的设计、研究、分析和最后选择，都需要决策者具有非常强的概念思维能力和决策判断能力。因此，这类决策一般都由公司的高层管理者负责。

2.战术决策

战术决策又称管理决策，是为了实现战略目标而作出的局部性决策，它直接关系着为实现战略决策所需的资源的合理配置和利用。战术决策必须纳入战略决策的轨道，为组织实现战略目标服务。例如，机构重组、人事调整、资金的分配、市场营销的策划、人力资源的配置等，都属于战术决策的范畴。战术决策虽然不直接影响或仅在短期内影响组织的生存和发展，但对整个组织的运行起着重要作用，一般由公司的中层管理者负责。

3.业务决策

业务决策是组织为了解决日常工作和业务活动中的问题而作出的具体决策，具有烦琐性、短期性和日常性的特点。它是针对短期目标，考虑当前条件而作出的决定，大部分属于影响范围较小的常规性、技术性的决策，直接关系到组织的生产经营效率和工作效率的提高，如设备的维修、产品的售后服务、文件归档整理等。业务决策是组织所有决策的基础，也是组织运行的基础。这类决策一般由组织的基层管理者负责。

（二）根据决策问题的重复程序划分

根据决策问题的重复程度，决策可以划分为程序化决策和非程序化决策。

1.程序化决策

程序化决策指对常规的、经常重复发生的问题的决策。虽然组织运行中面临的问题极其繁杂，但是很多问题是管理者在日常管理工作中经常遇到的。在处理这类问题时，管理者凭借以往的经验就能找出问题的症结，并提出解决问题的方法。组织会将这类问题的解决过程和解决方法用制度、程序和规范等形式进行规定，作为以后处理类似问题的依据和准则。决策的程序化可以使决策问题的处理更加简化，降低管理成本，缩短决策时间，也使决策方案的执行较为容易。对组织来说，应尽可能运用程序化决策方法解决重复性问题，以提高管理效率。

2.非程序化决策

非程序化决策是指对不经常发生的问题所作的决策。这种决策不是经常反复进行的，要解决的多为偶然发生或首次出现而又非常重要的问题，缺乏准确可靠的统计数据、资料和信息，没有先例，无章可循。例如，企业兼并、资产剥离、设立海外分公司等都是非程序化决策的范畴。较低层次的管理者主要处理日常熟悉的、重复发生的问题，往往根据管理制度和标准操作流程就能进行决策。较高层次的管理者面临的问题极可能是突发性的、偶然性的或一次性的，由于解决这类问题没有经验可以借鉴，在很大程度上依赖决策者的知识、经验、洞察力和逻辑思维。一般来说，高层管理者所作的决策多属于非程序化决策。

当然，程序化决策和非程序化决策的划分并不是绝对的，两者之间没有严格的界限。在特定的条件下，两者还可以相互转化。比如，企业一个关于产品定价的程序化决策，可能因为竞争对手定价策略的改变而转化为非程序化决策；同样，某项资源分配的非程序化决策可能因为企业资源计划系统（ERP）的采用而转换成程序化决策。非程序化决策问题的转化是突出例外管理、提升管理水平的重要手段。如果能够注重非程序化决策经验的总结，就可以在一定程度上减少这类问题决策中的非结构化成分。

（三）根据决策问题所处的环境划分

根据决策问题所处的环境条件，决策可以划分为确定型决策、风险型决策和不确定型决策。

1.确定型决策

确定型决策是指各方案实施后只有一种自然状态的决策。在这类决策中，各种可供选择方案的条件都是已知的、确定的，而且各种方案未来的预期结果也是非常明确的。因此，决策者只要比较各个不同方案的结果，就可以选择出满意的方案。例如，总经理办公室采购电脑，只要明确采购电脑的性能标准和品牌范围，根据价格就能够作出满意的决策。一般来说，确定型决策可以用数学模式求解，如成本—利润—产销量的决策等。

2.风险型决策

风险型决策的各种备选方案都存在两种以上的自然状态（各种可行方案可能遇到的客观情况和状态），不能肯定哪种自然状态会发生，但可以测定各种自然状态发生的概率。对于这类决策，决策者面临明确的问题，解决问题的方法是可行的，但无法肯定判断未来的情况，无论选择哪种方案，风险都是不可避免的。例如，一些汽车企业为应对能源危机，想要开发电动汽车，根据判断如能有很广的销路，那么就可以在投入市场几年之后收回投资并获得较大利润，这是成功的估计；如果因这种汽车造价高，使用不便，市场需求较小，就会失败。如何判断两种可能性，怎样作出选择，就属于风险性的决策。

3.不确定型决策

不确定型决策是指各种备选方案都存在两种以上可能出现的自然状态，而且不能确定每种自然状态出现的概率的决策。在这类决策过程中，存在许多不可控的因素，决策者不能确认每个方案的执行后果，在掌握有关信息资料的基础上主要凭决策者个人的经验、直觉进行决策。

（四）根据决策主体划分

根据决策主体，决策可以划分为个体决策和群体决策。

1.个体决策

个体决策是指决策整个过程由一个人完成的决策。个体决策具有决策效率高、决策责任明确的优点，但个体决策完全依赖决策个人的知识、经验、能力，具有比较高的风险。

2.群体决策

随着外部环境的变化，组织的重大决策越来越多地采取群体决策。群体决策是指由两个人以上的群体完成整个决策过程的决策。在很多组织中，许多决策都是通过委员会、团队、任务小组或其他群体的形式完成的，决策者通常会在群体会议上为那些高度不确定性的非程序化决策寻求解决办法。相对于个人决策，群体决策具有以下优势：①提供更完整的信息。由多人组成的群体会将多种决策经验、决策观点集合在一起，决策者得到的信息较多。②可以产生更多的备选方案。决策群体拥有大量的信息和专业知识，能制订更多的备选方案。③提高对决策方案的认可程度。一般来说，人们不愿意违背自己曾参与制定的决策。因此，如果让受决策影响或实施决策的人参与决策的制定，不仅他们自己能够接受决策，而且会说服他人也接受决策，这无疑将提高决策的认可度。通常，群体会感觉到由群体制订的决策比由个人制定的决策更为合理。

当然，群体决策也有一些缺陷：①决策效率低。组成一个群体必然要花费时间，而且群体形成后，其成员之间的相互影响也会导致效率降低。因此，群体决策会比个人决策花费更多的时间。②少数人统治。群体中的成员在组织中的职位不同，每个人的经验、知识、语言技巧、性格特点等各不相同，因此群体成员之间不可能是绝对平等的，再加上“从众效应”，易导致少数人驾驭群体，影响最终决策。③群体思维导致决策质量下降。群体思维是指在群体中人们的思维要屈从于社会压力，因而不同的观点或新观点不能表露出来，最终会达到表面上的一致。这种群体思维会导致决策质量的下降。④责任不清。群体决策由群体成员共同担责，往往会出现责任不清、相互推诿的情况。

单元三 企业经营决策的过程和方法

一、决策流程

管理者为提高决策水平，避免冒险性的决策，需要根据决策流程进行有效决策。决策是一个系统的动态过程。不同学者描述的决策流程略有差异。西蒙将决策流程分为情报活动、设计活动、抉择活动和审查活动 4 个主要阶段。其中，情报活动阶段主要是探查环境，找出决策的理由，寻找决策的条件；设计活动阶段主要是制订和分析各个可供选择的行动方案；抉择活动阶段主要是从诸多备选方案中选择一个特定的行动方案；审查活动阶段主要是在实施决策后对以前的选择进行审查评价。史蒂芬 P.罗宾斯将决策流程（Decision-making Process）划分为 8 个步骤：识别问题、确定标准、分配权重、拟订方案、分析方案、选择方案、实施方案和评价决策效果。

一般来说，决策流程包括 5 个步骤：识别问题、确定目标、拟订备选方案、评价选择方案、方案实施与监督（见图 2-2）。决策实际上是一个“决策—实施—再决策—再实施”的连续不断的循环过程，如此往复，贯穿管理活动的始终。

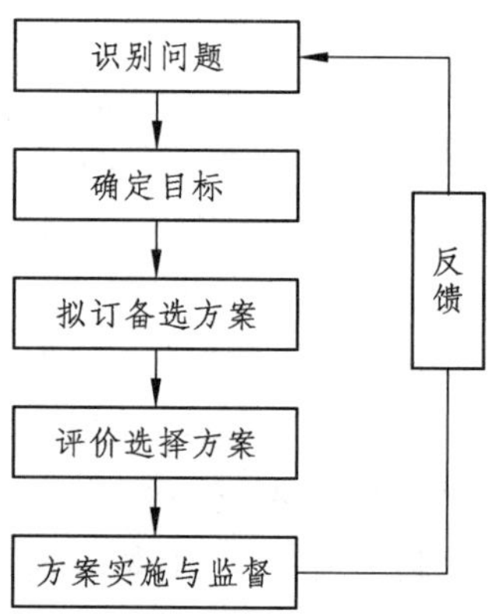

图 2-2 决策流程

（一）识别问题

识别问题是一个决策流程的开始，以后各个阶段的活动都围绕所识别的问题进行。识别问题包括两方面的工作：一是确定需要解决的问题。如果识别的问题不清晰，所作出的决策则无助于解决真正的问题，因而直接影响决策效果。识别问题的目的是鉴别出那些与预期结果产生偏差的问题，也就是说要确定需要决策的对象。管理者需要解决的问题是多种多样的，有危机型问题（需要立即采取行动的重大问题）、非危机型问题（需要解决但并没有危机型那么重要和紧迫）、机会型问题（如果采取行动就能为组织提供获利的机会）。二是诊断问题出现的根源。仅仅识别问题并不是目的，关键还要根据各种现象诊断出问题产生的根源。这需要收集信息、诊断问题、发现问题出现的原因并分清主次。

由于客观事物的复杂性和主观认知的局限性，识别问题往往并不是轻而易举的。尽管很多人主张识别问题常常是非正式的或依靠直觉，但一些信号的出现有助于决策者准确地识别问题。

1.偏离既定的计划

组织运行与既定的计划发生了偏离，或组织实际运行并没有达到计划制订的预期目标。例如，新产品推出后没有达到预期的市场占有率，营销费用大大超出了预算金额，利润水平低于计划要求等。

2.偏离过去的绩效或经验

如果组织活动突然出现异常变化，偏离过去的经验或绩效模式，则暗示组织可能出现了问题，决策者需要对异常现象进行分析，找出问题的症结。例如，员工离职率飙升、销售额大幅下降、成本费用突然上升等。

3．组织环境的变化

一个在正常环境条件下常规运行的组织，在环境发生显著变化时，往往会出现很多新问题，比如当一个企业突然面临激烈的竞争时，很可能会有一些不适应竞争环境的异常表现。因此，必须对环境的变化进行分析，这样不仅有利于及时发现组织存在的关键问题，而且可以直接发现一些诸如竞争对手的新举措、市场价格的波动等需要进行决策的问题，也可能会发现一些新的机会等。

4.组织管理工作受到批评

批评意见可以来自组织内部，也可以来自组织外部。如果顾客投诉率上升，员工或顾客对组织及其管理工作提出了批评意见或表露出不满情绪，就说明组织的活动可能出现了一些需要解决的问题。

（二）确定目标

决策者在找到问题及其原因之后，应该进一步分析问题的各个构成要素，明确各构成要素的相互关系并确定重点，以找到本次决策所要达到的目的，即确定目标。决策目标是指在一定的环境和条件下，预测希望得到的结果。目标的确定十分重要，同样的问题，由于目标不同，采用的决策方案也会不同。

决策目标的内容应当明确、具体，不能含糊不清。任何一项决策必须是可行的，而要保证决策的可行性，必须分析组织现有的人力、物力、财力、科学技术水平等客观条件，分析事物发展过程中可能发生的各种变化，分析决策实施后可能产生的各种影响，经过慎重、全面、科学地论证与审定、评估，作出可行性分析，确定可行性的程度，在此基础上作出的决策才是科学的。

（三）拟订备选方案

这一阶段是根据所识别的问题和确定的目标，在决策者面临众多的约束条件时，拟订多个可行的行动方案，并对每个行动方案的潜在结果进行预测。方案的产生过程是在环境研究、发现差异的基础上，根据组织任务和消除差异的目标，提出改变设想开始的，然后对提出的各种改进设想进行集中、整理、归类，形成多种不同的初步方案，继而再对这些初步方案进行筛选、补充和修改，最后进一步完善剩下的方案，并预计执行结果，由此便形成了一系列不同的可行方案（见图 2-3）。

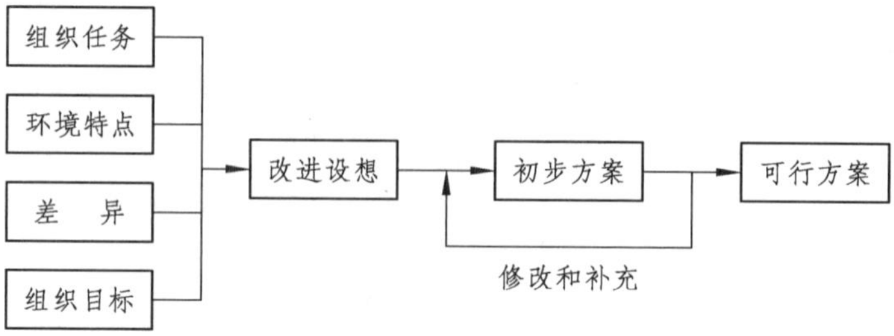

图 2-3　可行方案演进流程

拟订备选方案的过程是发挥决策者创造性的过程，在实施的过程中要注意 3 个方面的问题：①至少要拟订两个备选方案。一般来说，该阶段决策者要尽可能拟订一切可行性的方案，从而保证在众多的备选方案中选择出满意的方案。由于备选方案要解决同一问题，它们之间可能存在一定程度的互补，而且各有利弊。所以，在实践中，往往是对众多方案进行取长补短的重新组合，形成比较完善的备选方案。②明确列出各方案的影响因素。决策的过程就是不断地寻找与方案相关的影响因素的过程，影响因素越明确，越容易进行备选方案的比较。③备选方案的制定要鼓励创新。制订备选方案时，决策者要鼓励创新，听取不同的意见和建议，尽可能拟订一些比较新颖的解决方案。当然，提出创新性的备选方案并不容易，这需要参与决策的人具有广博的知识、敏锐的洞察力、敢于创新的谨慎以及较强的概念思维能力。

（四）评价选择方案

这个阶段，决策者必须针对每个备选方案提出一个关键问题，即“它是在所有已知约束条件下最好的方案吗”。为了回答该问题，决策者应预测和合理估计每种备选方案结果可能发生的概率，分析各个方案可能发生的潜在后果。在此基础上，对各备选方案的积极结果和消极结果进行比较。

1.预测各备选方案的效果

备选方案是面向未来的，它的效果要经过一段时间后才能显现，通过预测才能了解方案的效果。要预测方案的效果，就要预测客观环境可能的变化，认真考虑对决策影响较大、决定组织命运的客观因素，使组织决策者在选择方案时做到心中有数。

2.确定决策方案的评价标准

没有标准，就没有判断好坏的尺度。要选择满意的方案，必须有科学的评价标准。一般来说，人们常常把目标或目标具体化之后的指标作为评价标准。决策者通常可以从以下两个方面来评价备选方案：第一，方案的可行性。备选方案是否符合组织的发展战略，组织是否拥有尝试这一方案所需的资金和其他资源等。第二，方案的有效性和满意度。备选方案能在多大程度上满足决策目标。需要强调的是，某一方案在实现预期目标时可能会对其他目标产生积极或消极影响。因此，目标多样性在一定程度上增加了决策的难度，也反映了决策者分清决策目标主次的重要性。

3.选择满意方案

选择满意方案是决策者对方案进行“拍板定案”的工作，在各种可供选择的方案中权衡利弊，然后选择其一或者综合成一个方案。对于组织重大问题的决策，最好能邀请高级顾问、咨询人员参加，尽量听取多方面的意见，以防考虑不周造成重大决策失误。在决策过程中，首先要将方案印发给有关人员，让其拥有充分的决策信息；其次是召开会议，由专家小组报告方案评估过程和结论；最后由决策者集体进行充分的讨论，选择满意的方案。有时组织会在方案全面实施前，进行局部实验，检验在真实条件下方案是否真的可行。如果不具有可行性，为避免重大损失，则需要修正或重新拟订方案。

选择满意的方案除依靠决策者的经验、知识、能力和直觉外，也可以借助一些科学决策方法进行辅助决策，如决策树、决策矩阵法等。另外，在选择满意方案的同时，还需要制订备用方案。在选择方案时，要预计方案执行过程中可能发生的问题，针对这些问题，准备好未来环境发生预料到的变化时可以启用的备用方案。备用方案的确定旨在对可预测到的未来变化准备充分的必要措施，以避免临时应变可能造成的混乱。

（五）方案实施与监督

只有有效地实施决策，才可能实现决策目标。一项科学的决策很有可能由于实施方面的问题而无法达到预期的目标，甚至失败。决策工作不仅是制定并选择满意的方案，而且必须将其转化成实际行动，并制定能够衡量其进展状况的检测指标。

首先，决策者必须宣布决策并为其拟定将采取的行动计划，编制预算。

其次，决策者必须与参加决策实施的管理人员沟通，对实施决策过程所包含的具体任务进行分配。

再次，决策者必须对决策实施的有关人员进行恰当的培训和激励。即使是一项科学的决策，如果得不到组织成员的理解和支持，也将成为无效决策。

最后，决策者必须对决策实施的情况进行监督，掌握决策方案的实施情况，尤其是在关键阶段、关键时点要加强控制和监督。如果决策执行结果没有实现预期目标，或决策所执行的环境发生了剧烈变化，就需要在实施阶段调整方案或者修改设定的目标，从而全部或部分重复执行以上决策过程，这实质上是开始了新一轮的决策过程。

二、决策方法

微课：创业方式的选择

（一）定性决策方法

定性决策方法是一种直接利用决策者本人或有关专家的智慧、经验进行决策的方法，即决策者根据所掌握的信息，通过对事物运动规律的分析，在把握事物内在本质联系的基础上进行决策的方法。这种方法灵活简便，决策成本低，有利于利用专家的经验和智慧，适用于受经济社会因素影响较大、因素错综复杂以及涉及社会心理因素较多的综合性战略问题决策，是企业界决策采用的主要方法。但是，定性决策建立在决策者主观认知的基础上，缺乏严格的论证，主观性较强，有时还会因决策参与者知识或经验的限制而使决策意见有很大的倾向性。

常用的定性决策方法包括征询法、头脑风暴法和德尔菲法等，这些都是群体决策常用的方法。

1.征询法

征询法是指把被征询意见的人编入一个小组，但他们彼此间互不相知，即使见了面，也不面对面谈问题。首先，在这种互不接触、互无影响的条件下，让他们分别用书面方式提问题、提建议或回答所提的问题。其次，由组织者将每个人的书面材料合并成一份汇编材料，将汇编结果公布给决策参与者，但不公布这些问题、建议或答案是由谁提出的。最后，对汇编结果进行讨论，并形成统一的意见。该过程可以使每个决策参与者在讨论时，没有顾虑地充分发表自己的意见，有时甚至可能出现否定自己的意见而支持他人意见的情形。这有利于将好的意见进行汇总和归纳，形成统一的决策方案。

2.头脑风暴法

头脑风暴法可以克服阻碍创造性方法的遵从压力，是一种相对简单的方法。它利用一种思想产生过程，鼓励提出任何种类的方法思想，同时禁止对各种方案的任何批评。具体的做法是，群体领导者以一种明确的方式向所有参与者阐明问题，然后成员在一定的时间内“自由”提出尽可能多的方案，不允许任何批评，并且所有的方案都当场进行记录，供后续进行讨论和分析。通过面对面的交流，引起思维共振，进行创造性的思维，可以在较短的时间内形成解决问题的决策方案。

头脑风暴法也存在一些不足之处，比如，受决策参与者人数的限制，可能导致代表性不够充分；受个人语言表达能力的限制；受群体思维的影响，随大流或受权威所左右等。因此，采用头脑风暴法时，选择决策参与者和精心组织会议非常重要。

3.德尔菲法

德尔菲法是由美国著名的兰德公司首创并用于预测和决策的方法。具体做法是：就所要决策的问题以匿名方式通过几轮函询征求专家的意见，组织预测小组对每一轮的意见进行汇总整理后再发各位专家参考，供他们分析判断，以提出新的意见。这样几轮反复后，专家意见渐趋一致，最后供决策者进行决策。该方法的不足之处是耗时长，费用比较高。

（二）定量决策方法

定量决策方法常用于数量化决策，应用数学模型和公式来解决一些决策问题，即运用数学工具建立反映各种因素及其关系的数学模型，并通过对这种数学模型的计算和求解选择最佳的决策方案。对决策问题进行定量分析，可以提高常规决策的时效性和决策的准确性。运用定量决策方法进行决策是决策方法科学化的重要标志。

1.确定型决策方法

判定确定型决策的标准是：存在一个明确的决策目标；存在两个以上的可供选择的决策方案；每个方案实施后只有一种自然状态；可以计算各方案在确定的自然状态下的损益值。确定型决策的方法有损益平衡点法和量本利法。

（1）损益平衡点法。

损益平衡点法是当企业可以用几种不同方案生产某产品时，通过分析比较产品产量与成本的关系而进行决策的方法（见图 2-4）。

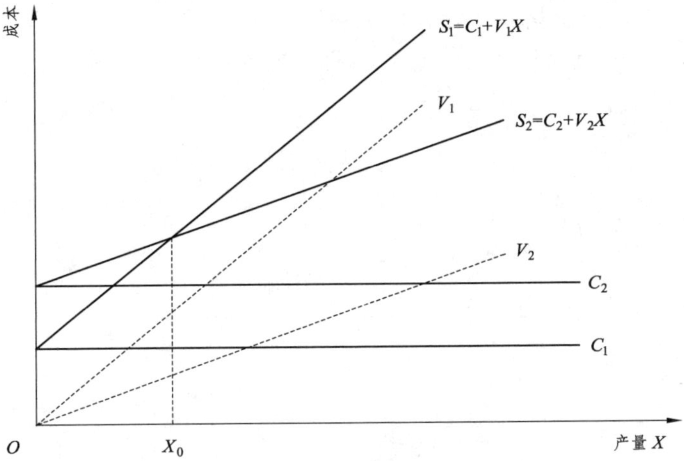

图 2-4　损益平衡点法

图 2-4 中，S_1 和 S_2 分别代表两个方案的总成本；C_1 和 C_2 分别代表两个方案的固定成本；V_1 和 V_2 分别代表两个方案的单位变动成本；X_0 代表临界产量。当 $X=X_0$ 时，$S_1=S_2$，即 $C_1+V_1X_0=C_2+V_2X_0$。

由此，可得：

$$X_0=\frac{C_2-C_1}{V_1-V_2}$$

当产品产量 $X<X_0$ 时，第一个方案的总成本 S_1 低于第二个方案的总成本 S_2，故应采用第一个方案；相反，当产品产量 $X>X_0$ 时，第一个方案的总成本高于第二个方案，故应选用第二个方案。

（2）量本利法。

量本利法是通过揭示产销量、成本（包括固定成本和变动成本）、价格和利润之间的内在联系，进行决策分析的一种方法。

如图 2-5 所示，量、本、利的基本关系是：

利润=收入−成本

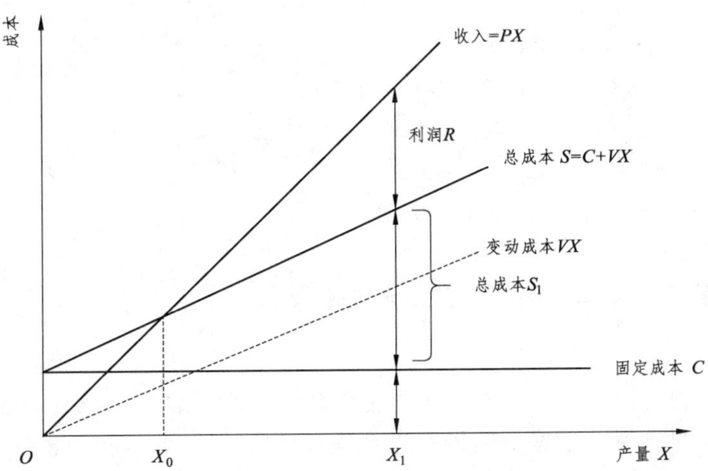

图 2-5　量本利法

图 2-5 中，P 代表单位价格；R 代表目标利润。

当产量为 X_0 时，没有利润，收入=成本，即 $PX_0=C+VX_0$。

由此可以推出：

$$X_0=\frac{C}{P-V}$$

故当不存在利润，盈亏平衡时，

$$\text{保本点产量}=\frac{\text{固定成本}}{\text{单位价格}-\text{单位变动成本}}$$

当产量为 X_1 时，

利润=收入−成本

即 $R=PX_1-(C+VX_1)$。

由此可以推出：

$$X_1=\frac{C+R}{P-V}$$

故当存在目标利润时，实现目标利润的产销量计算公式为：

$$\text{保本点产销量}=\frac{\text{固定成本}+\text{目标利润}}{\text{单位价格}-\text{单位变动成本}}$$

【例 2-1】

企业利润与保本

某企业生产某种产品的总固定成本是 100 万元，该产品的销售单价为 1 000 元，单位变动成本为 800 元，根据市场预测，该产品的年销售量为 8 000 件。

（1）如果能顺利完成预计销售量，企业每年可以从该产品获利多少？

（2）该产品在销售过程中受到竞争者新产品的竞争，必须降价才能吸引消费者购买该产品。为完成既定的年销售目标，请问该产品的售价为多少时，企业才能保本？

解：（1）利润=收入−成本=收入−（固定成本+变动成本）

即 $R=PX_1-(C+VX_1)$

$R=1\,000\times8\,000-(1\,000\,000+800\times8\,000)=600\,000$（元）

（2）盈亏平衡时，企业收入=企业成本=企业变动成本+固定成本

即 $PX_0=C+VX_0$

$P\times8\,000=1\,000\,000+800\times8\,000$

求得 $P=925$（元/件）。

因此，产品售价为 925 元/件时，企业才能保本。

2.风险型决策方法

风险型决策方法是指决策者在对未来可能发生的情况无法作出肯定判断的情况下，通过预测各种情况发生的概率，根据不同概率进行决策的方法。

判定风险型决策的标准是：存在明确的决策目标；存在两个以上可供选择的方案；每个

方案实施后存在不以决策者意志为转移的两种以上可能的自然状态；可以计算各个方案在各种自然状态下的损益值；能够估计各种自然状态可能出现的概率。最常用的风险型决策方法是决策树分析法。决策树法是一种以树形图来辅助进行各方案期望收益的计算和比较的决策方法。

决策树是指由决策点、方案枝、状态节点、概率枝 4 个要素构成的树形图。如图 2-6 所示，左端的方框“□”表示决策点；从决策点引出的若干树枝“——”为方案枝，表示该决策中可供选择的几种备选方案，在方案枝上注明决策方案；每个方案都达到一个状态节点，状态节点用圆圈“○”表示，在圈内或圈上注明所计算出的每个方案的期望值；由状态节点引出的枝条“——”为概率枝，表示该方案可能出现的几种自然状态，在概率枝上注明自然状态的内容及出现的概率，右侧标明该状态下方案执行所带来的损益值（结果）。

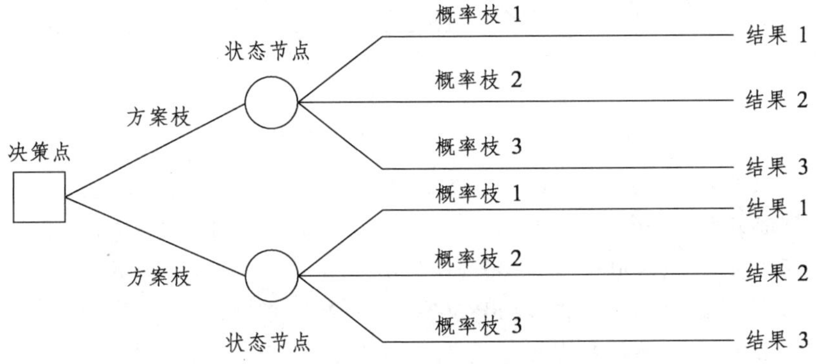

图 2-6　决策树形图

【例 2-2】

运用决策树法的企业决策

某高新技术企业准备开发一款新产品，经过市场调研，预测该产品需求量大的概率是 30%，需求量一般的概率是 50%，需求量比较小的概率是 20%。企业面临 3 种备选方案：第一，增加技术开发投入，需要投资 100 万元；第二，新建车间、投入设备，需要投资 60 万元；第三，更新现有设备，需要投资 20 万元。各方案在 3 种不同需求状态下的利润预测情况如表 2-4 所示。请利用决策树法进行决策，选择满意的决策。

表 2-4　3 种方案的具体情况　　单位：万元

方案	需求量大（30%）	需求量一般（50%）	需求量小（20%）
增加技术开发投入	800	400	-200
新建车间、投入设备	600	300	0
更新现有设备	400	200	100

解：首先画出决策树，如图 2-7 所示。

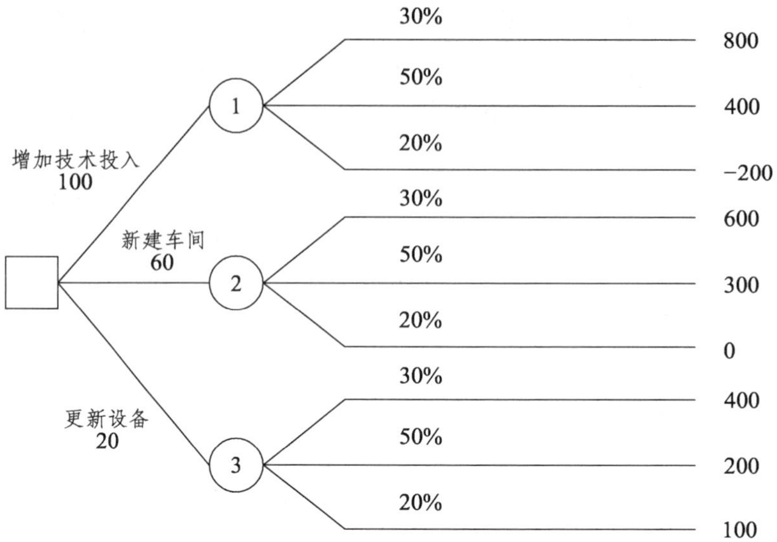

图 2-7　3 种方案的决策树

根据公式，经济效益=期望收益–投资额，由此计算出 3 种方案的经济效益：

方案 1 的经济效益：[800×30%+400×50%+（–200）×20%]–100=300（万元）

方案 2 的经济效益：（600×30%+300×50%+0×20%）–60=270（万元）

方案 3 的经济效益：（400×30%+200×50%+100×20%）–20=220（万元）

根据计算结果可知，方案 1 的经济效益是 300 万元，高于方案 2 和方案 3 的经济效益。所以选择方案 1，即增加技术开发投入。

3.不确定型决策方法

不确定型决策方法是指决策者无法确定未来各种自然状态发生的概率的决策方法。只要可供选择的方案不止一个，决策结果就存在不确定性。

判定不确定型决策的标准是：存在明确的决策目标；存在两个以上可供选择的方案；每个方案实施后存在不以决策者意志为转移的两种以上可能的自然状态；可以计算各个方案在各种自然状态下的损益值，但各种自然状态可能出现的概率是不可知的。面对不确定型决策，不同的决策者由于其性格特点、知识、经验以及风险偏好的差异，会选择不同的决策标准。

（1）悲观准则。

决策者认为无论他们采取什么措施，无论别人采取何种策略，事情总是朝着最坏的方向发展。悲观准则的决策程序是：先找出每个方案的最小收益值，再从这些最小收益值中找出最大者，选择该方案作为决策方案。悲观原则的核心是从最坏的可能性中选择最好的结果。对未来持悲观态度、比较谨慎的风险规避型决策者在进行不确定型决策时，一般会采用这种准则。

（2）乐观准则。

决策者认为无论他们采取什么措施，无论别人采取何种策略，事情总是朝着对自己有利的方向发展。乐观准则的决策程序是：先找出每个方案的最大收益值，再从这些最大收益值中找出最大者，选择该方案作为决策方案。这是一种乐观原则，是从最好的可能性中选择最好的结果。对未来持乐观态度、富有冒险精神的决策者在进行不确定型决策时，一般会采用乐观准则。

（3）等概率准则。

决策者认为各个可行方案的各种可能结果发生的概率相同，进而选择期望值最大的行动方案。

（4）最小后悔准则。

决策者总是选择与最好结果偏离不大的行动方案。这是介于乐观准则和悲观准则之间的一个决策准则。

后悔值是指决策者所选择的方案在某种自然状态下的期望收益与在这种自然状态下效益最好的方案的收益值之间的差额。换言之，当某一种自然状态出现后，如果选择了期望收益最高的方案，就不会后悔，即后悔值为 0；否则，如果选择了其他方案，就要后悔，其后悔值就是所选方案的期望收益与最高期望收益之差。最小后悔值准则的决策程序是：先计算每一种自然状态下各方案的后悔值，再找出每个方案的最大后悔值，最后从中选出最小者作为决策方案。

【例 2-3】

不确定型决策方法的企业决策运用

某企业以批发的方式销售其生产的产品，产品的成本是 0.03 万元/件，批发价格是 0.05 万元/件。如果每天生产的产品当天销售不完，销售不完的产品要损失 0.01 万。已知该企业每天的产量可以是 0 件、1 000 件、2 000 件、3 000 件或 4 000 件；根据对市场需要的预测，每天的销售量可能是 0 件、1 000 件、2 000 件、3 000 件或 4 000 件。该企业的决策者应该如何安排每天的生产量才能满意？

解：根据已知条件，决策者有 5 种备选方案，分别是每天生产 0 件、1 000 件、2 000 件、3 000 件或 4 000 件。该问题的关键是计算出每种方案的收益。因为每种方案面对 5 种可能的市场需求，所以每种可行方案均有 5 种可能的收益。

假设产量为 P、销售量为 S、收益为 R，则当 $P>S$ 时，$R=S\times(0.05-0.03)-(P-S)\times0.01$；当 $P\leqslant S$ 时，$R=P\times(0.05-0.03)$。因此，各种可行方案在不同市场需求下的收益如表 2-5 所示。

表 2-5　各方案的收益

收益 R/万元		销售量 S/件				
		0	1 000	2 000	3 000	4 000
产量 P/件	0	0	0	0	0	0
	1 000	−10	20	20	20	20
	2 000	−20	10	40	40	40
	3 000	−30	0	30	60	60
	4 000	−40	−10	20	50	80

在选择决策方案时，决策者可以根据不同的决策准则进行决策。

（1）乐观准则。根据乐观准则，决策者找出每个可行方案收益的最大值，然后选出各个最大值中的最大值即 80 万元，这个最大值对应的方案即产量为 4 000 件的方案是最满意的方案。

（2）悲观准则。根据悲观准则，决策者找出每个可行方案收益的最小值，然后选出各个最小值中的最大值即 0 万元，这个最大值对应的方案即产量为 0 件的方案是最满意的方案。

（3）等概率准则。需要计算出各种生产方案的期望值。方案 2 即产量 1 000 件的方案的期望值=（–10+20+20+20+20）/5=14（万元）。依次算出各方案的期望值分别是 0 万元、14 万元、22 万元、24 万元和 20 万元，选择最大期望值所对应的生产方案。因此，产量为 3 000 件是最满意的方案。

（4）最小后悔准则。根据最小后悔准则的程序，决策者构造出一个机会损失矩阵。具体的方法是，找出收益表（见表 2-6）中每一列的最大值，用该最大值分别减去这一列中相应的数值，以计算出的数值为一列，重新构造一个机会矩阵，即机会损失矩阵。然后从机会损失矩阵的每一行中选出最大的机会损失，再从选出的机会损失中选出最小的机会损失，其所对应的方案就是最满意的方案。所以，方案 4 即产量为 3 000 件是最满意的方案。

表 2-6　最小后悔准则的机会损失表

收益 *R*/万元		销售量 *S*/件					最大机会损失
		0	1 000	2 000	3 000	4 000	
产量 *P*/件	0	0	20	40	60	80	80
	1 000	10	0	20	40	60	60
	2 000	20	10	0	20	40	40
	3 000	30	20	10	0	20	30
	4 000	40	30	20	10	0	40

知识小结

本章主要阐述了创业最基本的问题，即创业的计划和决策。计划是指为了实现组织目标而事先制订的工作内容和步骤。一项完整的计划通常包括做什么、为什么做、何时做、何地做、谁去做、怎样做几个方面的内容，它具有目标导向性、基础性、普遍性、综合性和前瞻性等特点，可以明确组织的发展方向；为了制订一个有效的计划，需要注意业务的背景、业务的目标、业务的执行方案、业务的监督和检查。当然，管理者在制订计划的过程中也要注意可能存在的陷阱。决策是管理工作中的普遍工作，当面对决策问题时，需要识别决策的具体类型，最后选择正确的决策方法进行决策。

巩固提高

1.什么是计划？计划有哪些特点？

2.计划是如何进行分类的？

3.计划过程包括哪些环节和作用？

4.什么是决策？请列举一个身边的风险决策的例子。

5.描述决策的流程，并画出一个决策流程图。

案例分析

身边的管理

1965 年，伊戈尔•安索夫（Igor Ansoff）在《公司战略》（*Corporate Strategy*）中写道：“我们应定义一个规划期，确保公司可对此期间进行准确度不偏离上下 20%的预测。”但是，公司究竟如何知道需要多少时间才能作出给定精确度的预测呢？虽然有些重复出现的模式（如季节性波动）是可以预测的，但要对非连续性事项（如技术创新或价格上涨）进行预测，实际上是不可能的。当然，有些人能“预见”这类事物，我们经常说这种人“有先见之明”，其实这些人制订计划时一般会采用更加个性化、更直觉化的方式。

明茨伯格及其他人的很多研究都证明，计划制订是一个错综复杂的过程，有时是潜意识的人类思考因素。计划制订可以是有意识的行为。它可体现出高管的具体意图，例如，进军和攻占新市场。但计划制订也可以是瞬间出现的行为，它可以无须高管有意为之而往往可在无意中通过情况获知而形成。一位销售员说服一位非目标类型的客户尝试了产品，其他销售员纷纷仿效而为，接下来管理层就会意识到，公司的产品已经渗透到新市场。如果能时常发现这些偶然事件，并重视这些意外事件的示范作用，情况获知就必定会在新计划的制订过程中发挥重要作用。

与传统上对计划的认知恰好相反，深思熟虑形成的计划未必就好，偶然形成的计划未必就差。所有的可行计划都既有直觉性，又有深思熟虑性，必定都是一定程度的灵活获知与理智控制相结合的产物。不善于用自己的眼睛去“发现”的人，是难以看到愿景的。计划制订者会不辞辛苦地挖掘新想法，而且真正的计划正是基于他们意外获得的宝贵信息。这些人从不忽视日常细节，而是非常关注这些细节，从而能够从中提炼出战略性的信息。

资料来源：MINTZBERG H.The Fall and Rise of Strategic Planning[J].Harvard Business Review，1994，72（1）：107-114.

思政点睛

创新创业教育能增强学生的实践能力，要引导学生的创新创业思维，引导创新创业教育活动的正确方向。创业的开展，需要进行详细的计划和具体的经营，要在正确的价值观下引导学生开展具体的创业活动。

思考：

1.计划的概念是什么？

2.计划应该如何提出？

实训设计

1.决策游戏：随着居民生活水平的提高，选择外出探险成为人们追求幸福和享受生活的重要方式之一。假设在外出探险前要进行出发前的物品准备，请在下面 20 种物品中，选择你们认为最重要的 5 种物品进行排序并阐述理由。供选择的物品包括：打火石、帐篷、刀、钱、手电、手机、绳索、雨伞、食盐、指南针、望远镜、衣服、压缩饼干、手套、登山鞋、矿泉水、帽子、水杯、护肤品。游戏规则：5~6 人随机组成小组，以小组为单位进行讨论并达成一致意见，限时 8 分钟。

2.假设你想成立一家公司，请选择一个行业，以小组为单位进行讨论并进行计划与决策。

模块三 创业机会与风险识别

学习目标

1.了解创业机会对创业者的重要性，创业机会的概念、来源。
2.识别创业机会的影响因素，掌握创业机会识别的方法。
3.理解创业风险的类型、识别与防范。
4.掌握基于风险估计的创业收益预测。

思政目标

1.激发学生的创新创业意识。
2.培养学生的竞争意识和抗挫折能力。
3.培养学生创业的社会责任感。

单元一 创业机会识别

机会识别是创业的开端，也是创业的前提。围绕创业机会，很多想创业的人却有些疑惑：为什么是他而不是我看到了机会？未经系统论证调查的，甚至可以说偶然发现的机会，为什么可以成为创业机会？怎样成为创业机会？我们如何从众多的机会中识别有利可图的创业机会，又怎样评估创业机会？这些问题都是创业者首先需要了解的问题。

一、创业机会的定义和来源

（一）创业机会的定义

创业的根本目的是满足顾客需求，创业要从商业机会中产生，但是创业者不能简单地将商业机会认为是创业机会，应该说适合于创业的商业机会才是创业机会。创业过程是由商业机会驱动的，从创业实践来看，创业机会是产生创业活动的关键因素。

肖恩和文卡塔马兰将创业机会定义为：能在将来创造目前市场所缺乏的物品或服务的一系列的创意、信念和行动。也有学者认为，创业机会是指一个创意可以在市场环境中行得通，其提供的产品或服务一方面满足顾客的需要，另一方面能使企业获得利润。

创业机会，通常理解为一种市场机会，是指客观存在于市场交易过程，并能够给创业者提供销售（服务）对象、带来盈利可能性的市场需求。我们认为，创业机会是一个动态发展的过程，是创业者发现有吸引力的、有潜在价值的、有利于创业的商业机会，并通过整合利用内外资源,创业者在为客户提供有价值的产品或服务的同时使创业者自身获益的动态过程。

（二）创业机会的来源

创业机会是一个不断被发现或创造的动态发展过程，也就意味着，创业机会在不同的时期会有不同的呈现形式。在过去，很多创业机会是从好的创意中来的。创业者有了创意之后，在进行充分的市场研究的基础上，对机会进行辨识和筛选，便能从中发现好的创业机会。而在互联网时代，市场环境飞速变化，消费者需求不断升级，技术的革新也超出了我们的想象，创业机会不再单一地从创意中来，而是有了更多的来源。

管理大师彼得·德鲁克提出了创业机会的 7 大来源：①从意外情况中捕捉创新动机；②从实际和设想不一致性中捕捉创新动机；③从过程的需要中捕捉创新动机；④从行业和市场结构变化中捕捉创新动机；⑤从人口状况的变化中捕捉创新动机；⑥从观念和认识的变化中捕捉创新动机；⑦从新知识、新技术中捕捉创新动机。Timmons 模型认为，创业机会主要来自变化、不连续的或者混乱的状况，主要有 7 个来源，包括法规的改变、技术的快速变革、价值链重组、技术创新、现有管理者或者投资者的管理不善、战略型企业家以及市场领导者的短视。

结合当下众多的新的创业形态，我们认为创业机会来源于社会生活的方方面面，一般可以归纳为以下 4 个方面：

1.解决顾客需求

顾客需求是创业者应该重点关注的。创业的根本目的是满足顾客需求，若存在某一种需求没有得到满足，那就是问题，那么它就是一个潜在的创业机会。寻找创业机会的一个重要途径是善于发现和体会自己与他人在需求方面的问题，而设法满足这一需求，就抓住了市场机会。

2.变化的环境

创业机会大多产生于不断变化的市场环境，环境变化了，市场需求、市场结构必然发生变化。任何变化都能激发新的创业机会，需要创业者凭着自己敏锐的嗅觉去发现和创造。比如：经济趋势和社会趋势的变化可能会影响人们的生活方式、所需服务类型；随着人们生活水平的提高，人们不仅要吃饱，而且要吃好，更多关注绿色健康食品，各种有机食品便应运而生。

3.新技术、发明创新

在知识经济时代，用科技、知识创业是新模式，也是必然趋势。一项新技术的产生通常会带来创业机会，尤其是一些划时代的新技术的产生。例如，随着计算机、移动互联网的迅猛发展，对传统商业市场造成巨大冲击的同时，互联网创业也如火如荼，并且也带来了一大批上下游产业链的创业机会。

4.市场对手的缺陷和不足

在市场竞争的过程中，如果能够合理分析自己与竞争对手之间的优劣，并针对对方的短处，将自己的优势充分发挥出来。或者采取差异化策略，为顾客提供更满意的产品和服务，更好地满足顾客需求，则在竞争环境中找到了独特的创业机会。

【案例 3-1】

懒人家居的诞生

2006 年年底的一天，一位年轻人来到店里，一进门就问有没有床上电脑桌卖。原来，这位年轻人是一个 IT 工作者，晚上经常需要加班熬夜，久坐在电脑桌前，天气一冷，冻得手脚冰冷。因此，他就想买床上电脑桌、无线鼠标等能让自己偷懒又不耽误工作的用品，天冷时，将笔记本电脑往床上的电脑桌上一放，缩在被子里就可工作，又暖和又舒服，取暖、工作两不误。

店主是个善于抓住机会的人，他知道，一张桌子可能赚不到什么钱，但能让人“偷懒”的这一机会却是一大商机。为了满足各类“懒人”的需求，他决定在全国各地寻找这类货源，多进新产品，解决各种“偷懒”需求，以“商品种类繁多”的优势取胜。

经过不断的搜寻，懒人家居专卖店里的商品种类越来越多。产品涵盖了厨房用品系列、文体用品系列、日用百货系列、一次性用品系列等众多特色鲜明的懒人家居用品。如此，他也顺利地抓住了创业机会。

二、创业机会的识别

整个创业过程是通过创业机会来展开的，没有创业机会的发现和识别，创业就无从开展。创业者对创业机会的识别和把握决定了创业者的创业是否成功，创业成功者往往是在创业之前进行机会识别的。这样可以在创业之初避免很多错误行为，大大降低创业成本，提高创业成功率。

（一）创业机会识别的影响因素

理论界与实践界都一直试图回答：是什么因素导致一些人更善于识别出有价值的创业机会。经过分析发现，影响创业机会的因素主要分为两类：一类是个人因素，包括创业者的先前经验、知识能力、社会关系网络、创造性等；另一类是社会环境因素，即外部创业环境，包括市场动态、经济环境等。

1.个人因素

（1）先前经验。

大多数创业者的创业能力都是基于先前经验而不断成长的，个人在特定领域的经验越丰富、知识储备越多，就越容易发现和把握该领域内的创业机会。并且有过创业经验的人也能更好地发现新的创业机会。有调查发现，70%左右的创业机会，其实是在复制或修改以前的想法或创意，而不是发现全新的创业机会。

（2）知识能力。

在某个领域拥有更多知识的人，更容易发现该领域的机会。一般而言，拥有强大个人能力的创业者能够比其他人表现得更加灵敏，也更加具有主动性。这些能力包含获取信息、分析信息、风险感知、知识储备、维护关系、创新思维、模仿与创新等方面。

（3）社会关系网络。

创业者的社会关系网络是指创业者与家庭、朋友、同事、商业合作伙伴和竞争对手、政府、金融机构等建立起来的各类社会关系，它们连接在一起构成创业者的社会资本。通常情况下，建立了大量社会关系网络的人，会比那些拥有少量网络关系的人容易得到更多机会。社会关系网络能带来承载创业机会的有价值的信息。个人社会关系网络的深度和广度影响着机会识别，这已是不争的事实。

（4）创造性。

从某种程度上讲，机会识别是一个创造过程，是不断反复的创造性思维过程。创业机会是需要被发现的，其实很多时候，机会处在潜在状态，要把人们潜在的需要与解决的方案整合起来，创造性就起了很大的作用。在许多产品、服务和业务的形成过程中，甚至在许多有趣的商业传奇故事中，我们都能看到有关创造性思维的影子。

2.社会环境因素

创业环境是创业过程中多种因素的组合，包括宏观经济政策与制度、产业结构、创业资金和非资金支持、人口环境、自然环境、技术环境、市场环境等。创业环境的变化既可能提供大量的创业机会，也可能对创业机会的实施造成困难。一般来说，如果社会对创业失败比较宽容，就会有浓厚的创业氛围。例如“滴滴出行”就是看清了当时的创业环境，敏锐地察觉到我国居民出行需求和市场环境的变化，利用移动互联，将线上和线下相结合，最大化节省司乘双方的资源与时间，有效地抓住了创业机会，获得了成功。

（二）创业机会识别的方法

创业机会识别的方法，一般可总结为趋势观察法、问题发现法和头脑风暴法等。头脑风暴法是其中非常重要的一种方法，这里我们将重点介绍。

头脑风暴法是鼓励创业团队成员在小组中讨论进行创造性思维的常用方法，主张在讨论会上每个人应该自由地表达观点。因此，头脑风暴法通常采用小组会的形式进行，主持者以明确的方式向所有参与者阐明问题，说明会议的规则，尽力营造融洽轻松的气氛，一般不发表评论意见，以免影响会议的自由气氛。这种形式能使与会者自由思考、畅所欲言、互相启发，从而引起思想共振，并产生组合效应，激发更多的创造性思维，并获得创新设想。

1.头脑风暴法的原则

为达到自由思考、畅所欲言、互相启发、灵感碰撞的效果，在头脑风暴法操作中还必须遵循以下 6 条基本原则：

（1）充分自由想象。创造一种自由的气氛，不受传统逻辑思想束缚，使思想保持自由驰骋的状态，激发参加者提出各种荒诞的想法。尽力求新、求奇、求异，充分发挥联想和想象，从广阔的思维空间寻求新颖的解决问题的方案。

（2）禁止批评、延迟判断。这是为克服“批评”对创造性思维的抑制作用，保证自由思考和良好的激励气氛。一个新设想看起来好像很荒诞，但它有可能是点燃其他想法的火星。贯彻这一原则，不要自谦，也不要做自我批评，讲话应有实质性内容。

（3）谋求数量，以量求质。在有限的时间里，想法点子越多越好。因为数量越多，就越有可能获创造性的设想。通常，最初的设想往往不是最佳的。此外，在追求数量，并且气氛比较活跃的情况下，与会者为了尽可能地提出新设想，也就不会去自我限制。

（4）互相启发，综合改善。尽量听明白别人阐述的意见，然后巧妙地利用别人的设想提出自己的设想方案，或者提出综合改善的意见。因为创造往往就在于综合，在于碰撞，在于信息交互与设想间的不同组合。

（5）参与人员一律平等。这里指的是没有权威人员。权威人员有两种情况：一种是学术型的；另一种是单位、组织中的领导。在讨论中这些人的身份必须隐去，大家意见的权重是一样的，不能只是一些人在说，造成大家思想上的压力，或者碍于权威人士的身份地位不敢表达。

（6）围绕主题，避免干扰。目标本身要明确，提出的方案要围绕所要解决的目标，不能偏题。创造性的活动，不能有别人来打扰，成员也不要做与主题无关的事情，避免分散精力。

2.头脑风暴法的实施

（1）准备。选择合适的主持人，主持人要熟悉头脑风暴法并了解所要解决的问题，能适时适度地启发和引导大家；会议人员的挑选，参加头脑风暴法会议的人数以 6~12 人为宜，根据讨论的问题选取专业背景有差异的人员；会议时间一般 20~60 分钟；指定专人做好会议记录工作；选择安静不受打扰的讨论地点。

（2）热身。这个阶段的目的是创造一种自由、轻松、配合的氛围，使大家放松，进入一种无拘无束的状态。主持人宣布开会后，先说明会议的规则和原则，然后找轻松有趣的话题或问题，让大家的思维保持轻松和活跃。

（3）明确问题。首先，主持人扼要地介绍有待解决的问题，介绍时应该简洁、明确，不可过分周全，过多的信息会干扰思维创新的想象力。可让与会者简单讨论一下，以取得对问题的一致理解。其次，重新叙述问题，对问题进行分析。主持人应启发大家的多重解题思路，为提出设想做准备。

（4）自由畅谈。畅谈是头脑风暴法的创意阶段，也是核心步骤。自由畅谈时应借助人们之间的知识互补、信息刺激和热情感染，并通过联想和想象等思维形式提出大量的创造性设想。

（5）整理筛选。会议提出的设想还应该加工整理，使它更完善才有价值。会议结束后的第二天，主持人应向与会者了解大家会后的新想法和新思路，并查看是否具有新颖性和可行性。将被筛选出来的少数方案进行逐一推敲、完善，反复比较，优中选优；或将几个方案的优点进行整合，形成最佳方案。最佳方案往往是多种创意的优势组合，是大家集体智慧综合作用的结果。

综上，头脑风暴法是识别创业机会的一个重要方法。这种方法可以群策群力，运用创造性思维创造性地认识机会，在相对较短的时间内，发现众多机会的可能性。当然，识别创业机会还有问题解决法、趋势观察法等。这两种方法借助现实举例较容易理解，此处不再详细说明。

单元二　创业机会评价

尽管发现了创业机会，但这并不意味着要创业，更不意味着成功就在眼前。创业活动是创业者与创业机会的结合，并非所有的创业机会都有足够大的潜力来填补为把握机会所付出的成本，并非所有机会都适合每个人。尽管在整个创业过程中，评价创业机会非常短暂，但它非常重要，是创业者发现创业机会之后做出是否创业决策的重要依据。

一、蒂蒙斯创业机会评价体系

美国百森商学院的蒂蒙斯教授提出的创业机会评价基本框架是相对比较完善的创业机会评价指标体系。蒂蒙斯的创业机会评价框架，涉及行业和市场、经济因素、收获条件、竞争优势、管理团队、致命缺陷、个人标准、理想与现实的战略差异等 8 个方面 53 项指标（见表 3-1）。通过定性或量化的方式，创业者可以利用这个体系模型对行业和市场问题、竞争优势、财务指标、管理团队和致命缺陷等做出判断，以评价一个创业项目或创业企业的投资价值和机会。

表 3-1　创业机会评价体系

行业和市场	1.市场容易识别，可以带来持续收入； 2.顾客可以接受产品或服务，愿意为此付费； 3.产品的附加价值高； 4.产品对市场的影响力大； 5.将要开发的产品生命力长久； 6.项目所在的行业是新兴行业，竞争不完善； 7.市场规模大，销售潜力达到 1 千万~10 亿元； 8.市场成长率在 30%~50%，甚至更高； 9.现有厂商的生产能力几乎完全饱和； 10.在 5 年内能占据市场的领导地位，达到 20%以上； 11.拥有低成本的供货商，具有成本优势
经济因素	1.达到盈亏平衡点所需要的时间在 1.5~2 年以下； 2.盈亏平衡点不会逐渐提高； 3.投资回报率在 25%以上； 4.项目对资金的要求不是很高，能够获得融资； 5.销售额的年增长率高于 15%； 6.有良好的现金流量，能占到销售额的 20%~30%以上； 7.能获得持久的毛利，毛利率要达到 40%以上； 8.能获得持久的税后利润，税后利润率要超过 10%； 9.资产集中程度低； 10.运营资金不多，需求量是逐渐增加的； 11.研究开发工作对资金的要求不高

续表

收获条件	1.项目带来的附加价值具有较高的战略意义； 2.存在现有的或可预料的退出方式； 3.资本市场环境有利，可以实现资本的流动
竞争优势	1.固定成本和可变成本低； 2.对成本、价格和销售的控制较高； 3.已经获得或可以获得对专利所有权的保护； 4.竞争对手尚未觉醒，竞争较弱； 5.拥有专利或具有某种独占性； 6.拥有发展良好的网络关系，容易获得合同； 7.拥有杰出的关键人员和管理团队
管理团队	1.创业者团队是一个优秀管理者的组合； 2.行业和技术经验达到了本行业内的最高水平； 3.管理团队的正直廉洁程度能达到最高水平； 4.管理团队知道自己缺乏哪方面的知识
致命缺陷	不存在任何致命缺陷
个人标准	1.个人目标与创业活动相符合； 2.创业家可以做到在有限的风险下实现成功； 3.创业家能接受薪水减少等损失； 4.创业家渴望进行创业这种生活方式，而不只是为了赚大钱； 5.创业家可以承受适当的风险； 6.创业家在压力下状态依然良好
理想与现实的战略差异	1.理想与现实情况相吻合； 2.管理团队已经是最好的； 3.在客户服务管理方面有很好的服务理念； 4.所创办的事业顺应时代潮流； 5.所采取的技术具有突破性，不存在许多替代品或竞争对手； 6.具备灵活的适应能力，能快速进行取舍； 7.始终在寻找新的机会； 8.定价与市场领先者几乎持平； 9.能够获得销售渠道，或已经拥有现成的网络； 10.能够允许失败

评价体系说明：

（1）该指标主要适用于具有行业经验的投资人或资深创业者对创业企业的整体评价。

（2）该指标体系必须运用创业机会评价的定性与定量方法才能得出创业机会的可行性及不同创业机会间的优劣排序。

（3）该指标体系涉及的项目比较多，在实际运用过程中可作为参考选项库，结合使用对象、创业机会所属行业特征及机会自身属性等进行重新分类、梳理简化，提高使用效能。

（4）该指标体系及其项目内容比较专业，在运用时一方面要多了解创业行业、企业管理和资源团队等方面的经验信息，另一方面要掌握这 50 多项指标内容的具体含义及评估技术。

蒂蒙斯的创业机会评价指标体系对评价主体要求比较高，是到目前为止最全面的评价指标体系。如果直接给初次创业者或大学生创业者来做创业机会自评，效果不会太好。另外，在运用其对创业机会进行评价时，指标多而全，实际上难以做到对每个方面的指标进行准确量化并设置科学的权重，实践效果不够理想。

二、标准矩阵打分法

标准矩阵打分法，是指将创业机会评价体系的每个指标设定为 3 个打分标准，如最好 3 分、好 2 分、一般 1 分，形成打分矩阵表（见表 3-2）。打分后，求出每个指标的加权平均分。

表 3-2　标准矩阵打分表

评价指标	专家评分			
	最好（3）	好（2）	一般（1）	加权平均分
易操作性				
市场接受度				
投资回报				
市场大小				
……				
……				

这种方法简单易懂，易操作，主要用于不同创业机会的对比评价，其量化结果可直接用于机会的优劣排序。只用于一个创业机会的评价时，则可采用多人打分后进行加权平均。

标准矩阵打分法运用的关键有两个：一是打分的因素体系的科学性及其权重设置的合理性；二是打分的人，需要对创业机会有一定了解和经验，且打分者最好具有结构上的合理性。

三、贝蒂选择因素法

贝蒂选择因素法可以看作是标准矩阵打分法的简化版。评价者通过对创业机会的认识和把握，按照蒂蒙斯创业机会评价体系的各项标准，看机会是否符合这些指标要求。如果统计的符合指标数少于 30 个，说明该创业机会存在很大问题和风险；如果统计结果高于 30 个，则说明该创业机会比较有潜力，值得探索与尝试。应用该方法时需要注意一点，如果机会存在“致命缺陷”，则需要一票否决。

四、刘常勇的创业机会评价框架

刘常勇教授归纳出的创业机会评价基本框架，是一种比较简单的评价方法。他认为创业机会评价主要围绕市场和回报两个维度展开，具体如表 3-3 所示。该框架更加简单，易于操作。

表 3-3　刘常勇的创业机会评价

评价维度	评价指标
市场评价	1.是否具有市场定位，专注于具体顾客需求，能为顾客带来新的价值； 2.依据波特的五力模型进行创业机会的市场结构评价； 3.分析创业机会所面临的市场规模大小； 4.评价创业机会的市场渗透力； 5.预测可能取得的市场占有率； 6.分析产品成本结构
回报评价	1.税后利润率至少高于 5%； 2.达到盈亏平衡的时间应该不超过 2 年； 3.投资回报率应高于 25%； 4.资本需求量较小； 5.毛利率应该高于 40%； 6.新企业在市场上能否创造战略价值； 7.资本市场的活跃程度； 8.退出和收获回报的难易程度

五、SWOT 分析法

SWOT 分析法是综合考虑企业内部条件和外部环境的各种因素，进行系统评价，从而选择出最佳经营战略的一种方法，是一种定性研究方法。S 指企业内部的优势（Strengths），W 指企业内部的劣势（Weaknesses），O 指企业外部环境的机会（Opportunities），T 指企业外部环境的威胁（Threats）。SWOT 分析法是企业战略管理中经常用到的一种方法。此方法通俗易懂易学，对刚开始创业的创业者来说，是一个不错的选择。

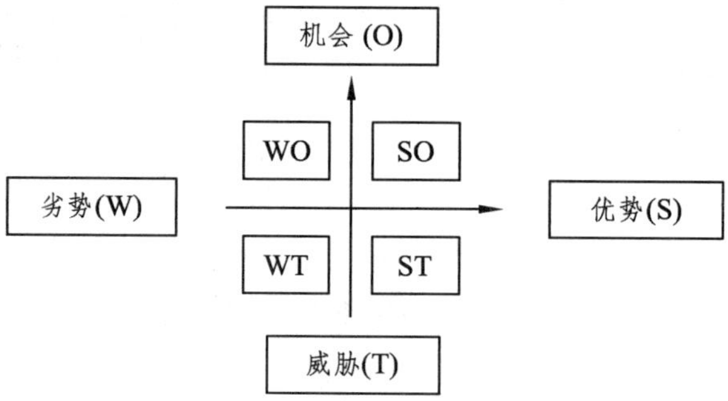

图 3-1　SWOT 分析

在一个坐标轴中，把公司的优势、劣势与机会、威胁配对，将优势—机会（SO）、优势—威胁（ST）、劣势—机会（WO）、劣势—威胁（WT）分别放在对应象限中，如图 3-1 所示。优势—机会（SO）组合：一种最理想的组合，任何创业者都应该抓住机会，利用自身的优势，抓住外部环境的多种创业机会。劣势—机会（WO）组合：表明外部环境为这个创业机会提供了良好的条件，但创业者自身存在劣势。在这种情况下，创业者应及时弥补自身劣势弱点，以期能够抓住外部环境中的机会。劣势—威胁（WT）组合：创业者面临这种情况，应选择放弃这个创业机会。优势—威胁（ST）组合：在这种情况下，创业者面对创业机会，有自身的优势但也面临外部的威胁，应该做的是发挥优势减小威胁。

单元三 创业风险的识别与防范

一、创业风险概述

（一）创业风险的概念

对许多创业者而言，创业不仅能获得较大的经济利益，更重要的是可以自由自在，不受他人的约束。但是应当注意，创业者和新创企业也需要承担巨大的风险。如果创业失败，创业者将失去很多东西，包括物质和精神方面的。创业风险是指在创业过程中存在的各种风险。创业环境的不确定性，创业机会与创业企业的复杂性，创业者、创业团队与创业投资者的能力和实力的有限性，导致创业活动结果的不确定性，就是创业风险。

（二）创业风险的特征

1.客观性

创业风险是客观存在的，风险的出现是不以人的意志为转移的，任何人创业都会面临各种各样的风险。

2.不确定性

由于创业所依赖的环境和受到影响的因素具有不确定性，这些因素是不断变化、不断发展的，甚至是难以预料的，因此造成了创业风险的不确定性。

3.可识别性

根据创业风险的特征和性质，创业风险是可以被识别和划分的，我们可以对其进行分类识别，做好防范应对。

4.可变性

随着影响创业因素的变化，创业风险的大小、性质和程度也会发生变化，因此创业风险具有可变性。

二、创业风险的类型

从不同的角度，创业风险有多种分类。了解创业风险的分类，可以帮助我们了解创业风险可能发生的情况。

（一）按创业风险的来源划分

按风险的来源进行划分，可分为系统风险和非系统风险。

1.系统风险

系统风险即创业环境的不确定性带来的风险，诸如商品市场需求及竞争的不确定性、生产要素市场供给的不确定性、国家法律及政府政策法规的不确定性带来的风险。系统风险是创业者自身难以掌控的，所以创业者只能加强监测和预警。

2.非系统风险

非系统风险即创业者自身行为的不确定性带来的风险，诸如创意可实施性的不确定性、创业团队能力的不确定性、生产融资管理等不确定性带来的风险等。非系统风险是创业者通过自身努力，有可能防范甚至可以化解的。

（二）按创业风险产生的内容划分

按创业风险产生的内容划分，可分为财务风险、人力风险、技术风险等。

1.财务风险

在创业融资过程中，如果在一些方面选择不当都可能会给创业者带来很大的风险。

（1）如果融资规模与创业企业的实际情况不符合，融资规模或大或小都会给企业的发展带来不确定风险。

（2）如果融资时机把握得不对，不但不能更好地帮助企业解决资金问题，还很可能给企业的发展造成阻碍。

（3）融资成本也是产生融资风险的一个原因。为了筹集资金所付出的努力可能是在获取资金过程中容易忽略的地方，融资过程中的机会成本没有得到足够的重视，使一些创业者把很多的时间和精力放到筹资上而不是企业的运营上。

（4）创业企业在选择投资者的时候要对投资者进行筛选，并不是所有的投资都可以接受。

（5）企业在经营活动中应制订合理的财务计划以防止资金链断裂，避免给企业造成不利影响。

2.人力风险

人力风险主要指由于人的因素，包括创业者，创业团队中的主要成员对创业企业的发展产生不良影响或偏离经营目标的潜在可能性。

（1）创业者应该具备创业的一些基本素质，如创业精神与创业意识、吃苦耐劳等。当创业者不再符合创业活动的要求时就会产生风险。

（2）创业团队也存在着风险。如果创业团队不能建立起和谐的成员间的关系，没有共同的愿景和目标，团队分工不合理等，都会产生人力风险。

（3）创业企业中因为一些内部和外部的因素而导致关键员工流失也会给企业带来风险。一方面，关键员工对企业各个方面都比较了解，这些员工的流失会削弱企业的竞争力；另一方面，企业还要重新花费成本来培养新员工。所以企业应该及时防范化解，以降低人力风险。

3.技术风险

技术风险是指在技术创新过程中由于技术方面的因素及其变化的不确定性导致创新失败的可能性。

技术风险来源于各种不确定因素，如技术创新中的不确定性，技术优势的不确定性及社会环境变化对企业技术影响的不确定性等。

（三）按创业过程划分

按创业过程划分，可分为机会的识别与评估风险、准备与撰写创业计划风险、确定并获取创业资源风险和新创企业管理风险。

创业活动须经历一定的过程，一般而言，可将创业过程分为 4 个阶段：识别与评估机会；准备与撰写创业计划；确定并获取创业资源；新创企业管理。

（1）机会的识别与评估风险，是指在机会的识别与评估过程中，由于各种主客观因素，使创业一开始就面临方向错误的风险。另外，机会风险的存在，即由于创业而放弃了原有的职业所面临的机会成本风险，也是该阶段存在的风险之一。

（2）准备与撰写创业计划风险，是指创业计划的准备与撰写过程带来的风险。创业计划往往是创业投资者决定是否投资的依据，因此创业计划是否合适将对具体的创业产生影响。创业计划制订过程中各种不确定性因素与撰写者自身能力的原因，也会给创业活动带来风险。

（3）确定并获取资源风险，是指由于存在资源缺口，无法获得所需的关键资源，或即使可获得，但获得的成本较高，从而给创业活动带来一定风险。

（4）新创企业管理风险，主要包括企业的管理方式，企业发展战略的制定、组织、技术、人力、营销等各方面的管理中存在的风险。

【案例 3-2】

创业有风险

到济南打工的老王发现，这个城市到处都是烧烤，一天要烧掉多少木炭啊！老王是个心思活络的人，他不禁思考木炭是从哪里来的呢？通过询问烧烤店老板和自己的仔细观察，他把全城所有的供应木炭的公司都跑了一遍，知道这些木炭都是从南方的山区购进的。山高路远价格高，还不能保证及时供应。他细心地算了一下，济南一天的木炭需要量是 20 吨，这是多么大的一个市场啊！老王感觉自己发财的机会来了。他果断地拿出自己多年的积蓄 5 000 元，到安徽贩运了 2 500 千克木炭，心里盘算着至少能赚 1 000 元吧。

但是，将木炭拉到济南后，2 500 千克竟然变成了 2 250 千克。原来是木炭“吃水”厉害，一路挥发了 250 千克。这还不算，他运来的木炭点燃后烟雾缭绕，噼啪作响，烧烤店并不愿意购买。他多日推销无果，便只能便宜处理，到头来不仅没有赚钱，反而还赔了 1 000 多元。

三、创业风险的识别

创业风险在创业中是不可避免的，直面风险并及时防范化解，是创业过程中的重要任务。风险识别是应对一切风险的基础，只有识别了风险才能有化解的机会。

创业风险识别，是指创业者依据企业活动，对创业企业面临的现实以及潜在风险运用各种方法加以判断、归类并鉴定风险性质的过程。创业者必须掌握风险识别的能力，并不断提高。

（一）了解识别风险的方法

风险识别必须根据不同性质与条件，按照一定的途径，运用一定的方法，或者借助一定的工具来实施。

一般而言，风险识别的方法包括：信息源调查法、数据对照法、资产损失分析法、环境扫描法、风险树分析法、情景分析法、风险清单法。

有能力的企业也可以自行设计识别的方法，如专家调查法、流程图分析法、财务报表分析法、SWOT 分析法等。

（二）掌握识别风险的实施步骤

识别创业风险的实施步骤一般需要经过以下几个步骤：

（1）信息收集。首先，要通过调查、问询、现场考察等途径获得；其次，需要敏锐地观察和科学地分析，对各类数据及现象做出处理。

（2）风险识别。根据对信息的分析结果，确定风险或潜在风险的范围。

（3）重点评估。根据量化结果，运用定量分析、定性分析、假设、模拟等方法，进行风险影响评估，预计可能发生的后果，提出方案选择。

（4）拟订计划。提出处理风险的方法和行动方案。

四、创业风险的防范

为避免造成重大经济损失和社会不良影响，每个创业者都应花大力气进行风险预防。创业风险是繁杂多变的，创业者应选择那些发生概率大、后果严重的事件，进行重点防范。

（一）创业投资风险的防范

创业投资风险，是指在创业投资过程中由于对外部因素估计不足，或对创业投资过程无法控制及控制失误，造成结果与预期目标发生偏离并导致利益损失，致使创业投资活动失败的可能性。可以从以下几个方面来防范创业投资风险。

1.搜寻信息

创业者首先要做一个创业计划，包括开展业务的方式、存在的风险、资金的运用、投资项目各个部分的关系等，搜集到相关准确、可靠的信息，以此来降低不确定性。

2.使投资最小化

创业者要降低投资的风险，就要尽量使不可回收的投资最小化。比如，可以通过租赁而不是购买某些大型、回收率低的设备来减小投资。

3.保持灵活性

如果企业的投资有一定的弹性，就可以在不同情况下做出及时的应急反应，或是扩大生产或是迅速撤出，从而使企业的损失降到最低。

4.多元化投资

投资者可以将自己的资金分别投在不同的项目上，或者投资一个风险度不同的、相互之间独立的项目组合，这样即使在某个项目上遭受损失，也可以保证在其他项目上获益，不至于一下就破产或者血本无归。

5.增强投资的抗风险能力

可以寻找具有专业知识的合伙人一起投资，这样可以及时做出反应、采取措施；同时，与专业人士合伙可以更可靠、更踏实。

（二）创业技术风险的防范

1.保险

创业企业可以向保险公司投保，交纳一定的保险费，若新产品、新技术开发失败，员工意外受伤、公司财产意外损失等，创业企业就可以在保险公司责任范围内获得赔偿。

2.转移风险

通过技术转让、技术交易等方式，向其他主体转让风险。比如新产品在生产阶段失败时，就可以将技术卖给有能力生产该产品的人。

3.风险分散

通过多元化经营，开发多个项目，使风险得到分散。

（三）创业市场风险的防范

1.坚持以市场为导向的经营理念

创业企业不一定有最好的产品和最先进的技术，但是一定要拥有正确的营销理念和最好的营销策略。所生产的产品或提供的服务，除了要进行切实细致的市场分析外，还要针对产品生命周期的各个阶段可能引发的风险制定合理的对策。

2.加强营销管理

对于售后服务、市场推广的风险，完全可以通过加强管理来避免。强化售后服务意识、加强营销队伍的建设是防范该类风险的有效办法。

（四）创业财务风险的防范

（1）为防范财务风险，创业者必须采用科学的决策方法，选好投资项目。比如对固定资产投资、投资收益率等指标，需要对计算结果进行综合评价，制定合理的资金结构，做出正确的筹资决策，降低失误，从而降低财务风险。

（2）创业者要通过优化资金配置来降低财务风险，理顺内部各种财务关系，做到权、责、利相统一，使企业内部各种财务关系明晰清楚。

（五）创业管理风险的防范

在创业中，人是管理的主体。提高管理者的素质对于防范管理风险至关重要。

1.要有丰富的专业知识和实践经验

创业企业要有经济、管理、法律等不同的专业人才，这是必备的条件。

2.要有杰出的领导和管理能力

企业在创业过程中会遇到各种困难，需要协调各方面的关系。因此，创业者必须掌握现代管理的理念和方法，能从系统整体观念出发，统筹、协调、控制和优化各项资源。

3.要有创新意识

成功的创业者们具有突破常规、勇于创新的能力，在处理问题的时候能够选择新的思路和方法，找到企业发展的捷径，在“新”字上做文章，为消费者提供新产品，为自己创造新市场和新机遇，在商海中占据主动。

单元四 基于风险估计的创业收益预测

如果创业者知道未来可能出现多种风险，但对其出现的概率全然不知，那么在预测创业收益时，就只能根据主观选择的一些准则来进行。这些准则包括等可能准则、乐观准则、悲观准则、折中准则、后悔值准则。

一、等可能准则

等可能准则假定各种风险状态发生的可能性是相同的，假定每种创业方案的市场状态具有相等的概率，我们通过比较每个创业方案的收益平均值来进行创业方案的选择。

【**例 3-1**】某个创业企业有 3 种产品待选，销路风险状况和收益情况如表 3-4 所示。

表 3-4　3 种产品的风险状态及收益情况　　单位：万元

状态	甲产品	乙产品	丙产品
销路好	50	80	35
销路一般	14	45	22
销路差	−8	−35	−6

计算各产品在 3 种风险状态下的平均收益值：

甲产品的平均收益值为：$\dfrac{50+14+(-8)}{3}=18.7$（万元）

乙产品的平均收益值为：$\dfrac{80+45+(-35)}{3}=30$（万元）

丙产品的平均收益值为：$\dfrac{35+22+(-6)}{3}=17$（万元）

由平均收益值可见，乙产品的平均收益值最大，所以按照等可能原则，我们应该选择该方案。

二、乐观准则

如果创业者比较乐观，多从最有利的角度去考虑问题，我们可以采用乐观准则。具体流程：先选出每个创业方案在不同风险状态下的最大收益值（即最乐观），然后对这些最大收益值比较后，选取最大的那个收益值，可简称大中取大，从而确定创业行动方案。

【例 3-2】沿用上例，如果采用乐观准则，计算各产品在 3 种风险状态下的最大收益值：

甲产品在不同风险状态下的最大收益值为 50 万元；

乙产品在不同风险状态下的最大收益值为 80 万元；

丙产品在不同风险状态下的最大收益值为 35 万元。

根据乐观准则，我们先计算出各产品在不同风险状态下的最大收益值，甲产品 50 万元，乙产品 80 万元，丙产品 35 万元。对最大收益值进行比较，大中取大，我们通过比较可知，80 万元对应乙产品为我们选择的方案。

三、悲观准则

如果创业者比较悲观，创业者总是从最不利的角度去考虑问题，可以称为悲观准则。具体流程为：先选出每个创业方案在不同风险状态下的最小收益值（最保险），然后对这些最小收益值比较后，在这些最小收益值中取最大的，可简称小中取大，从而确定创业行动方案。

【例 3-3】仍沿用上例，如果采用悲观准则，计算各产品在 3 种风险状态下的最小收益值：

甲产品在不同风险状态下的最小收益值为−8 万元；

乙产品在不同风险状态下的最小收益值为−35 万元；

丙产品在不同风险状态下的最小收益值为−6 万元。

根据悲观准则，我们先计算出各产品在不同风险状态下的最小收益值，甲产品−8 万元，乙产品−35 万元，丙产品−6 万元。根据准则，对最小收益值进行比较，小中取大。我们通过比较可知，−6 万元对应丙产品为我们选择的方案。

四、折中准则

折中准则认为应在两种极端中求得平衡，即最好和最差的风险状态均有出现的可能，应当在两者间取得平衡。具体操作流程为：首先根据创业者的判断，给最好状态以一个乐观系数 a，给最差状态以一个悲观系数 $1-a$，两者之和为 1。用系数与不同状态的收益情况进行计算，从而得出各方案的期望收益值，然后取最大的期望收益值对应的方案。

【例 3-4】某个创业企业有 3 种产品待选，估计销路风险状况及系数和收益情况如表 3-5 所示。

表 3-5　3 种产品的风险状态、系数及收益情况　　单位：万元

状态、系数	甲产品	乙产品	丙产品
销路好（0.7）	50	80	35
销路差（0.3）	−8	−35	−6
期望收益值	32.6	45.5	22.7

采用折中准则，计算各产品在不同状态和系数下的期望收益值：

甲产品在不同状态和系数下的期望收益值为 32.6 万元；

乙产品在不同状态和系数下的期望收益值为 45.5 万元；

丙产品在不同状态和系数下的期望收益值为 22.7 万元。

根据折中准则，先计算出各产品在不同状态和系数下的期望收益值，甲产品 32.6 万元，乙产品 45.5 万元，丙产品 22.7 万元。根据准则，取最大的期望收益值对应的方案，通过比较可知，45.5 万元对应乙产品为我们选择的方案。

五、后悔值准则

后悔值准则较为复杂，需要重点掌握。该准则把在不同风险状态下的最大收益值作为理想目标，把各个创业方案的收益值与这个最大收益值的差称为未达到理想目标的后悔值，从而得出一个后悔值矩阵。从各方案中选取最大的后悔值，在已经选出来的各方案最大后悔值中选取最小值，对应的方案为最小后悔值准则选取的方案。

【例 3-5】某个创业企业有 3 种产品待选，估计销路风险状况和收益情况如表 3-6 所示。

表 3-6　3 种产品的风险状态及收益情况　　单位：万元

风险状态	甲产品	乙产品	丙产品	最大收益值
销路好	50	80	35	80
销路一般	14	45	22	45
销路差	−8	−35	−6	−6

根据后悔值准则，不同风险状态下的最大收益值，销路好的最大收益值为 80 万元，销路一般的最大收益值为 45 万元，销路差的最大收益值为-6 万元。然后把各个创业方案的收益值与这个最大收益值作差，从而得到一个后悔值矩阵，如表 3-7 所示。

表 3-7　后悔值矩阵

风险状态	甲产品	乙产品	丙产品
销路好	30（80−50）	0（80−80）	45（80−35）
销路一般	31（45−14）	0（45−45）	23（45−22）
销路差	2[−6−（−8）]	29[−6−（−35）]	0[−6−（−6）]

从后悔值矩阵可以看出，甲产品的最大后悔值为 31 万元，乙产品的最大后悔值为 29 万元，丙产品的最大后悔值为 45 万元。根据后悔值准则，在已经选出来的各方案最大后悔值中选取最小值，对应的方案为最小后悔值准则选取的方案。那么选择最小后悔值 29 对应的乙产品为我们选择的方案。

知识小结

本章主要阐述了创业的核心问题，即创业以及创业研究的核心是创业机会；介绍了创业机会的概念、来源，以及如何识别创业机会。在发现了创业机会以后，并非所有机会都适合每个人，需要我们在创业过程中，进行创业机会的评价，掌握创业机会评价的方法；创业并不是一帆风顺的，有着很大的不确定性，创业者也面临着各种各样的创业风险，需要我们识别并防范创业风险；最后针对不确定性的创业收益，利用一些准则，进行收益的预测，作为方案选择的依据。

巩固提高

1.简述创业机会的概念、来源及类型。

2.识别创业机会受到哪些因素影响？

3.如何评价创业机会？

4.创业风险的类型有哪些？

5.如何防范创业风险？

6.预测创业收益，有哪些准则？分别怎么计算？

案例分析

脱贫攻坚奔小康

李君是电子科技大学的一名优才生，毕业后他通过自己的努力成了成都一家广告公司的副总，一位年薪18万元的高级白领。令人意想不到的是，他在经历了职场的成功之后，却毅然选择回到故乡苍溪县一个偏远贫穷的小山村——岫云村。岫云村是国家级重点贫困村，村子里村民年人均纯收入远远低于全县平均水平。

面对村里的情况，他不断思索脱贫的良策，寻找带领村民走向富裕的路途。他说："我不想让村子空下去，不想让乡亲们永远穷下去，因为，我的根在这里，我是岫云人啊。"

最初李君将城里的老板朋友源源不断地带向村里，希望他们找到商机，投资助力，然而这个办法并没有太大的作用；他跑华西村，跑宝山村，费尽口舌，游说求援，终于找到了50万元的捐赠资金，将村里泥泞不堪的道路硬化一新；他继续奔走、继续思谋、继续求助，创新扶贫思路，"远山结亲·以购代捐"，并以此迎来了中国大唐集团四川分公司的定点帮扶，迎来了成都一家家企业的爱心认购。

尽管如此，他依然不满意岫云村的发展状况，李君认为要让乡亲们有尊严地彻底脱贫，不能仅靠捐助，还要靠自强自立，靠勤劳智慧，才能体面地走向富裕。他探索出"互联网+小农经济"的模式，成立"一品一家"农业发展有限公司，让村里的绿色产品走向城市、走向远方，让城里人和村里人成为亲戚、成为朋友，让空寂的乡村热闹起来，让贫穷的土地富裕起来。李君动员渴望脱贫的农村家庭，利用田边地角的闲置土地，发动闲不住的留守老人，让他们养鸡、养鸭、养猪，不用饲料、不用添加剂、不用催肥，只为养出让城里人彻底放心的绿色产品。

即便是有了他的层层设置和承诺，但村民们对于城里人是否绝对相信质量，这样做能否脱贫这一系列问题表示非常疑惑。为了解决这些问题，李君在成都开了3家线下体验餐厅，目前经营良好。另外，为了更好地精准帮扶，李君还借助自建网上购销平台，为每户村民建立生产档案，将农户的家庭情况、生产资源、劳动能力、出产产品等信息采集到手机终端，让每一样产品都可以追溯到生产农户。

在李君的带领发展下，岫云村合作社已经被评为"四川省农民专业合作社示范社"，而且成效不错。人民日报以《城里的"亲戚"数不清》对此进行了专题报道；四川日报以《偏僻小山村有了扶贫升级版》《远山结亲扶助山村的梦想》予以两次报道等。

资料来源：苗苗. 创业管理[M]. 北京：电子工业出版社，2019.

思政点睛

党的十八大以来，以习近平同志为核心的党中央带领亿万人民开展了脱贫攻坚战，全党全社会同心同德、苦干实干，经过艰苦卓绝的不懈奋斗，夺取了脱贫攻坚的全面胜利。习近平总书记在全国脱贫攻坚总结表彰大会上强调，脱贫攻坚伟大斗争，锻造形成了"上下同心、尽锐出战、精准务实、开拓创新、攻坚克难、不负人民"的脱贫攻坚精神。学生要在创业中学会找到创业机会，坚持为了群众、依靠群众，与群众想在一起、干在一起，充分调动群众的积极性、主动性和创造性。

思考：

1.结合李君的创业过程，谈谈你对“创业者在创业过程中是否应当承担相应的社会责任”的看法。

2.你认为李君在识别创业机会时，考虑了哪些影响因素？

3.使用标准矩阵打分法对李君的创业机会进行评价。

实训设计

1.创业有哪些创业风险？如何进行防范？

2.假如村民养鸡、养鸭、养猪 3 种方案的风险状态和收益如表 3-8 所示。采用后悔值准则计算，确定应选择哪个方案？

表 3-8　3 种方案的风险状态和收益

风险状态	养鸡	养鸭	养猪
销路好	50	40	90
销路一般	20	20	40
销路差	−10	−4	−30

模块四 生产与经营

学习目标

1.学习并理解企业设施选址的考虑因素、目标形式与布局方法。

2.理解生产经营对于企业运营的重要性，掌握企业整个生产经营的流程与优化。

3.学习并理解企业质量管理的概念、内涵和工作方法。

4.掌握企业供应链管理的重要性、优势和具体实施。

5.通过对实证案例的学习，了解企业的责任感、使命感和企业家精神。

6.结合课后延展阅读拓宽知识面，并根据案例展开小组讨论。

思政目标

1.了解企业选址当中不仅要关注发展区域的影响，还要注重环保和能耗问题。

2.企业生产过程中尤其需要树立高尚的职业道德，着重培养学生的职业道德和操守。

3.产品的质量管理中应该强调工匠精神和企业家精神、使命感的培养。

4.在企业的整个供应链环节管理中应特别强调社会责任意识的培养，提升学生的社会责任感。

单元一 选址设施布局

一、企业选址概述

（一）选址的意义

企业选址就是运用科学的方法决定企业的地理位置，使之与企业的整体经营运作系统有机结合，以便有效、经济地完成企业的经营目标。选址会直接影响原材料和产品的运输费用、劳动力成本，从而影响产品成本，同时对产品质量和销售等也有一定的影响。

设施选址，就是为实现企业战略目标，综合平衡各种因素，确定在何处建厂或建立服务设施的过程。设施选址不仅关系到设施建设的投资和建设的速度，而且决定了所提供的产品和服务的成本，从而影响企业的生产管理活动和经济效益，对于企业建立区位优势至关重要。

一个企业的选址决策，与供应商、消费者及其他相关因素有着密切关系。理想情况下，一个企业做出的选址决策应使企业的利润最大化，至少应使物流处于控制之中。从物流系统出发，就要综合考虑所有的因素，使物流链上的每一个节点都能达到最优；从经济因素出发，就要综合考虑运输条件与费用；同时兼具劳动力可获性、能源可获性和厂址条件以及政治、社会和自然等其他因素。具体因素如表 4-1 所示。

表 4-1　企业生产选址的影响因素

宏观因素	政局的稳定性
	政府政策与鼓励措施
	文化和宗教信仰
	汇率
中观因素	目标市场
	原材料供应地
	运输条件
	与协作厂家的相对位置
	劳动力资源
	气候条件
	基础设施条件
微观因素	场所大小和成本
	可扩展条件
	周边环境

在考虑以上各种因素的同时，还要考虑不同行业的不同侧重点。比如：制造业选址侧重考虑生产成本因素，如原材料和劳动力；而服务业侧重考虑市场因素，如顾客消费水平、产品与目标市场的匹配关系、市场竞争状况等。

（二）选址的程序

企业的选址可以依据以下程序进行：选择某一地区；在同一地区选择若干适当的地点；比较不同地点，做出决定。具体程序如图 4-1 所示。

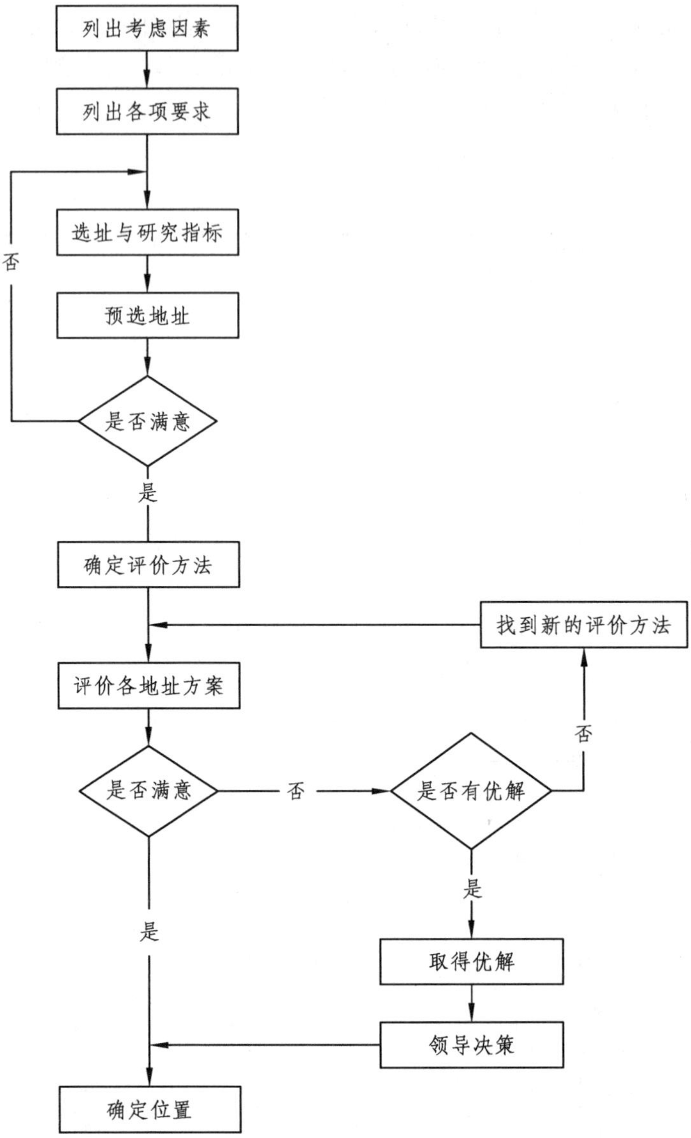

图 4-1　企业生产选址的主要程序

（三）选址的主要方法

1.重心法

重心法是一种设置单个厂房或仓库的方法，是解决单一设施选址问题的简单方法。这种方法主要考虑的因素是，现有设施之间的距离和需要运输的货物量，经常用于中间仓库或分销仓库的选择。商品运输量是影响商品运输费用的主要因素，仓库要尽可能地接近运量较大的网点，从而使较大的商品运量走相对较短的路程，所以要求出本地区实际商品运量的重心所在的位置。

重心法的基本思想是优化设施之间的运输成本。它主要是根据物流系统中不同设施之间的距离与运输量的大小,选择一个到各需求点和供应点之间的距离与运输量乘积最小的地点。

重心法首先要在坐标系中标出各个地点的位置，目的在于确定各点的相对距离。

$$C_x=\frac{\sum D_{ix}V_i}{\sum V_i} \qquad C_y=\frac{\sum D_{iy}V_i}{\sum V_i}$$

式中，C_x为重心的 x 坐标；C_y为重心的 y 坐标；C_{ix}为第 i 个地点的 x 坐标；C_{iy}为第 i 个地点的 y 坐标；V_i为运到第 i 个地点或从第 i 个地点运出的货物量。

【案例 4-1】

中国宝武集团扩建湛江生产基地

宝武集团湛江钢铁基地位于广东省湛江市的东海岛，由原宝钢集团（后与武汉钢铁集团合并更名为中国宝武集团）与广东省国资委联合投资，中国宝武控股的宝钢股份（600019.SH）在合资公司中持股 90%。

选择湛江作为宝武集团新的生产基地，主要从经济因素方面考虑。

首先，从原生产基地的制约因素看，集团在上海没有继续扩大产能的可能性。上海是宝武集团最重要的钢铁生产基地，出于城市定位所带来的环保压力，宝武集团很难在这座国际大都市继续扩充钢铁产能。在上海之外的地区新建钢铁生产基地，拓展集团钢铁主业的空间，成为现实的战略选择。宝武集团在距离上海约 2 000 千米的广东布局钢铁基地，就是出于这一考虑。

其次，从新基地的市场需求看，在湛江建立生产基地属于钢铁产品接近市场。广东是家电、汽车制造业重镇，但钢铁工业基础非常薄弱。从北方地区运来的钢材一度占据广东钢材总消费量的 60%，因此广东成为全国最大的钢铁输入省。在当地新建大型钢铁生产基地，让钢材实现“自产自用”，这从 20 世纪 90 年代起，就一直在广东省政府的议事日程中。

最后，从新基地的生产成本优势看，在湛江建立生产基地可以降低原料运输和生产成本。湛江邻海的地理位置，也便于来自澳大利亚和巴西的铁矿石原料就近运输到钢厂。同时，钢材物流和人力成本的节省，以及新设备带来的优势，也能降低湛江钢铁基地的吨钢成本。根据此前的测算，在达产后，吨钢制造成本有望比宝武集团在上海的基地低 400 元。

资料来源：根据搜狐新闻资料（https：//www.sohu.com / a / 240047748__791449）整理。

2.线性规划法

线性规划法是在线性等式或不等式的约束条件下，求解线性目标函数的最大值或最小值的方法。其中目标函数是决策者要求达到目标的数学表达式，用一个极大或极小值表示。约束条件是指实现目标的能力资源和内部条件的限制因素，用一组等式或不等式来表示。

线性规划是决策系统的静态最优化数学规划方法之一。它作为经营管理决策中的数学手段，在现代决策中的应用非常广泛，可以用来解决科学研究、工程设计、生产安排、军事指挥、经济规划、经营管理等各方面的问题。

3.因素评价法

（1）选择有关因素。

（2）赋予每个因素一个权重，以此显示它与所有其他因素相比的相对重要性。各因素权重总和为 100%。

（3）给所有因素确定一个统一的数值范围（0~10 或 0~100）。

（4）给每一待选地点按满足各因素的程度分别评分。

（5）把每一因素的得分与其权重相乘，再把各因素乘积值相加得到待选地点的总分。

（6）选择综合得分最高的地点。

微课：创业地点如何选择

二、企业的设施布局

（一）设施布局的概念和目标

设施是指企业生产运作的硬件系统，包括厂房、车间、仓库、营业场所等。设施布局是指在已确定的空间范围内，对所属工作单元进行合理的位置安排，以便经济高效地为企业的生产运作活动服务。

设施布局必须满足实现以下目标：

（1）保证物流、人流、信息流的合理流动，使业务过程的成本最低。

（2）经济地利用空间，节约场地，可减少基础设施的建设投资。

（3）工作环境美观清洁、安全舒适，可以提高工作效率，促进人力资源的利用。

（4）适应市场需求的变化，具有灵活性。

（二）设施布局的主要形式

1.工艺专业化布置

生产单位内集中了完成相同工艺的设备和工人，可以完成不同产品上相同工艺内容的加工。

优点：品种变化适应能力强，系统可靠性高，工艺管理方便。

缺点：加工线路长，运输量大，运输成本高，生产周期长，组织管理复杂，效率低。

按照工艺专业化布置的汽车生产总装线形式如图 4-2 所示。

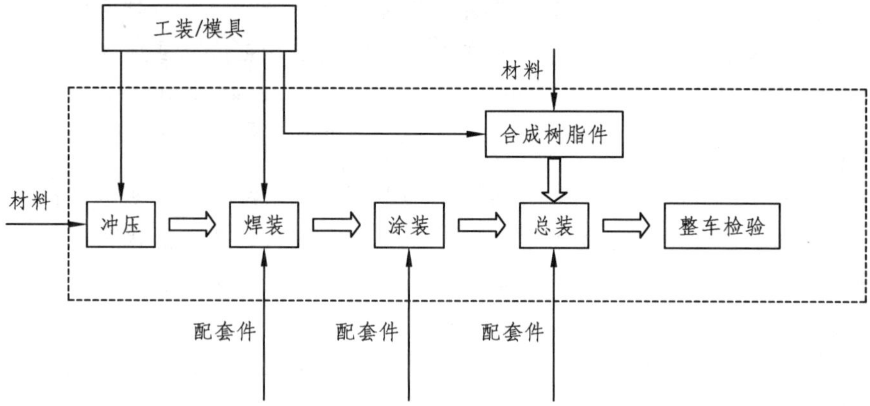

图 4-2　按照工艺专业化布置的汽车生产总装线形式

2.对象专业化布置

集中了完成同一产品生产所需的设备、工艺装备和工人，可以完成相同产品的全部或大部分的加工任务。

优点：工作地专业化程度高，效率高，生产连续型好，生产周期短，管理简单。

缺点：对需求变化的适应性差；适用于大量大批生产类型。

按照对象专业化布置的汽车零件生产单位布置形式如图 4-3 所示。

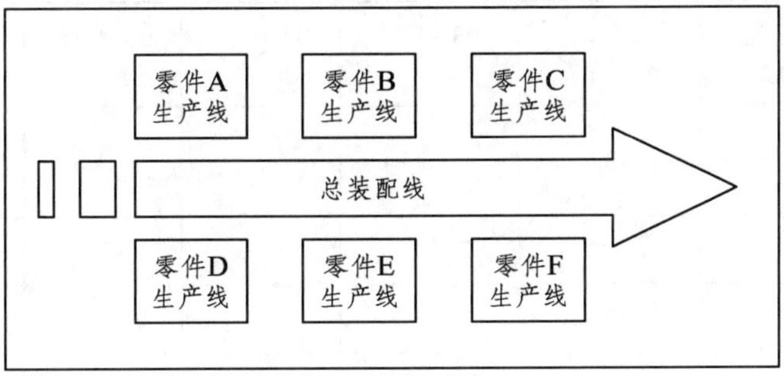

图 4-3　按照对象专业化布置的汽车零件生产单位布置形式

3.固定位置布置

在一些大型工程项目的生产设施布置上，常采用固定位置的布局方法，如：造船厂建造设施的布置，主要因为产品体积大，不易移动，所以采用固定位置布置。

4.成组布置

成组生产的设施布置是根据零件的结构与工艺相似性原理来组织生产的一种方法，它利用了工艺专业化与对象专业化的特点，适应多品种中小批量生产。成组布置有 3 种方式：成组加工中心、成组生产单元、成组流水线。

5.其他布置形式

除了以上几种常用的设施布置形式外，在实践中，也有企业会采用一些独特的生产组织方式，如丰田公司采用的 U 型生产单位组织方式。

在实际中，设施布局的形式通常不是单一使用的，往往会混合多种形式。

（三）设施布局的方法

1.物料运量图法

物料运量图法是指按照生产过程中物料的流向及生产单位之间运输量布置企业的车间及各种设施的相对位置，具体步骤如下：

（1）统计各单位之间的物料流量。

（2）用运量图表示各单位间的运输量。

（3）把相互间物流量大的单位尽量靠近布置。

（4）根据实际面积调整。

企业单位物料流量实例如表 4-2 所示，各运输量图如图 4-4 所示。

表 4-2　企业各单位物料流量

部门	01 备料车间	02 机加工车间一	03 机加工车间二	04 冲压车间	05 油漆车间	06 装配车间	07 仓库
01 备料车间		12	6	9	1	4	
02 机加工车间一					7	2	

续表

部门	01 备料车间	02 机加工车间一	03 机加工车间二	04 冲压车间	05 油漆车间	06 装配车间	07 仓库
03 机加工车间二		3			4		
04 冲压车间					3	1	
05 油漆车间		3	1			3	
06 装配车间	1						7
07 仓库							

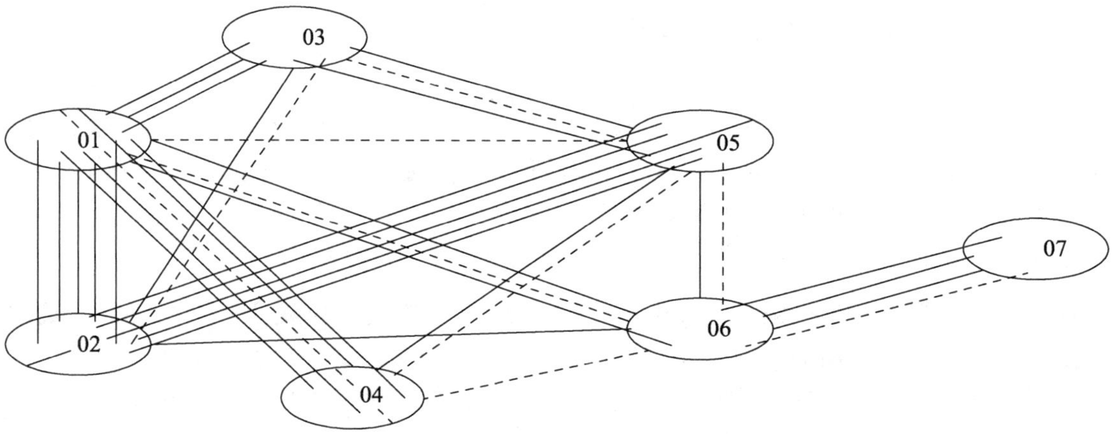

图 4-4　企业各单位运输量图

2.作业相关图

穆勒根据企业各个部门之间的活动关系密切程度布置其相互位置。各部分活动关系如表 4-3 所示，密切关系如表 4-4 所示。

表 4-3　企业各部门活动关系

代号	密切程度	代号	密切程度
A	绝对重要	O	一般
E	特别重要	U	不重要
I	重要	X	不予考虑

表 4-4　企业各部门密切关系图

代号	关系密切原因	代号	关系密切原因
1	使用共同的原始记录	6	工作流程连续
2	共用人员	7	做类似的工作
3	共用场地	8	共用设备
4	人员接触频繁	9	其他
5	文件交换频繁		

3.按成组制造单元布置

成组技术布局法，又称单元式布局法，是指将不同的机器组成加工中心（工作单元）来对形状和工艺相似的零件进行加工。其作用如下：

（1）改善人际关系，工人组成团队来完成整个任务。

（2）提高操作技能。在一个生产周期内，工人只能加工有限数量的不同零件，重复程度高，有利于工人快速学习和熟练掌握生产技能。

（3）减少在制品和物料搬运。一个生产单元完成几个生产步骤，可以减少零件在车间之间的移动。

（4）缩短生产准备时间。加工种类的减少意味着模具的减少，因而可提高模具的更换速度。

单元二　生产流程设计

一、生产流程概述

（一）生产流程的概念

生产流程，又叫工艺流程或加工流程，是指在生产工艺中，从原料投入成品产出，通过一定的设备按顺序连续地进行加工的过程，也指产品从原材料到成品的制作过程中要素的组合。生产流程作为一个完整的流程，应具备以下要素：客户、过程、输入、输出、资源、绩效、供应商。

（二）生产流程的分类

根据生产类型的不同，生产流程有 3 种基本类型：按产品进行的生产流程、按加工路线进行的生产流程和按项目进行的生产流程。

1.按产品进行的生产流程

这种生产流程就是以产品或提供的服务为对象，按照生产产品或提供服务的生产要求，组织相应的生产设备或设施，形成流水式的连续生产，又称流水线生产，如离散型制造企业的汽车装配线、电视机装配线等就是典型的流水线生产。由于是以产品为对象组织的生产流程，又称对象专业化形式。这种形式适用于大批量生产类型。

2.按加工路线进行的生产流程

对于多品种生产或服务情况，每一种产品的工艺路线可能都不同，因而不能像流水作业那样以产品为对象组织生产流程，只能以所要完成的加工工艺内容为依据来构成生产流程，而不管是何种产品或服务对象。设备与人力按工艺内容组织成一个生产单位，每一个生产单位只完成相同或相似工艺内容的加工任务，又称加工车间。不同的产品有不同的加工路线，它们经流的生产单位取决于产品本身的工艺过程，因而又称工艺专业化形式。这种形式适用于多品种小批量或单件生产类型。

3.按项目进行的生产流程

对有些任务，如拍一部电影、组织一场音乐会、进行一项生产等，每一项任务都不重复，所有的工序或作业环节都按一定秩序进行，有些可以并行作业，有些则必须按顺序作业。

二、生产流程设计的基本内容

生产流程设计的基本内容是收集 3 个方面的信息，考虑 5 个基本问题后得到一份关于如何生产产品的详细文件，如图 4-5 所示。

输入
1.产品信息
产品要求
价格/数量
竞争环境
用户要求
所期望的产品特点
2.生产系统信息
资源供给
生产经济分析
制造技术
优势与劣势
3.生产战略
战略定位
竞争武器
工厂设置
资源配置

生产流程设计
1.选择生产流程
与生产流程相适应
2.自制-外购研究
自制-外购决策
供应商的信誉和能力
配套采购决策
3.生产流程研究
主要技术路线
标准化和系统化设计
产品设计的可加工性
4.设备研究
自动化水平
机器之间的连接方式
设备选择
工艺装备
5.布局研究
厂址选择与厂房设计
设备与设施布置

输出
1.生产技术流程
工艺设计方案
工艺流程之间的联系
2.布置方案
厂房设计方案
设备设施布置方案
设备选购方案
3.人力资源
技术水平要求
人员数量
培训计划
管理制度

图 4-5　生产流程设计的基本内容

生产流程设计所需收集的信息包括产品信息、生产运作系统信息以及生产运作战略信息。这些信息说明了生产流程设计的基本出发点和应达到的基本要求。

生产流程设计应考虑的 5 个基本问题：选择生产类型、垂直一体化研究、生产流程研究、设备研究、设施布置研究等方面的基本问题。全面系统、深入细致地考虑这些问题，进行合理选择，其实质是如何根据企业现状、产品生产的要求来合理配置企业生产运作资源，以满足市场需求为导向，高效、优质、低耗地进行生产。

生产流程设计的基本成果体现为一份关于如何生产产品的详细文件，它对生产运作资源配置以及人力资源等提出了明确要求，并给出了相应的措施。

三、生产流程设计方法

产品-流程矩阵是生产流程设计经常使用的一种方法。它最早由海耶斯和惠尔赖特提出，而后得到广泛应用。该矩阵说明了生产系统的组织系统与市场需求相适应的问题。产品-流程矩阵解释了生产组织与产品需求特征之间的关系，即生产过程与产品特征呈一种对应关系，管理者应该遵循一定的原则来进行生产系统的决策。产品-流程矩阵如图 4-6 所示。

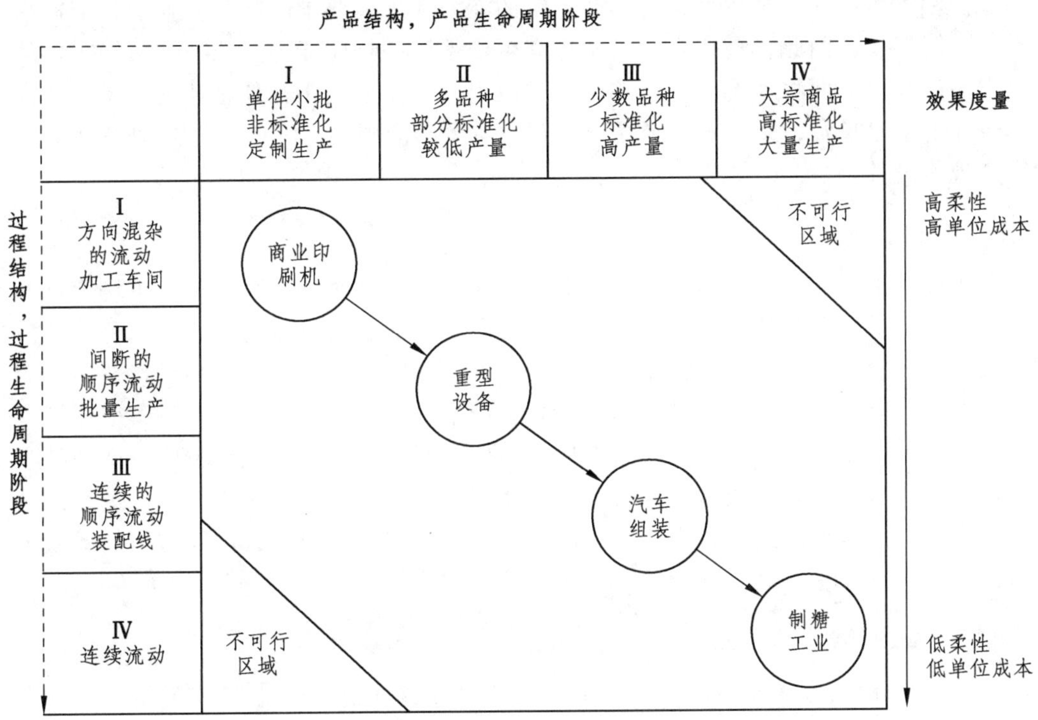

图 4-6　产品-流程矩阵图

产品-流程矩阵说明了两个主要观点：其一，根据产品结构性质，沿对角合理选择和配置生产流程，可以达到最好的技术经济性，换言之，偏离对角线的产品结构-生产流程匹配战略，不能获得最佳效益；那种传统的根据市场需求变化仅调整产品结构的战略，往往不能达到预期目标，因为它忽略了同步调整生产流程的重要性。因此，产品流程矩阵可以帮助管理人员选择生产流程，对企业制定生产战略有一定的辅助作用。

四、影响生产流程设计的主要因素

影响生产流程设计的因素有很多，其中最重要的是产品/服务的构成特征，因为生产系统是为了生产产品或提供服务而存在的，离开了用户对产品的需求，生产系统就失去了存在的意义。

（一）产品/服务需求性质

生产系统要有足够的能力满足用户需求。首先要了解产品/服务需求的特点，从需求的数量、品种、季节波动性等方面考虑对生产系统能力的影响，从而决策选择哪种类型的生产流程。有的生产流程具有生产批量大、成本低的特点，而有的生产流程具有适应品种变化快的特点，因此，生产流程设计首先要考虑产品/服务特征。

（二）自制-外购决策

从产品成本、质量、生产周期、生产能力和生产技术等几个方面综合考虑，企业通常要考虑构成产品所有零件的自制-外购问题，本企业的生产流程主要受自制件的影响。企业自己加工的零件种类越多，批量越大，对生产系统的能力和规模要求越高。企业的投资额高，而且生产准备周期长。因此，现代企业为了提高生产系统的响应能力，只抓住关键零件的生产和整机产品的装配，而将大部分零件的生产扩散出去，充分利用其他企业的力量。这样既可降低本企业的生产投资，又可缩短产品设计开发与生产的周期。可见，向制-外购决策影响企业的生产流程设计。

（三）生产柔性

生产柔性是指生产系统对用户需求变化的响应速度，是对生产系统适应市场变化能力的一种度量。生产柔性通常从品种柔性和产量柔性两个方面来进行衡量。所谓品种柔性，是指生产系统从生产一种产品快速地转换为生产另一种产品的能力。在多品种小批量生产的情况下，品种柔性具有十分重要的意义。为了提高生产系统的品种柔性，生产设备应该具有较大的适应产品品种变化的加工范围。产量柔性是指生产系统快速增加或减少所生产产品产量的能力。在产品需求数量波动较大，或者产品不能依靠库存调节供需矛盾时，产量柔性具有特别重要的意义。在这种情况下，生产流程的设计必须考虑具有快速且低廉地增加或减少产量的能力。

（四）产品/服务质量水平

产品/服务质量是市场竞争的有力武器，生产流程设计与产品/服务质量水平有着密切关系。生产流程每个环节的设计都受到质量水平的约束，不同的质量水平决定了采用什么样的生产设备。

（五）接触顾客的程度

绝大多数的服务业企业和某些制造业企业中，顾客是生产流程的一个组成部分。因此，顾客对生产的参与程度也影响生产流程设计。例如，美发店、裁缝铺的运营，顾客是生产流程的一部分，企业提供的服务主要针对顾客。在这种情况下，顾客就成为生产流程设计的中心，营业场所和设备布置都要把方便顾客放在第一位。有些服务企业，如银行、快餐店等，顾客参与程度较低，企业的服务是标准化的，生产流程的设计应追求标准、简洁和高效。

五、生产流程选择决策

按不同生产流程构造的生产单位形式有不同的特征，企业应根据具体情况选择最为恰当的一种。在选择生产单位形式时，影响最大的是品种数的多少和每种产品产量的大小。图 4-7 给出了不同品种、产量水平下生产单位形式的选择方案。一般而言，随着 A 点到 D 点的变化，单位产品成本和产品品种柔性都在不断增加。在 A 点，对应的是单一品种的大量生产。

在这种极端的情况下，采用高效自动化专用设备组成的流水线是最佳方案，它的生产效率最高、成本最低，但柔性最差。随着品种的增加及产量的下降（B 点），采用对象专业化形式的成批生产比价适宜，品种可以在有限范围内变化，系统有一定的柔性，尽管操作上的难度加大。另一个极端是 D 点，它对应的是单件生产的情况，采用工艺专业化较为合适。C 点表示多品种中小批量生产，采用成组生产单元和工艺专业化混合形式较好。

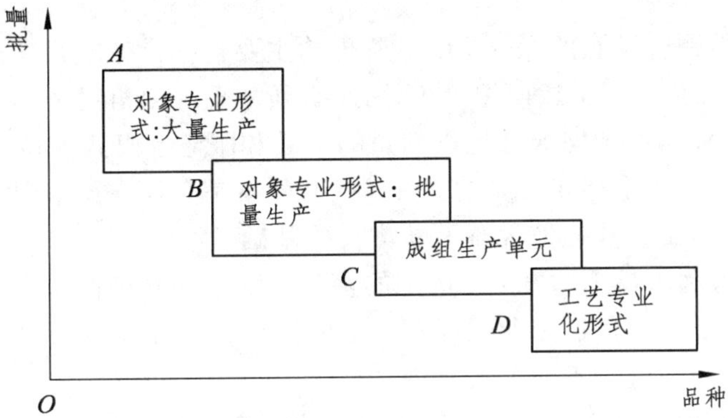

图 4-7　不同品种、产量水平下生产单位形式

从根本上来讲，生产流程类型的选择最后涉及对机器设备的选择。这些决策非常复杂，因为几乎所有的运作管理中，无论是医院、饭店，还是家用电器、汽车或钢铁生产，都各不相同。但不管它们有怎样的差别，选择机器设备时都必须考虑投资、费用、质量、能力以及柔性等基本因素。

单元三　质量管理

一、质量管理的内涵和重要性

（一）质量的内涵

什么是质量？现代质量管理理论认为：必须站在用户的角度对质量下定义，也就是要从满足用户需求的角度来理解质量的概念。美国著名质量管理大师朱兰给质量下的定义是“质量就是适用性”，就是产品或服务满足用户需求的程度。

狭义的质量是指产品质量；广义的质量包括产品质量和工作质量。产品质量是指产品的使用价值，即产品满足使用要求所具备的一切特性的总和。产品质量的好坏，实质上反映了满足用户需要的程度。而用户的需要，则是确定质量标准的依据。工作质量是指为保证和提高产品质量所做工作的完善程度。它包括企业的生产工作、技术工作、组织工作、服务工作的水平和效率。工作质量一般难以定量，但它在企业生产经营活动的全过程中最终将通过产品质量及经济活动成果反映出来。

1.质量的特性

产品的质量特性体现在 5 个方面：性能、寿命、可靠性、安全性和经济性。

2.质量的标准

质量的标准是对质量特性所做的统一规定，是产品设计、生产、检验以及产品质量认证的依据。按其颁布单位和使用范围不同，质量标准可分为国际标准、国家标准、专业标准和企业标准等。

（二）质量的重要性

（1）提高质量是顾客满意的保证。质量管理的主要目标是让顾客满意，而顾客满意是全方位的（如高质量、低成本、交货期短等），因此必须从系统的角度来考虑质量问题，通过不断完善系统，确保企业持续地向顾客提供满意的产品和服务，以获得长期的发展。

（2）提高质量是企业生存和发展的保证。提高质量是企业在竞争中取胜的保证，可以全面提高企业的素质，也是企业经济效益不断增长的基础。

（3）提高质量有利于员工的发展。员工的参与有利于提高工作质量，以确保产品和服务质量能持续满足顾客需要，促进企业发展；企业的发展可以提高员工的自豪感，使员工的努力得到回报，也能同步促进员工的个人发展。

（4）提高质量是保证社会安全、保障人民健康安全的必然要求。

二、全面质量管理

全面质量管理（Total Quality Management，TQM）在ISO8402：1994《质量管理与质量保证术语》中的定义为："一个组织以质量为中心，以全员参与为基础，目的在于通过让客满意和本组织所有成员及社会受益而实现长期成功的管理途径。"

（一）全面质量管理的内涵

全面质量管理的核心是3个"全"：全员参加的质量管理、全过程的质量管理、全面的质量概念。

1.全员参加的质量管理

影响产品质量的因素是多方面的，因此质量管理工作不仅是某个环节、某个部门的事情，而且需要企业全体员工参加，需要对职工进行全面质量管理业务的培训，实行严格的质量责任制，广泛开展群众性的质量管理小组活动。只有建立在扎实的群众基础上的全面质量管理才能不断提高产品质量。

2.全过程的质量管理

全面质量管理强调将不合格的产品或服务消灭在其形成的过程之中。为此，企业必须贯彻"防检结合，预防为主"的思想，从事后检验把关转到事先控制上来。另外，全过程的质量管理要求从过去那种仅控制生产工序扩大到控制产品全生命周期，即从市场调查开始直到用户服务的各个环节，形成一个周而复始、不断改进的过程，使产品质量不断提高。

3.全面的质量概念

全面质量管理的"质量"概念是全面的，它不仅指狭义的产品质量，还包括产品制造与服务过程的"工作质量"：设计质量、制造质量、服务质量，即质量管理不仅要管理物，还要管理人与工作过程，要不断提高人员素质（质量意识与质量控制技能），提高工作质量。

（二）全面质量管理的工作方法——PDCA 循环

一般认为，全面质量管理的工作方法最早源于美国质量管理专家戴明博士提出的 PDCA 循环，它的基本思想是把质量管理看作一个周而复始的螺旋上升的过程。每次循环活动按照计划（Plan）、实施（Do）、检查（Check）、处置（Action）4 个过程循环往复、螺旋上升。每经过一次循环，质量获得一次提高，这样质量就会朝着“零缺陷”方向向上滚动。下面简要介绍一下它的基本步骤与方法。

（1）计划阶段（P）。计划阶段的任务是制定质量目标、根据目标制订质量计划。

计划内容包括质量目标计划、质量指标计划、质量实施计划。计划阶段有 4 个步骤：①分析现状，找出存在的问题；②找出问题的原因或影响因素；③找出问题的主要影响因素；④制订措施计划。

（2）实施阶段（D）。实施阶段是质量管理的关键，要保证计划能被很好地贯彻执行，必须做到 5 个到位：人员到位、组织到位、措施到位、监督到位、激励到位。

（3）检查阶段（C）。对比执行的结果与计划的结果，做出评价，找出问题。

（4）处置阶段（A）。一方面，总结成功的经验并把它标准化，以便今后参考；另一方面，把没有解决的问题纳入下一阶段的计划中。

PDCA 循环的阶段、步骤、主要方法如表 4-5 所示。

表 4-5　PDCA 循环的阶段、步骤、主要方法

阶段	步骤	主要方法
计划阶段	1.分析现状，找出存在的问题； 2.找出问题的原因或影响因素； 3.找出问题的主要影响因素； 4.制订实施计划	排列图、直方图、控制图、因果图、相关图。 回答“5W1H”： 为什么制订计划（Why）？ 要达到什么目标（What）？ 何时执行该计划（When）？ 由谁来执行计划（Who）？ 在哪里实施计划（When）？ 怎样实施计划（How）
实施阶段	执行计划	
检查阶段	检查计划实施的结果	排列图、直方图、控制图
处置阶段	总结成功经验，制定标准	
	未解决的问题转入下一个循环	

三、企业质量保证体系

（一）质量保证体系的概念

质量保证体系是指为了实现确定的质量方针和质量目标，实施质量管理，运用系统原理，把质量管理各阶段、各环节的管理职能组织起来，形成由组织结构、职责、程序、过程和资源构成的，相互协调的有机整体。

（二）企业质量体系的内容

1.设计过程的质量管理

设计过程的质量管理包括制定质量目标；保证先行开发的工作质量，设计审查和工艺验证工作，以及新产品的试制和鉴定。

2.制造过程的质量管理

制造过程的质量管理包括严格执行工艺规程，加强工艺管理；组织好技术检验，合理选择检验方式；可建立一支专群结合的检验队伍掌握质量动态，加强不合格品管理。

3.辅助服务过程的质量管理

辅助服务过程的质量管理包括物资供应、工具供应、设备维修、使用过程的质量管理，以及对产品使用效果和用户要求进行调查研究。

（三）建立健全企业质量体系

可根据 ISO9004 标准的要求，在分析产品质量环的基础上建立质量保证体系。而质量环（质量螺旋）包括：市场调研、设计规划的编制和产品研制、采购、工艺装备、生产制造、检验和试验、包装和储存、销售和发运、安装和运行、技术服务和维修、用后处理等。

建立和健全企业质量体系主要体现在以下几个方面：

（1）制定质量目标和质量计划，形成一套完整的质量计划体系。

企业质量计划一般包括质量目标计划、质量指标计划和质量改进措施计划。

质量计划体系包括综合计划、具体计划，以及长期计划、年度计划和短期计划等。

（2）建立高效率的质量信息反馈系统和质量管理机构。

质量信息反馈包括厂内反馈和厂外反馈。综合质量管理机构是质量保证体系中质量信息反馈的中心，其作用在于统一组织、计划、协调质量保证体系的活动。

（3）广泛组织质量保证活动，建立有效的质量保证体系。

质量保证活动分厂内和厂外两个方面。厂内如开展质量管理小组活动（TQC 小组）。质量管理小组一般由生产现场的职工自由组成，在专业人员的指导下开展活动，以达到实现质量目标、增强质量意识、开发智力和培养人才的目的。厂外要组织外协厂的质量保证活动，要把对外协厂的技术指导、职工培训等工作，纳入本企业的质量体系。同时，要充分发挥质量检验在质量保证活动中的作用，形成一个严密的质量检验工作体系。

四、质量管理常用的分析方法

（一）排列图法

排列图法又称帕累托图法，是分析质量问题主次因素的方法，用于从统计数字中分析找出影响产品质量的主要因素。累计频率在 0 ~ 70%范围内的因素，称为 A 类，是主要因素；累计频率在 70% ~ 90%范围内的因素，称为 B 类，是次要因素；累计频率在 90% ~ 100%范围内的因素，称为 C 类，是一般因素。

（二）直方图法

直方图法是对生产工序加工出来的产品，根据抽样原理，从中抽出一定量的样本（30 件以上），经过测量数据，并对数据进行整理、分组和计算，绘制出直方形矩形图，来判断生产工序的精度、质量及稳定性，并计算工序能力等的方法。直方图可以判断工序是否处于受控状态，以此调整工序生产措施，达到控制工序质量的目的。

（三）因果分析图法

因果分析图法简称因果图法，又称树枝图法或鱼刺图法，是一种系统地分析质量问题原因的有效方法。它主要用来观察分析、寻找影响产品质量的所有问题，再根据不同的原因采取不同的措施。应用因果分析图法时，可以同排列图法等方法结合起来使用。

（四）控制图法

控制图法又称质量管理图法，它是最常用的一种统计质量管理工具，是统计过程质量控制的核心工具，主要用于分析判断工序是否处于稳定状态所使用的带有控制界限的一种图表。其中影响质量波动的因素，通常可归纳为系统性因素（异常因素）和偶然性因素（正常因素）两类。它的主要原理是：基于一定的生产技术条件，利用统计的方法，计算出上下控制界限，排除异常因素造成的质量波动，确保生产过程的稳定。控制图法可以用于质量诊断、质量控制与质量改进。

（五）相关图法

相关图又称散布图，是用直角坐标系表示的两个变量之间的相关关系的图形。用 X 轴表示原因，Y 轴表示结果。常见的相关关系有强正相关、弱正相关、强负相关、弱负相关、非线性相关和不相关 6 种。

（六）质量调查法

质量调查表法是指用质量调查表来统计分析质量问题的方法。质量调查表是企业用来统计、整理数据和分析质量问题的各种表格。常用的调查表有缺陷位置调查表、不合格品调查表、成品质量调查表、频数分布调查表。

五、质量认证

（一）质量认证的概念

质量认证就是由一定权威的社会质量认证机构证实并以认证机构颁发的合格证书或合格标志证明，经鉴定的企业质量体系或产品或服务符合特定标准或其他技术规范的活动。

（二）质量认证的分类

（1）按认证性质，分为自愿性认证和强制性认证。

前者适用于一般产品、国家标准不强制要求的产品；后者适用于有关人身安全、具有重大经济价值、关系国计民生的产品，以及国家标准强制要求的产品。

（2）按认证范围，分为国家认证、区域认证和国际认证。

国家认证以本国的技术标准为基础；区域认证以一个地区的参加国共同制定的标准为基础；国际认证以国际标准化组织（ISO）和国际电工委员会（IEC）制定的标准为基础。

（3）按认证标志，分为合格标志认证和安全标志认证。

（三）质量认证的作用

实行质量认证制度，可以帮助消费者选购商品，有效地维护消费者的权益；可以推动技术标准贯彻执行，实现扶优限劣政策；可以促进企业建立健全质量保证体系，促进企业提高产品质量和质量管理水平；可以从宏观层面促进国家计量水平的提高，减少社会的重复试验和检验，节约大量检验、试验费用和时间；能够提高我国产品在国际市场上的竞争能力和信誉。

【经典案例】

百年老店李锦记酱油：“100-1=0”的质量理念

1888 年，一个叫李锦裳的青年来到广东珠海南水镇，以开茶寮、卖牡蛎蚝汤为生。一次，李锦裳煮蚝时忘记了关火，直到闻到一股浓郁的蚝香味才发现蚝汁被熬成了浓稠状，味道鲜美，这就是今天家喻户晓的“蚝油”的原型。为了让乡亲们能品尝这一独特的美味，李锦裳反复试制，历经多道工序，最终生产出蚝油，将其作为调味品出售，并于 1888 年正式设立了李锦记蚝油庄。随后，李锦记逐步发展，从一个小作坊成长为今天拥有 220 多款产品、远销 100 多个国家和地区的跨国酱料集团。

“质量 100%坚持”，铸就李锦记航天品质。不要小看一瓶小小的酱油，李锦记的酱油从黄豆的挑选到摆上餐桌，背后有一个庞大的质量管理团队在运作。对于种植采购、原料运输、食品加工、分销物流、品牌推广、上架销售等每个环节，李锦记都记录在案，这些严苛的管理可谓是李锦记百年鲜味方程式“100-1=0”的最佳见证。

李锦记坚信，品质是食品企业的生存之本。哪怕只有一丁点的瑕疵，被扣了一分，就足以令消费者对李锦记的信心降为零。只有做到“100-1=0”的品质管控，每一个细节都严格把关，才能做出让消费者吃得放心、安心的食品，才能赢得更多的消费者。

李锦记坚持“超越标准为标准”，实行“从农田到餐桌”的全程管控。多年来，李锦记卓越的产品获得市场认可，以零缺陷通过了美国 FDA 检测。2008 年，李锦记成为北京奥运会酱料供应商；2010 年，李锦记酱料产品服务于上海世博会；从 2012 年起，李锦记入选航天食品，成为“神舟九号”“神舟十号”飞船宇航员使用酱料，荣获“中国航天事业合作伙伴”荣誉称号。

李锦记 200 多个质量监控点，确保生产放心酱油。李锦记每一瓶酱油的生产都经过 30 多道工序、200 多个质量监控点。李锦记酱油以传统方法天然酿造，经过良好的消毒和过滤系统才装瓶，确保产品质量。李锦记对酱油的包装物料进行严密的管控，不仅要求供应商在生产包装物料时要严格监控生产过程，生产出来后立即进行包装，同时还会到供应商生产现场进行审核，以确保物料来货质量。包装容器送抵李锦记生产基地后，李锦记还会检查外观包装情况，验收后再储存在专用的仓库里。生产前，李锦记要对所有的包装容器进行检查，倒置洗瓶，并在运输包装容器的输送带上放有塑料罩进行保护，灌装后立即封盖，确保产品质量。

在制造包装方面，李锦记生产基地对酱油的外包装与灌装间进行区域划分。酱油灌装车间是专门的密闭房间。酱油蒸煮后过滤到灌装机，通过密封的管道输送。酱油灌装时，包装容器与灌装嘴紧密结合，酱油灌装后立即封盖。酱油灌装、封盖是在自动灌装机上进行的，灌装机外围有塑料罩提供保护。酱油从蒸煮到灌装、封盖的过程都在密闭的环境下进行，酱油的整个灌装过程为高温灌装。李锦记每天在生产前后都会对生产使用的容器、管道进行清洗，确保产品质量。

资料来源：根据搜狐新闻整理，https://www.sohu.com/a/32727454_161788。

单元四 供应链管理

如今，企业面临着来自全球化的竞争和挑战：企业经营过程的变化，产品生命期的缩短，个性化需求的增加，交货期和服务要求提高，价格要求苛刻等。总之，企业正在经历着从卖方到买方市场的转变。

一、供应链概述

（一）供应链的概念

供应链是围绕核心企业，对各要素流进行控制，将经营的全部过程联成一体的功能链结构模式。除了核心企业外，还涉及许多节点企业，而各节点之间，存在着 5 种要素流，即物流、资金流、价值流、工作流、信息流。

（二）供应链的要素流

1.物流

物流指产品为主线的流动，有企业内部物流和企业外部物流。物流控制的目标是流速和流动距离，追求效率和成本。

2.资金流

资金流指以资金的流向为主线的流动。企业内部体现为成本的形成过程，企业之间则体现为流动的速度。追求的目标是高收益和收益率，资金流动的速度至关重要。

3.价值流

市场经济条件下一切产品和工作都要体现出需方的价值，而供需双方本就是相对的概念，因此，价值流是客观存在的。价值流控制的目标是其增值的速度，每个环节的增值都会带来效益。

4.工作流（业务流）

相对于价值流来说，各环节的工作流程设置和运作将直接体现出价值的增长，为什么还要定义工作流呢？这里又一次体现出供与需的关系。工作流控制的目标是满足价值流的需求，这是一个系统化的概念。

5.信息流

以上 4 个流的统一和控制依赖于信息的控制，信息流是整个价值链的灵魂。

信息流的控制是现代管理的核心，要做到这一点，必须保证信息的真实、完整、有效和实时，这也是制约我国企业管理水平的关键所在。

（三）供应链的运行机制

1.合作机制

竞争的概念已经从企业之间的竞争机制变成供应链之间的竞争。合作型竞争已经成为当前的主要战略思想之一。

2.决策机制

企业经营不仅要关注当前利益，更要注重长远利益，因而战略管理已经被经营者所关注并重视，而供应链也是战略策划和实施的主要依据及手段。决策的目标是提高整个供应链的运作效率，降低整个供应链的成本，扩大市场占有率，而在不断变革中也主要从供应链的重组和改造着手。

3.激励机制

激励机制充分体现在“TQCST”上，即 T：时间，Q：质量，C：成本，S：服务，F：柔性。

4.自律机制

每个节点企业和核心企业都有很明确的责任目标，界面清晰，可以用自律机制来进行管理，主要表现在优胜劣汰的退出机制上。其目标是供应链应该是相对稳定的结构，但在市场竞争中必然存在不断重组的需要，退出（主动或被动）将是经常发生的现象。

二、供应链管理概述

（一）供应链管理的概念

供应链管理是指企业在生产过程中，对供应链进行有效的管理和控制，以确保生产过程的高效性和质量。供应链管理是企业管理中非常重要的一环，它是覆盖企业内外的全过程管理模式，涉及企业的原材料采购、生产制造、仓储物流、销售配送等多个环节，需要企业在各个环节上进行有效的协调和管理。

（二）供应链管理的重要性

在企业中，供应链管理的重要性不言而喻。首先，供应链管理可以帮助企业降低成本。通过对供应链的管理和优化，企业可以降低采购成本、生产成本和物流成本等，从而提高企业的盈利能力。其次，供应链管理可以提高生产效率。通过对供应链的管理和优化，企业可以实现生产过程的高效化，提高生产效率和生产质量，从而提高企业的竞争力。最后，供应链管理可以提高客户满意度。通过对供应链的管理和优化，企业可以提高产品的质量和交货时间，从而提高客户满意度，提升企业的品牌形象。

（三）供应链管理的流程

制造业是供应链管理的主要领域之一。一个完善的制造业供应链管理系统，要求企业能够对整个供应链进行细致的跟踪和监控，从供应商的选择、配送安排、库存管理，以及销售预测等方面进行全局管理，确保每个环节都能够顺畅运转（见图 4-8）。

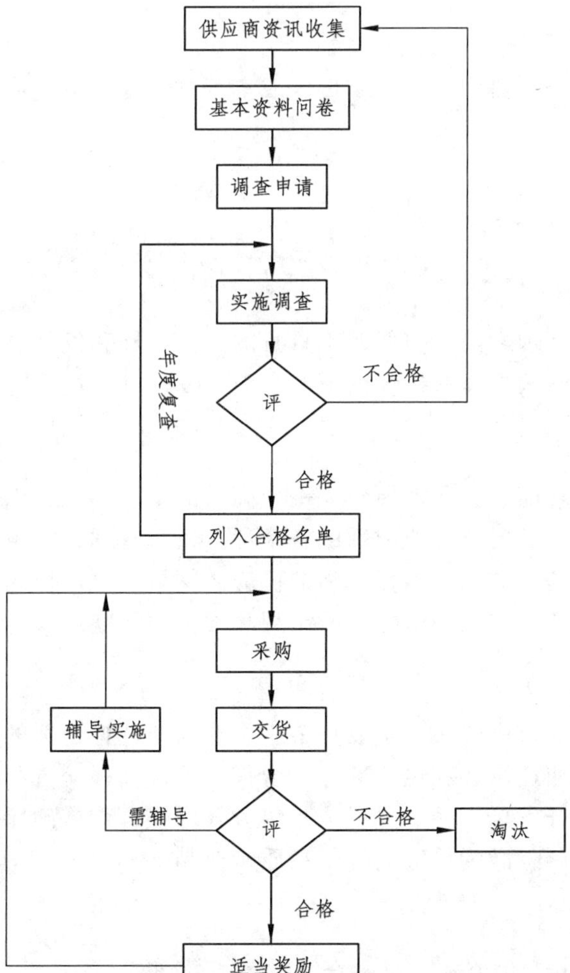

图 4-8 供应链管理流程图

三、供应链管理的优势

（一）提高生产效率

企业供应链管理的一个主要目的就是提高生产效率。通过统一管理原材料、生产线、销售配送等环节，企业可以更有效地控制生产过程，并提高生产效率。

（二）降低成本和风险

企业供应链管理可以通过生产线优化、库存管理、物流配送等工作，实现降低成本和风险的目的。比如：通过减少库存，降低仓储费用；通过优化生产线，减少废品产生，降低成本等。

（三）提高客户满意度

企业供应链管理可以满足客户对产品质量、颜色、尺寸、交货时间等方面的需求。通过更加精准的销售预测和库存管理，企业可以更好地满足客户的需求，提高客户满意度。

（四）加强企业竞争力

供应链管理可以为企业提供技术、质量、成本等方面的竞争优势，提高企业的市场占有率和盈利能力。

四、供应链管理的具体实施

（一）确立供应链目标

企业在实施供应链管理之前，需要明确自身的业务目标和发展方向。从产品定位、目标客户、市场选择、供应商的选择和销售渠道等方面出发，确立供应链管理的目标。

（二）建立信息系统

在实施供应链管理之前，企业需要建立一个高效的信息系统，以便实现供应链管理的信息化。这个信息系统不仅需要对企业内部的各个环节进行管理，还需要实现供应商、销售商等外部环节的跟踪和管理。比如：构建灵活的供应链网络，可以快速响应需求变化；用物流管理软件来跟踪物流环节，并及时解决可能出现和发生的问题。

（三）选择合适的供应商，确保产品质量

供应商是制造业供应链中的一个重要环节。企业需要选择合适的供应商，确保原材料的质量和价格。同时，企业还需要和供应商建立合作关系，加强交流和沟通，定期与供应商召开合作会议，通过共同开发新产品、降低成本等方式增强合作，确保供应链的顺畅运行。对供应商实行质量奖惩机制，激励供应商提供高质量产品。

（四）优化物流配送

在制造业的供应链中，物流配送是一个非常重要的环节。企业需要对物流配送进行优化，确保产品准时送达。同时，还需建立高效的库存管理系统，确保库存量，实现成本的有效控制。

企业供应链管理成为企业发展的重要战略。通过建立完善的供应链管理系统，企业可以提高生产效率，降低成本和风险，同时提高客户满意度和竞争力。因此，企业应该积极推进供应链管理，不提升自身的竞争力和市场占有率。

知识小结

本章主要阐述了企业生产与运作中设施选址与布局的问题，强调企业选址需要通过科学的方法进行，并能有效、经济地达到企业的经营目标；而布局也强调需要采用科学、有效的方法进行安排，并详细介绍了选址和布局的主要方法；有了科学的选址和布局，企业才能更好地安排生产流程。生产流程的含义、设计的主要内容和影响的主要因素都是决定生产流程的关键；而质量管理又是整个企业进行有效产品生产的强有力保证，质量的全面保障和有效管理与企业生产流程的顺利进行息息相关。最后针对市场经济条件下企业面临的竞争和挑战，从全方位的角度，对企业的供应链管理提出要求，强调了企业供应链管理的重要性和要求，以更好地适应激烈的市场竞争。

巩固提高

1.生产企业设施选址应考虑哪些因素？

____

____

____

____

____

____

2.影响生产流程的主要因素有哪些？

____

____

____

____

____

____

____

____

3.PDCA 循环的含义是什么？

4.企业供应链管理的具体实施步骤和流程是什么？

案例分析

上海通用汽车的卓越品质管理

上海通用汽车荣获“2015 全国质量奖”，这是继 2003 年、2006 年、2009 年分别捧获“上海市质量金奖”并在 2014 年赢得上海市质量管理的最高荣誉“上海市市长质量奖”之后，更进一步摘得的象征国家最高质量荣誉的桂冠。

上海通用汽车从产品规划、工程质量、供应链质量、制造质量和服务质量 5 个方面着手，把质量放在业务发展的最高优先地位，形成了“全民质量”“人人都是质量第一人”的良好质量管理氛围。

一、研发质量

上海通用汽车的质量体系覆盖整条业务链，突出“全员、全时、全程”的“三全”特色。作为汽车生产制造的前奏，产品规划开发是一个复杂的系统过程，直接影响一款车型投放市场后的表现，关系到大量人力、物力、资金投入后的产出，因此在质量控制中有举足轻重的地位。作为上海通用汽车的设计与工程研发中心，泛亚汽车技术中心不仅拥有国际一流的研发硬件设施，同时引进了“六西格玛”设计方法，强调以用户为导向，把质量融入设计。在开发阶段，无论是地表温度达到五六十摄氏度的吐鲁番，还是零下三十几摄氏度的黑河，都是每款车型必须经历的考验。在包含一长串试验项目的名单中，仅一项常规有限耐久性试验就由46种试验子模块构成，包括苛刻的道路载荷使用，城市、高速、制动、长途、驾驶评估等，试验里程超过4万千米，试验时间近1 400小时。

二、制造质量

在上海通用汽车三大基地的现代化厂房内，先进的工艺装备、高自动化率的柔性生产线都有效保证了高质量制造。以上海通用汽车北盛新工厂为例，仅车身车间就有机器人105台，其中焊接机器人83 台，涂胶和抓料机器人9台，滚边机器人9台，测量机器人4台。这些由ABB、西门子等世界著名自动化技术公司提供的机器人数量几乎等于一个建制连的“兵力”。同时，防错在生产过程中被广泛应用。总装车间采用多种车型混线生产，零件错装风险高，因此车间利用追溯系统，设计增加了防错功能，通过扫描条形码来检查零件和所装车型是否匹配。如果不匹配，生产线会自动停线报警，确保安装正确。这种防错方法能够保证100%控制错装，使制造过程中的质量控制水平又提升了一个新台阶。

遵循“满足并超越顾客期望”的质量方针并依据公司的实际情况，上海通用汽车以ISO/TS16949为主线，创新性地衍生出包括7大、31中、192子过程在内的质量识别过程，并且各级过程都确定了责任人监控指标的完成情况，保证了质量工具的有效应用。随着业务的发展，上海通用汽车的精益生产体系在上海、烟台、沈阳、武汉四大生产基地进行复制，推行质量体系的一致性。各项措施具体细化到车间班组，各大基地统一执行，从而保证了不管是哪个工厂生产的汽车，都拥有如出一辙的高品质，由此开创出一条上海通用汽车质量管理体系的创新建设之路。

三、供应质量

作为中国乘用车行业的领军企业，上海通用汽车平均每天有超过4 000台新车驶下生产线，成为消费者的忠实伙伴。作为一种精密、复杂的高技术产品，每一辆汽车至少有3万个零部件，涉及的零部件供应商有400~500家。企业的供应商质量管控颇为困难，因为任何一个零部件的微小瑕疵都可能导致产品质量出现问题。

（1）“16步原则”严选供应商。

上海通用汽车在对供应商的选择、能力开发和质量管理方面有一整套严密的体系，严格遵循通用全球供应商开发的“16步原则”，覆盖从新品立项时对潜在供应商的评审到整个生产周期中对供应商实施质量管理的全部流程。一家新供应商必须通过上海通用汽车采购部、工程部（泛亚技术中心）、物流部三大部门，Q（质量）、S（服务）、T（技术）、P（价格）四大功能块，近10次专业评审，才能进入采购体系。

稳定的、高品质的供应商团队为产品品质提供了保障。上海通用汽车的长期合作供应商数量迅速增长。目前与上海通用汽车保持业务往来3年以上的供应商已占其国内供应商总数的80%以上，保持5年以上业务往来的供应商已占总数的60%以上。

（2）“全生命周期”供应商管理。

如果说建立完善的供应商前期开发和认可流程，从源头上保证了产品质量，那么“产品全生命周期”的供应商质量管理则从根本上监督并促进了供应商的质量表现。在覆盖供应商早期开发、生产管理以及售后服务的“产品全生命周期”中，上海通用汽车不仅是监督者，更是参与者，它与供应商一起“死磕”质量品质，实现了与供应商的“双赢”。

上海通用汽车专门成立了“联合开发中心”，为供应商提供专项培训、业务研讨、技术交流和出口业务等多方面的支持。上海通用汽车的质量改进小组不仅会深入供应商现场，帮助供应商建立质量保证体系，实现从“质量检验”到“质量预防”的转变，而且在遇到质量技术难题时，由质量专家组成的“豪华阵容”也将入驻供应商现场办公，共同致力于技术攻坚。

此外，上海通用汽车还帮助供应商开展质量文化建设，如召开供应商质量文化推进总结会、与制造部共同进行供应商班组结对回访、在各生产基地的供应商中推行供应商质量工具培训等，让上海通用汽车的卓越质量文化影响每一个供应商。

（3）助力供应商打造“四大核心能力”。

“零缺陷”是上海通用汽车对供应商的基本质量要求。除此之外，上海通用汽车还以帮助供应商全力打造四大核心能力——质量保障、快速响应、技术创新、成本控制为己任。

上海通用汽车始终视供应商为战略合作伙伴，十分注重供应商的能力发展，通过多种方法工具推进和夯实供应商体系管理能力。例如：通过实施产能规划、产能监控、产能控制的全过程管理，建立敏捷、智慧、绿色的供应链，提升供应商的产能响应能力；推动本土供应商积极参与通用汽车全球化采购，获得全球业务；提高关键零件的全过程研发能力，缩小本土供应商与欧美日等供应商的差距；建立新能源、新材料、新工艺和新技术“四新”战略合作新型体系，密切关注新能源产业链核心技术和产品发展趋势，全面帮助供应商提升综合管理能力。

为支持“绿动未来”企业战略，上海通用汽车还制订发展“绿色供应商”计划，促进供应商的节能减排与资源合理利用。2012 年 12 月，上海通用汽车当选为“上海绿色供应链管理示范项目”首批试点企业。截至 2013 年年底，已有 270 多家供应商获得“SGM 绿色供应商”称号。

四、服务质量

上海通用汽车始终精心架构并不断完善包括服务理念、精益流程、人员培训、硬件设施等在内的一整套服务体系，为顾客提供更专业的服务。多年来，随着汽车销量的猛增、用户群的扩大，上海通用汽车凭借强大的体系，坚持不懈提供优质、体贴的服务，并在模式创新和服务质量上不断升、不断突破。从开国内品牌服务先河，创立“比你更关心你”的“别克关怀”品牌服务，到推出以“懂车更懂你”为服务理念的雪佛兰“金领结服务”，再到凯迪拉克的“尊崇有加-凯迪拉克 PLUS 服务”，上海通用汽车不断为客户提供全方位的尊崇体验和增值服务。同时，随着移动应用和网络的发展以及消费者消费习惯的变化，上海通用汽车还创新发展数字化服务，三大品牌先后推出了 iBuick、My Chevy 和 MyCadillac 手机 App 终端应用，并积极探索营销、服务与电商平台的结合，在行业内率先构建起从整车销售到售后服务的 O2O“一站式”电商模式，为客户提供互联网环境下的全新的服务体验。

自创建以来，上海通用汽车就将质量摆在最高优先的位置，质量体系覆盖整条业务链，并积极培育质量文化，将质量管理的内涵向上游的供应商和下游的经销商及售后服务两头延伸。“全员、全时、全程”的“三全”特色不仅体现在上海通用汽车的生产线和车间里，也覆盖所有零部件供应商的生产过程，从源头上保证了每一辆汽车的高质量水平。

资料来源：根据 2014 年 9 月 18 日中国新闻网、2014 年 7 月 25 日新华网、2015 年 12 月 25 日财网新闻汇编整理。

思政点睛

企业生产过程中需要树立高尚的职业道德，着重培养学生的职业道德和操守。产品的质量管理中应该强调工匠精神，企业家精神和使命感的培养。

思考：

1.上海通用汽车是如何开展全面质量管理的？全面质量管理体现在什么地方？

2.结合上海通用汽车的案例，谈谈你对企业质量管理的理解和认识。

3.结合自己熟悉的企业，谈谈如何理解生产设施布置和产品特点与生产类型之间的紧密关系。

模块五 创业分析

学习目标

1.掌握创业宏观分析、行业分析，根据具体创业项目进行微观分析。

2.熟悉和认识行业分析的内容以及分析方法。

3.结合创业项目进行行业分析与微观分析。

4.理解企业发展的平衡观和危机意识。

5.利用翻转课堂学习知识，完成课后实训。

思政目标

理解新创企业的成长是满足人民对美好生活向往的关键力量，树立自强不息的创业精神。

单元一 创业宏观分析

一、创业宏观分析

（一）PEST 分析模型简介

PEST 分析是战略咨询顾问用来帮助企业检阅其外部宏观环境的一种方法，是对宏观环境的分析。宏观环境又称一般环境，是指影响一切行业和企业的各种宏观力量。对宏观环境因素做分析，不同行业和企业根据自身特点与经营需要，分析的具体内容会有差异，但一般都应对政治（Political）、经济（Economic）、技术（Technological）和社会（Social）4 类影响企业的主要外部环境因素进行分析，所以称 PEST 分析法。

（二）PEST 分析的内容

PEST 分析的内容如图 5-1 所示，主要包括政治和法律因素、经济因素、社会和文化因素、技术因素。

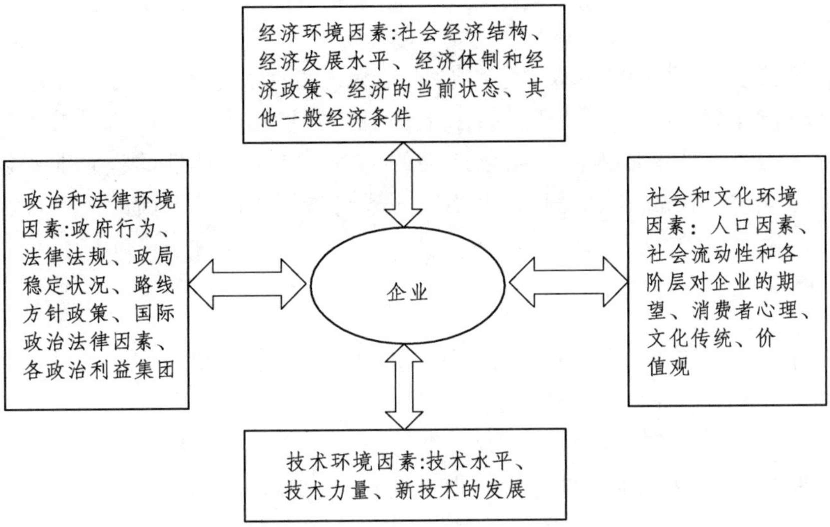

图 5-1　PEST 分析的内容

二、PEST 指标体系分析

（一）政治和法律因素

政治和法律因素是指那些制约、影响企业的政治因素和法律系统，以及其运行状态。政治因素包括国家的政治制度、权力机构、颁布的方针政策、政治团体和政治形势等。法律包括国家制定的法律、法规、法令以及国家的执法机构等因素。政治和法律因素是保障企业生产经营活动的基本条件。只有在一个稳定的法治环境中，企业才能够真正通过公平竞争，获取自己正当的权益，并得到长期、稳定的发展。国家的政策法规对企业的生产经营活动具有控制和调节作用，同一个政策或法规，可能会给不同的企业带来不同的机会或制约。

（二）经济因素

经济因素是指机构或企业生存和发展的社会经济状况及国家的经济政策，包括社会经济结构、经济体制、发展状况、宏观经济政策等因素。衡量这些因素的经济指标有国内生产总值、就业水平、物价水平、消费支出分配规模、国际收支状况、利率、通货供应量、政府支出、汇率等国家货币和财政政策。与政治和法律因素相比，经济因素对企业生产经营的影响更直接、更具体。

（三）社会和文化因素

社会和文化因素是指企业所处的社会结构、社会风俗和习惯、信仰和价值观念、行为规范、生活方式、文化传统、人口规模与地理分布等因素的形成和变动。社会和文化因素对企业生产经营的影响不言而喻。例如，人口规模、社会人口年龄结构、家庭结构、社会风俗对消费者消费偏好的影响等因素都是企业在确定投资方向、产品改进与革新等重大经营决策问题时必须考虑的因素。

（四）技术因素

技术因素是指企业所在的环境中科技要素以及与该要素直接相关的各种社会现象的集合，包括国家科技体制、科技政策、科技水平和科技发展趋势等。在科学技术迅速发展变化的今天，技术因素对企业的影响可能是创造性的，也可能是破坏性的，企业必须能够预见这些新技术带来的变化，在战略管理上做出相应的战略决策，以获得新的竞争优势。

三、产业景气与 PMI

创业宏观分析从经济发展情况来看，可以对 GDP、GNP、CPI、PMI 等指标进行分析，本章选取 PMI 进行分析，其他指标可以结合创业项目进行。

PMI 是通过对企业采购经理的月度调查汇总出来的指数，能够反映宏观经济特别是产业景气状况的未来变化趋势。PMI 调查采用非定量的问卷形式，被调查者对每个问题只需做出定性的判断，在（比上月）上升、不变或下降 3 个答案中选择一个，然后汇总统计各个答案的百分比，通过各指标的动态变化来反映经济活动所处的周期状态。PMI 是难得的事先型经济指标，即可以提前根据 PMI 判断未来的经济形势。而 GDP 和国民生产总值（GNP）都是事后型经济指标。

（一）PMI 的种类

PMI 主要分为制造业 PMI、非制造业 PMI 和综合 PMI 3 种。其中，最常用的指标是制造业 PMI。

制造业 PMI 由生产、新订单、产成品库存、从业人员、供应商配送时间 5 个主要指标加权而成。

非制造业 PMI 由商务活动、新订单、新出口订单、积压订单、存货、中间投入价格、收费价格、从业人员、供应商配送时间、业务活动预期 10 项指标构成。

综合 PMI 则反映制造业和非制造业的整体增长或衰退。

制造业和非制造业 PMI 报告每月发布，一般早于政府其他部门的统计报告发布时间，所选的指标又具有先导性，所以 PMI 已成为监测经济运行及时、可靠的先行指标。

一般来说，PMI 达到 50%以上，反映经济上升或增长；低于 50%，反映经济下降或回落。因此，50%为 PMI 产业是否景气的荣枯分水线，50%以上是产业扩张（景气）的信号，50%以下是经济衰退的信号。

（二）我国 PMI 的走势

图 5-2 是我国 2020 年 7 月至 2023 年 6 月的 PMI 走势图，从中可以看出近几个月市场景气度在回落，无论是制造业 PMI 指数还是商务活动指数，对比 2020 年年初都有明显的降幅，整体而言非制造业 PMI 的表现要强于制造业 PMI，但是最近几个月制造业 PMI 降幅有放缓迹象，而非制造业 PMI 却在持续性回落。

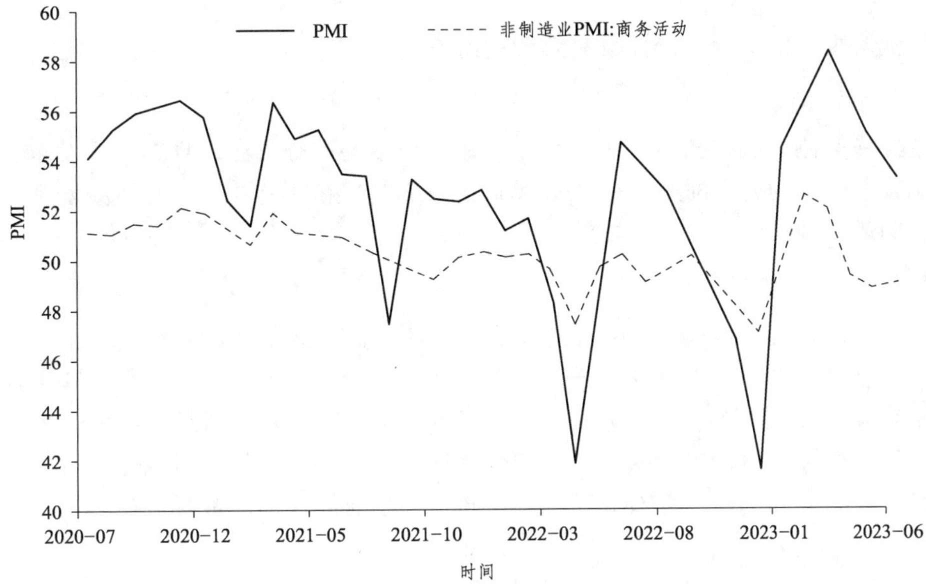

图 5-2　PMI 走势图

制造业 PMI 在 4 月份就已经来到荣枯线下方，6 月录得 49，较 5 月小幅回暖，但是还是处于年内的低位。从分项上看，如图 5-3 所示，6 月份生产指数为 50.3，新订单指数 48.6，原材料库存指数 47.4，产成品库存指数 46.1，从业人员指数 48.2，出厂价格指数 43.9。值得一提的是，6 月生产指数重回荣枯线上方，较 5 月也有比较明显的回暖，说明伴随着央行降息等政策的落地，企业生产预期有所改善。除生产指数之外，其余各项指标均处荣枯线下方，其中新出口订单和产成品库存降幅较为明显，前值分别为 47.2 和 48.9，表明企业当前仍处于去库存阶段，且短期并未有明显的补库计划；同时市场需求表现较弱，尤其是对后续海外需求比较悲观。

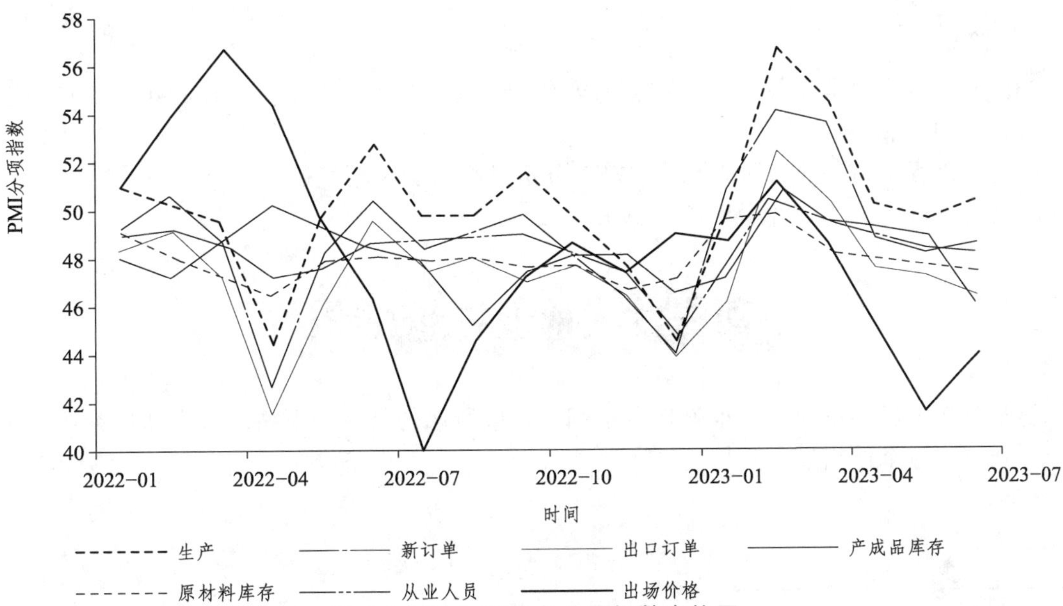

图 5-3　造业 PMI 各分项指数走势图

（三）PMI 的特点

相比其他宏观经济指标，PMI 具有鲜明的特点。

1.及时性与先导性

PMI 是经济监测的先行指标。由于采取快速、简便的调查方法，且其每月发布一次，大大早于其他官方数据的公布时间。在 PMI 基础上发布的经济形势报告，是所有宏观经济序列数据中滞后期最短的报告之一。

2.综合性与指导性

PMI 是一个综合的指数体系，尽管指标不多，但涵盖了经济活动的多个方面，如新订单、新出口订单、进口、生产、供应商配送、库存、员工、价格等。其综合指数反映了经济总体情况和变化趋势，而各项指标又反映了企业供应与采购活动的各个侧面，尤其是 PMI 中一些特有的指标是其他统计指标中所缺少的，如订货提前期与供应商配送时间等，有助于详细分析行业发展走势的成因，为国家宏观经济调控和指导企业经营提供重要依据。

3.真实性与可靠性

PMI 问卷调查直接针对采购与供应经理，对取得的原始数据不做任何修改，直接汇总并采用科学方法统计、计算，保证了资料来源的真实性。同时进行季节性调整，能减少季节性波动、法规制度和法定假日等因素变化所造成的影响，因此具有较高的可靠性。

4.科学性与合理性

首先，样本选择涵盖不同行业，按照各行业对 GDP 的贡献大小选取一定数量的企业，贡献大的行业样本多，反之则少；其次，考虑地理分布，纳入样本的企业要具有足够的地域代表性；最后，考虑企业规模，不同规模的企业均有代表。这样就减少了随机波动带来的误差。在首次抽样选择之后，样本基本确定，但每年或每半年要对样本进行抽查，根据企业、采购经理发生的变化及时予以调整。

5.简单易行

PMI 问卷调查是非定量调查，数据采集和加工简单易行，保证了它作为预测工具的连续性、及时性和可靠性。

在创业过程中，创业者可以结合 PEST 分析模型对宏观环境进行分析，同时结合 PMI 对行业的景气度进行分析，并做出创业决策。

单元二　创业行业分析

创业时选定了创业项目，也就选定了创业相应所属的行业。下文以蜜雪冰城为例，来演示行业分析的整个详细过程。①

---

① 数据来源于蜜雪冰城招股说明书。

一、行业分类

蜜雪冰城是一家主要从事现制饮品，现制冰淇淋及其核心食材的研发、生产、销售以及品牌运营管理的企业。根据《上市公司行业分类指引》(2012 年修订)，公司所属行业为酒、饮料和精制茶制造业（分类编码 C15）；根据《国民经济行业分类》(GB/T 4754—2017)，公司所属行业为酒、饮料和精制茶制造业（分类编码 C15）中的饮料制造（C152）。

二、行业主管部门及监管体制

（一）行业主管部门

在酒、饮料和精制茶制造业，我国目前基本遵循市场化发展模式，各企业面向市场自主经营，政府职能部门进行宏观调控，行业协会进行自律规范。酒、饮料和精制茶制造业的行业监管部门主要包括国家市场监督管理总局、商务部等，行业协会为中国饮料工业协会、中国连锁经营协会。

1.国家市场监督管理总局

国家市场监督管理总局是国务院直属部门，主要负责市场综合监督管理，市场主体统一登记注册，监督管理市场秩序，组织市场监管综合执法工作，统一管理计量标准，对产品质量安全、食品安全实施监管等工作。

2.商务部

商务部是国务院直属部门，主要负责推进流通产业结构调整，指导流通企业改革、商贸服务业和社区商业发展，提出促进商贸中小企业发展的政策建议，推动流通标准化和连锁经营、商业特许经营、物流配送、电子商务等现代流通方式的发展等工作。

3.行业自律组织

公司所处行业相关的自律组织为中国饮料工业协会、中国连锁经营协会。

（二）行业主要法律法规及产业政策

行业主要法律法规如表 5-1 所示。

表 5-1　行业主要法律法规

序号	名称	颁布机构	生效时间
1	《食品生产经营监督检查管理办法》	国家市场监督管理总局	2022 年
2	《中华人民共和国反食品浪费法》	全国人大常务委员会	2021 年
3	《中华人民共和国食品安全法（2021 修正）》	全国人大常务委员会	2021 年
4	《网络食品安全违法行为查处办法（2021 修改）》	国家市场监督管理总局	2021 年
5	《食品生产许可管理办法》(2020)	国家市场监督管理总局	2020 年
6	《中华人民共和国食品安全法实施条例》(2019 修订)	国务院	2019 年

续表

序号	名称	颁布机构	生效时间
7	《中华人民共和国产品质量法》(2018 修正)	全国人大常务委员会	2018 年
8	《食品经营许可管理办法》(2017 修正)	国家食品药品监督管理总局	2017 年
9	《关于食品生产经营企业建立食品安全追溯体系的若干规定》	国家食品药品监督管理总局	2017 年
10	《商业特许经营备案管理办法》(2011 修订)	商务部	2012 年

行业主要政策如下：

2021 年全国人民代表大会颁布《中华人民共和国国民经济和社会发展第十四个五年规划和 2035 年远景目标纲要》，加强和改进食品药品安全监管制度，完善食品药品安全法律法规和标准体系，探索建立食品安全民事公益诉讼惩罚性赔偿制度。深入实施食品安全战略，加强食品全链条质量安全监管，推进食品安全放心工程建设攻坚行动，加大重点领域食品安全问题联合整治力度。

2019 年中共中央委员会、国务院颁布《关于深化改革加强食品安全工作的意见》，提出要推动食品产业高质量发展：推动食品产业转型升级，调整优化食品产业布局，鼓励企业获得认证认可，实施增品种、提品质、创品牌行动。引导食品企业延伸产业链条，建立优质原料生产基地及配套设施，加强与电商平台深度融合，打造有影响力的百年品牌。

三、行业发展基本情况

蜜雪冰城通过加盟门店及直营门店向终端消费者销售现制饮品与现制冰淇淋，同时涉及现制饮品及现制冰淇淋细分行业。

（一）饮料行业

饮料按乙醇含量可以分为酒精饮料和非酒精饮料两大类。酒精饮料包含各种酒类如啤酒、白酒、黄酒、红酒等。非酒精饮料指乙醇含量（质量分数）不超过 0.5%的饮品，通常也称软饮。国家标准《饮料通则》（GB/T 10789—2015）直接用饮料代替软饮一词。《饮料通则》将饮料定义为：经过定量包装的，供直接饮用或按一定比例用水冲调或冲泡饮用的，乙醇含量不超过 0.5%的制品。

随着我国国民经济持续稳定增长，居民消费水平的不断提升及消费结构的升级，我国饮料（此处及下文中饮料均指非酒精饮料）行业呈现出良好的增长态势。根据弗若斯特沙利文数据显示，按零售额计算，我国饮料行业市场规模由 2014 年的 7 433 亿元增长至 2019 年的 9 914 亿元，预计 2024 年中国饮料行业的市场规模将增长至 13 230 亿元（见图 5-4）。

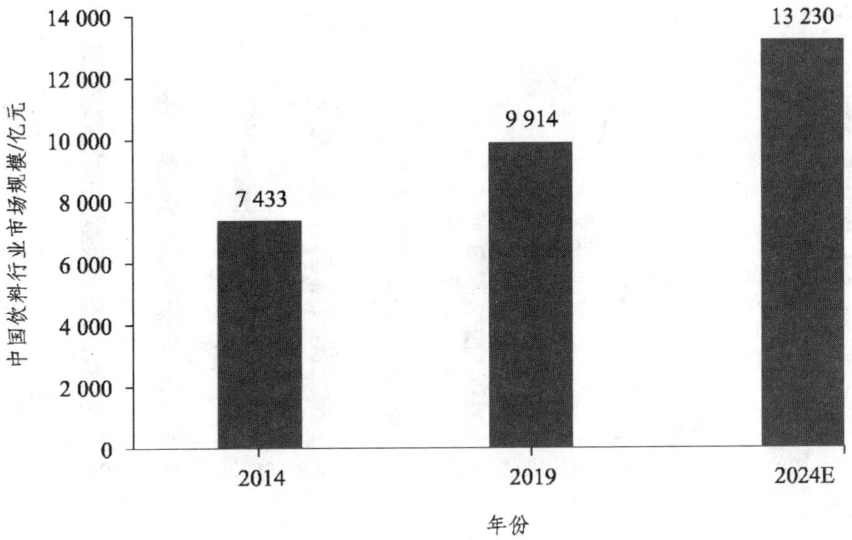

图 5-4　中国饮料行业市场规模

（二）现制饮品行业

我国饮料行业在不同发展阶段呈现出不同的主流品类。20 世纪 80 年代，碳酸饮料是市场上的主流产品。90 年代，瓶装饮用水兴起成为市场主流。2000 年后，消费者更加注重饮料消费对于生活品质和生活满足感的提升，瓶装茶饮料异军突起，果汁饮品、功能饮料也大放异彩，现制茶饮开始起步。2010 年后，市场主流饮料品类变化明显加快，立足“现制、休闲、即饮”的现制饮品概念形成，获得了消费者的接受和高度认同。现制饮品作为休闲消费饮品，具有现场即时制作、加工过程透明、口味可根据顾客喜好灵活调配等多项特点，给消费者带来了较好的消费体验，以门店现场制作为基础的现制茶饮、现磨咖啡等现制饮品正成为行业增速最快的细分品类之一。

公司旗下连锁品牌“蜜雪冰城”门店中销售的主要产品为现制茶饮，属于现制饮品行业中的现制茶饮细分行业。公司“幸运咖”品牌门店中销售的主要产品为现磨咖啡，属于现制饮品行业中的现磨咖啡细分行业。

1.现制茶饮

根据中国连锁经营协会制定的《现制茶饮的术语和产品分类》定义，现制茶饮是指以茶或茶汤为原料，添加乳、乳制品、新鲜水果、水果制品、谷物、新食品原料等食品和食品添加剂，添加或不添加茶顶，经过现场加工制作的液体或半固体或固液混合物，供消费者直接饮（食）用的产品。

（1）现制茶饮行业发展现状。

近年来，随着我国经济水平不断上升，国民人均可支配收入呈现快速增长的态势，人们对饮品品质的追求越来越高，因现制茶饮具有现场即时制作、加工过程透明、口味可根据顾客喜好灵活调配等多项特点，促使现制茶饮快速融入年轻消费群体的生活，直接催生了现制茶饮行业的爆发性增长。艾媒咨询报告显示，中国现制茶饮的市场规模由 2016 年的 291 亿元增长至 2021 年的 2 796 亿元，年复合增长率为 57.23%（见图 5-5）。预计到 2025 年，中国现制茶饮的市场规模将进一步扩大至 3 749 亿元。

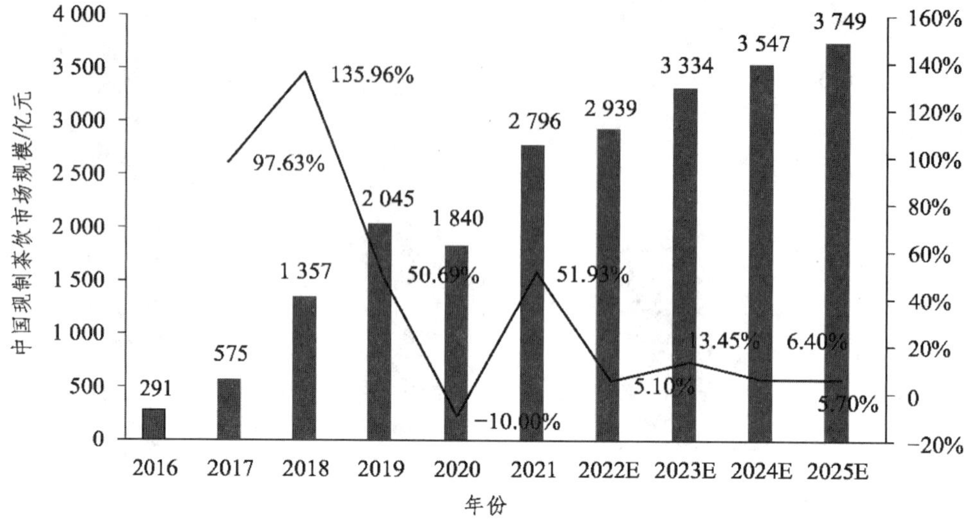

图 5-5　中国现制茶饮市场规模及同比增长率

（2）现制茶饮行业发展趋势。

①居民收入提高、消费升级等因素推动国内现制茶饮市场规模快速增长。

随着我国经济的快速发展，居民生活水平不断提高，人们的消费理念也在逐渐升级，对饮品的口味要求越来越高。基于现制茶饮现场即时制作、加工过程透明、口味可根据顾客喜好灵活调配等多项特点，其能够满足逐渐升级的消费需求，这促使现制茶饮的市场规模持续增长。根据艾媒咨询数据，现制茶饮市场规模仍将维持增长趋势，预计至 2025 年，将进一步扩大至 3 749 亿元。

②线上外卖市场增长迅速，占现制茶饮消费总值的比例不断提高。

随着移动支付的普及和中国餐饮业线上外卖服务的不断发展，餐饮外卖市场规模与餐饮外卖渗透率不断增长。线上外卖平台的便利性吸引了现制茶饮的用户，现制茶饮产品线上外卖市场规模也在迅猛增长。中国连锁经营协会报告显示，通过外卖服务的现制茶饮产品的零售消费规模增长速度较快，2019 年现制茶饮外卖平台交易总额约为 160 亿元，2020 年约为 240 亿元，较 2019 年增长 50%。

③信息化程度逐渐提高，助力行业降本增效。

在互联网背景下，信息化转型与升级是未来的发展趋势，现制茶饮行业的信息化建设在餐饮业中处于领先水平，虽然各企业间的应用程度存在差异，但相对而言，信息化的应用较为普及。随着未来现制茶饮门店规模的不断扩大，未来现制茶饮企业在门店运营、原材料供应、数字营销、产品研发上新、物流运输、会员管理等各个环节都将逐步实现数字化，以降低运营成本，提高门店运营效率及业务运营能力，并提升消费者体验。

④现制茶饮品牌走出国门，海外市场成为新的业务增长点。

随着国内现制茶饮行业的不断发展，行业内优势企业在产品研发、供应链管理、质量管控等方面积累了丰富经验，开始走出国门，向海外扩张自己的业务版图。尤其以印尼、菲律宾、越南、泰国等国为核心的东南亚地区，其经济发展形势向好，青年群体占比较大，现制茶饮消费者购买力不断增强，未来市场增长潜力可观。国内部分现制茶饮优势品牌开始从东南亚地区拓展到海外市场，海外市场有望成为国内现制茶饮品牌新的业务增长点。

⑤优势品牌不断扩张，行业集中度逐步提高。

目前，中国现制茶饮行业市场参与者众多，集中度较低。行业呈现产品迭代速度加快，消费者品牌倾向性变强的趋势。现制茶饮优势品牌在品牌知名度、质量管控、产品研发等方面的优势较为突出，其市场份额不断扩大，行业集中度不断提高（见图 5-6）。

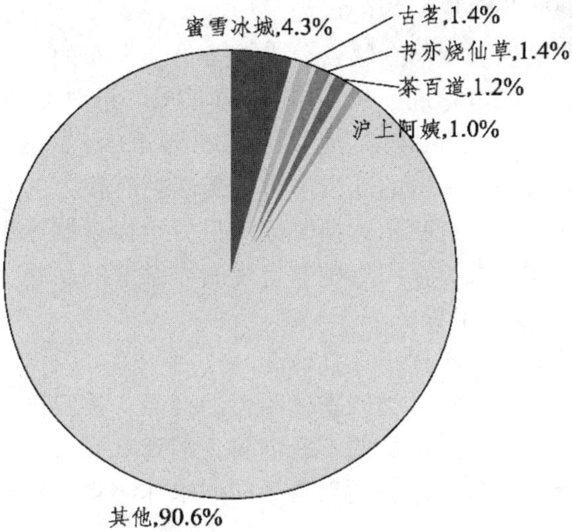

图 5-6　2022 年现制茶饮行业市场占率（门店数量口径）

⑥现制茶饮门店规模及消费均价的提升，推动行业规模持续增长。

随着近年来人均可支配收入的提高，居民消费能力增强，消费者追求更高品质、更健康饮品的消费意愿变强。据灼识咨询数据，2020 年现制茶饮的平均售价为 13.0 元/杯，预计到 2025 年平均售价将提高至 19.2 元/杯（见图 5-7）。

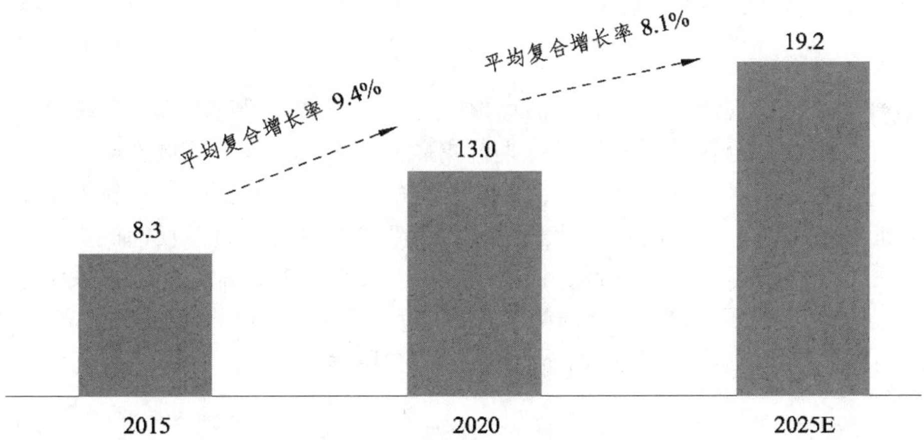

图 5-7　现制茶饮平均售价情况（元/杯）

2.现制冰淇淋行业

公司旗下“蜜雪冰城”“幸运咖”“极拉图”品牌门店销售现制冰淇淋，属于现制冰淇淋行业。现制冰淇淋是指以冰淇淋粉或奶浆为原料，添加或不添加水果、谷物等食品，经现场加工制作，供消费者直接食用的产品。

（1）现制冰淇淋发展现状。

我国冰淇淋工厂化生产起源于20世纪30年代，之后几十年里形成了以地方性中小厂商为主的竞争格局。到了20世纪90年代，伊利、蒙牛两大乳企开始布局冰淇淋领域，哈根达斯、冰雪皇后等外资企业也纷纷进入中国市场。我国冰淇淋市场逐步形成了外资品牌、本土乳企及区域性品牌占据大部分市场份额的局面。

中国绿色食品协会和绿色农业与食物营养专业委员会发布的《中国冰淇淋/雪糕行业趋势报告》显示，中国冰淇淋行业市场规模从2015年的839亿元增长至 2020年的1 470亿元，2015—2020年的年复合增长率为11.87%。但同时，GlobalData数据显示，我国的人均冰淇淋消费量仍远低于全球平均水平，中国的冰淇淋市场仍然拥有很大的发展空间。

目前我国现制冰淇淋行业内有哈根达斯、冰雪皇后等以现制冰淇淋为门店主要产品的品牌及肯德基、麦当劳、蜜雪冰城等在门店中兼售现制冰淇淋的品牌。

（2）现制冰淇淋行业发展趋势。

①现制冰淇淋季节性减弱，向休闲零食转变。

在欧美等国家，现制冰淇淋是一类四季休闲性的食品。在我国，随着消费理念的改变、人们生活习惯的变化及现制冰淇淋产品的不断创新，消费者开始形成全年食用现制冰淇淋的习惯，现制冰淇淋也逐渐由季节性消暑类消费品向四季休闲食品转变，现制冰淇淋消费的季节性特征在不断减弱。

②现制冰淇淋口味多元化。

目前年轻群体是中国现制冰淇淋市场的主要消费者，其对现制冰淇淋产品口味有着多样化的需求，这将推动现制冰淇淋的多元化发展。如近几年来油泼辣子冰淇淋、咸蛋黄风味冰淇淋、酒精口味冰淇淋等特色现制冰淇淋产品在不断推出以迎合不同消费者的口味偏好。

（三）行业进入的主要壁垒

1.销售渠道壁垒

门店是现制饮品及现制冰淇淋制作的场地，是决定消费者触达率和转化率的首要稀缺资源。现阶段，行业内部分优质企业已通过直营或加盟的方式建立了区域性或全国性的营销网络，率先占领了商业街、社区、学校、商场等区位的优质门店。同时，销售渠道不仅是实现销售收入最重要的终端，也是将产品信息传递给消费者、接受消费者反馈的直接途径。门店销售体系的建立，不仅是门店的铺设，还需要企业在品牌、物流配送、信息系统、人员培训等多方面进行系统化全面建设。健全的门店销售体系的建立，需要长期投入大量人力、财力、物力，销售渠道的建设已成为新进入企业面临的主要壁垒之一。

2.品牌壁垒

随着人们品牌意识的不断增强，对于现制饮品、现制冰淇淋等消费品，消费者在选购过程中愈发注重品牌影响力。拥有品牌优势的企业更容易获得消费者的认可，品牌形象已经成为决定现制饮品及现制冰淇淋行业企业能否在激烈的市场竞争中生存和发展的重要因素。然而，建立企业的品牌影响力是一个长期的积累过程，需要企业多年经营积累和广泛的消费者认同。新进入企业需要花费较长的时间和大量的资金，才能获得一定的品牌影响力。

3.规模化经营壁垒

现制饮品及现制冰淇淋行业的规模经济效益较为明显。规模较大的企业能够对原材料进行集中采购，提升议价能力，降低原材料采购成本。部分规模较大企业可以通过自建工厂，实现主要食材的自主生产，并通过现代化、标准化生产制造体系的建设，提高生产效率，保障产品品质，并进一步降低产品成本。而规模较小或新进入企业，其采购成本、生产成本通常较高，且抗风险能力不强。

4.新品研发壁垒

“90 后”甚至更年轻的一代正日渐成为各类消费品市场的主力军，这一消费群体对现制饮品、现制冰淇淋的口感、外观等提出了更加多元化的需求。在新消费热点不断产生的基础上，现制饮品、现制冰淇淋企业需要针对多元化的消费需求、食用场景和渠道，不断进行品类、口味、包装等方面的创新。而产品开发和技术创新能力的形成需要长期的积累，新进入企业难以在短期内迅速响应市场变化开发出畅销产品。

（四）影响行业发展的有利和不利因素

1.有利因素

（1）居民收入提升是基础推动力，“90 后”消费能力提升将促进行业持续扩容。

随着我国经济的快速发展，全国居民人均可支配收入呈现出快速增长的趋势。国家统计局统计数据显示：2016—2021 年全国居民人均可支配收入从 23 821 元增长到 35 128 元，居民收入提升是现制饮品和现制冰淇淋行业发展的基础推动力（见图 5-8）。

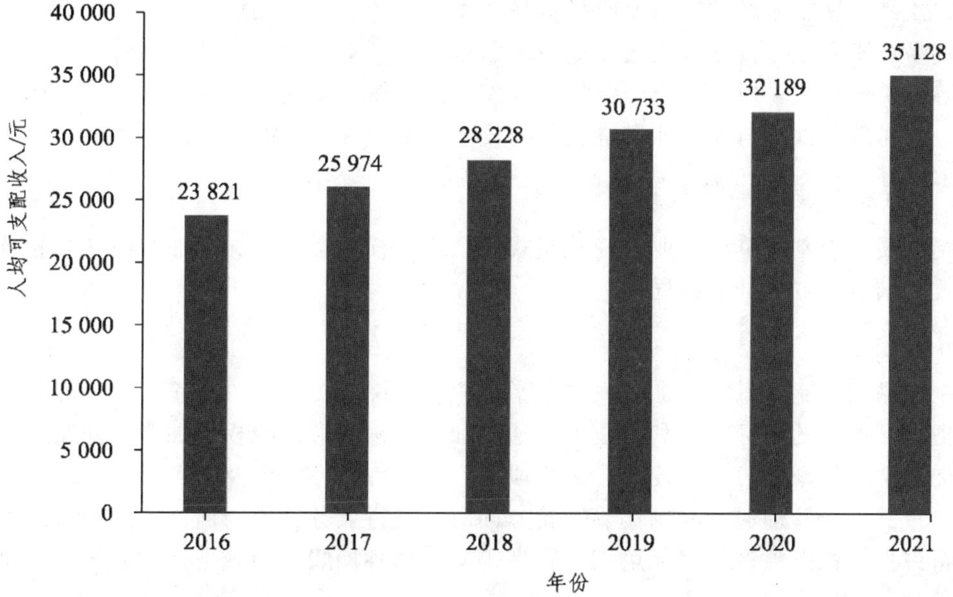

图 5-8　2016—2021 年全国居民人均可支配收入

“90 后”是现制饮品消费的主力军，占现制饮品消费者比例的一半以上。现制饮品自 20 世纪 90 年代进入我国市场，“90 后”的成长过程恰好是这类饮品进行市场培育和逐渐普及的关键阶段。“90 后”消费能力的提升，将促进现制饮品规模继续扩大。

（2）物流运输行业与食品保鲜技术的发展推动了连锁模式的扩张。

现制饮品与现制冰淇淋连锁企业的物流具有高频次、小批量、快速配送和多点配送的特点，对仓储物流体系与食品保质保鲜技术提出了较高的要求。而物流行业和食品保鲜技术的发展速度直接影响现制饮品与现制冰淇淋行业门店网络的铺设与市场的响应速度。

近几年来，我国物流冷链运输及保鲜技术快速发展，有效地增加了企业销售网络覆盖广度与深度，扩大了配送的范围并提高了产品配送的效率，保障了食品安全与新鲜度，极大地支持了连锁模式的发展，为现制饮品与现制冰淇淋行业的发展创造了有利条件。

（3）生产技术水平的不断提高，提升了生产效率及产品品质。

随着现制饮品与现制冰淇淋行业的不断发展，生产技术水平也在不断进步，更多的新技术、新设备、新工艺运用到生产过程中，自动化水平显著提高，不仅提高了生产效率，节约了人工成本和能耗，同时提高并保证了食材的品质。随着门店产品制作设备的不断升级，门店的制作效率及产品品质也不断提升。

2.不利因素

（1）门店租金成本上涨。

现制饮品与现制冰淇淋企业主要通过门店终端来销售产品，门店店铺通常通过租赁的方式来进行经营，店铺租赁成本占门店经营成本的比重较大。近几年来，随着商业地产价格的不断上升，门店商铺的租金也越来越高。而门店商铺租金的上涨也势必会增加门店运营成本，对行业发展造成一定不利影响。

（2）原材料价格波动较大。

现制饮品及现制冰淇淋的主要原材料是各类农副产品。近几年，部分进口农产品价格由于国际贸易环境变化、自然气候变化等诸多因素影响产生了较大波动。同时，国内农产品价格受上游种植环节决策信息缺乏、供需不匹配以及自然条件变化等因素影响，价格也存在一定波动。这对现制饮品与现制冰淇淋企业的成本控制与抗风险能力提出了挑战。

（五）行业主要的经营模式

现制饮品与现制冰淇淋行业的经营模式和众多连锁业态一样，以加盟模式、直营模式或两种模式相结合的方式推动布局。

1.加盟模式

现制饮品与现制冰淇淋的加盟模式是指企业（特许人）与加盟商签订《特许经营合同》，特许人把自己拥有的商标、专利、技术等通过加盟连锁的形式授权给加盟商使用，并向加盟商收取加盟费、保证金等，管控其开店阶段的设备设施投入，以及运营过程中的原材料供给等，且在食品安全管理、产品制作等经营方面对其进行业务指导与监督。加盟模式的主要特点是：特许人提供形象、品牌、培训和管理等支持，各加盟门店独立运营、独立承担法律责任、自负盈亏。

目前，现制茶饮市场中，蜜雪冰城、书亦烧仙草、古茗、一点点、茶百道等品牌主要采取加盟模式；现磨咖啡市场中，幸运咖主要采取加盟模式；现制冰淇淋市场中，冰雪皇后、麦当劳、肯德基等品牌采取直营与加盟相结合的经营模式（见表 5-2）。

表 5-2　部分品牌的经营模式

品牌	门店数/家	产品均价/元	主要经营模式	主营产品
蜜雪冰城	20 000+	6~8 （价格区间内几乎无竞争对手）	加盟	果茶、奶茶、纯茶、冰淇淋等
古茗	6 600+	15	加盟	果茶、奶茶、芝士茶等
书亦烧仙草	6 500+	13	加盟	烧仙草、果冻等
茶百道	5 800+	16	加盟	果茶、牛乳茶、奶冻等
沪上阿姨	4 800+	15	加盟	五谷茶、奶茶、果茶等
益禾堂	4 600+	10	加盟	果茶、奶茶等
甜啦啦	3 900+	9	加盟	果茶、奶茶等
一点点	3 500+	15	加盟	纯茶、奶茶、柠檬茶等
奈雪的茶	900+	27	直营	奶茶、果冻、欧包等
喜茶	800+	25	直营	芝士茶、果茶等
茶颜悦色	500+	17	直营	奶盖茶、奶茶等

2.直营模式

现制饮品与现制冰淇淋的直营模式是指企业投资设立直营门店，对直营门店拥有控制权，统一进行财务核算，享有门店产生的利润，并承担门店发生的一切费用开支。目前，现制茶饮市场中，喜茶、奈雪采取直营模式；现磨咖啡市场中，星巴克、瑞幸咖啡主要采取直营模式；现制冰淇淋市场中，哈根达斯主要采取直营模式。

（六）行业利润水平的变动趋势

近几年来，现制饮品及现制冰淇淋市场化程度较高，竞争较为激烈，部分小型现制饮品及现制冰淇淋企业由于抗风险能力较弱或食品质量控制水平较差而退出市场，行业集中度有所提升。同时受益于我国居民收入的增长与消费能力的提高，行业规模逐年稳步增加，且行业内大型企业的成本控制能力、规模化生产能力带来的效益逐渐显现，行业利润率水平保持在稳定的状态。

（七）行业技术水平、特点

现制饮品及现制冰淇淋行业主要涉及固体饮料、风味饮料浓浆、果酱、罐头、烘焙咖啡豆等食材的加工生产，技术较为成熟。随着科学技术的不断进步，当前我国现制饮品及现制冰淇淋食材制造加工技术水平和生产工艺取得了较大进步。同时，随着现制饮品、现制冰淇淋市场规模的不断扩大和消费者对健康食品需求的不断提升，行业优势企业逐渐开始使用具有先进水平的自动化和智能化装备，并陆续引进、吸收了一些前沿加工工艺和质量控制方法。目前行业正在逐步走向标准化、智能化和规模化生产阶段，行业技术水平在稳步提升。

现制饮品及现制冰淇淋产品门店加工制作技术也较为成熟，随着先进设备的不断运用，现制饮品及现制冰淇淋产品的门店制作将更加标准化与自动化。

（八）行业周期性、区域性和季节性特征

1.周期性

现制饮品及现制冰淇淋属于日常快速消费品，消费需求较稳定，受经济周期的影响较小，行业不存在明显的经济周期性。

2.区域性

从现制饮品及现制冰淇淋口味、原材料供应等方面来看，整体区域性不明显，但是受地区经济发展、人均可支配收入和品牌定位差异影响，现制饮品及现制冰淇淋中的品牌分布存在一定的区域性。产品价格 20 元以上的高价格品牌主要集中在一线和准一线城市，产品价格 20 元以下的中低价格品牌广泛分布在一线、准一线和二三四五线城市，甚至逐步向乡镇市场渗透。

3.季节性

现制饮品为现制现售，可根据消费者需要制作成冷饮类和热饮类产品，且产品种类丰富，可以适应于不同季节的销售。但整体上，在天气较热的时节，饮水需求增加，现制饮品的销量较其他时节略大，现制饮品行业仍具有一定的季节性特征。而现制冰淇淋因为其属于冷冻甜品，虽然季节性特征正在减弱，但现阶段在天气较热的时间，销量更大，季节性特征较明显。

（九）发行人所处行业与上、下游行业之间的关系

现制饮品及现制冰淇淋的上游环节主要是草莓、黄桃、芒果等水果及水果制品、乳制品、咖啡豆、糖类等前端原材料及包装材料的生产；中游环节为生产工厂对食材产品的加工生产；下游环节为现制饮品及现制冰淇淋的制作、包装及流通环节（见图 5-9）。

现制饮品、现制冰淇淋所需食材生产的主要前端原材料包括水果、乳制品、咖啡豆等大宗农副产品及部分包装材料，关联的上游行业包括农业、食品制造业、包装材料制造业等。国内现制饮品及现制冰淇淋的包装材料制造业配套完善，基本不存在供应限制，而大宗农副产品的种植、生产准入门槛较低，进口乳制品等一些高品质原材料原产地多元，整体市场供应充裕。

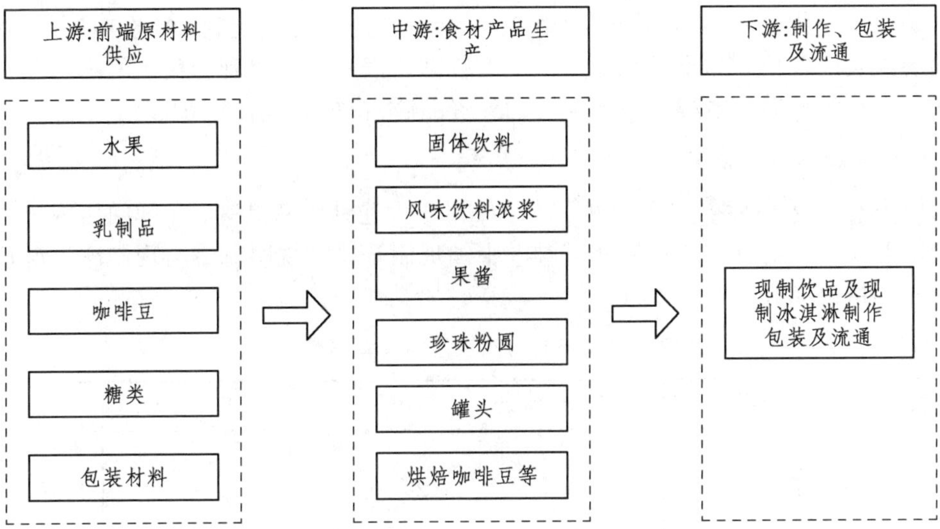

图 5-9　现制饮品及现制冰淇淋产业链结构图

公司所在行业下游是现制饮品及现制冰淇淋的制作、包装及流通环节，公司“蜜雪冰城”“幸运咖”与“极拉图”品牌产品在门店进行制作包装后最终销售给广大消费者，因此公司所在行业的终端环节为消费者。随着经济发展与居民生活水平的不断提高，现制饮品和现制冰淇淋市场有着较广阔的市场空间与较强的稳定性。

四、行业竞争分析

（一）饮料行业分析

1.竞争格局及主要竞争对手情况

（1）现制茶饮的竞争格局。

现制茶饮准入门槛较低，市场参与主体众多，行业总体上较为分散，市场集中度较低。经过前期粗放式的发展，目前行业已进入品牌化发展阶段，优势品牌快速扩张，规模效应日益显著，市场开始出现向优势品牌集中的趋势。

（2）现磨咖啡的竞争格局。

德勤咨询 2021 年发布的《中国现磨咖啡白皮书》显示，2020 年中国共有咖啡馆 10.8 万家，其中位于二线及以上城市的咖啡馆数量占 75%，连锁咖啡馆数量合计 14 066 家，独立咖啡馆数量为 94 401 家，连锁品牌仅占所有咖啡馆数量的 13%。从连锁率来看，行业的集中度较低。

随着连锁咖啡对三四线城市的持续渗透以及消费者对咖啡品质要求的提升，主打高性价比咖啡的连锁品牌和主打精品咖啡的连锁品牌的市场份额将逐渐增大，连锁品牌将逐步取代独立咖啡馆，市场占率将得到进一步提升。

（3）现制冰淇淋的竞争格局。

目前我国现制冰淇淋行业内有哈根达斯、冰雪皇后等以现制冰淇淋为门店主要产品的品牌及肯德基、麦当劳、蜜雪冰城等在门店中兼售现制冰淇淋的品牌。《中国冰淇淋/雪糕行业趋势报告》显示，我国冰淇淋市场规模由 2014 年的 701 亿元发展到 2020 年的 1 470 亿元，行业市场规模发展较快。冰淇淋行业的集中度较高，以蒙牛、伊利为代表的本土品牌和以和路雪、雀巢、冰雪皇后、哈根达斯为代表的外资品牌占整体市场的 50%以上。

2.主要竞争对手及竞争差异

公司旗下有“蜜雪冰城”“幸运咖”“极拉图”3 大连锁经营品牌，品牌门店内销售的产品主要为现制茶饮、现磨咖啡与现制冰淇淋。中国现制茶饮、现磨咖啡与现制冰淇淋行业内代表性品牌基本情况如表 5-3 所示。

表 5-3　行业内代表性品牌基本情况

产品类别	品牌	主要经营模式	门店数/家	产品均价/元	主营产品
现制茶饮	蜜雪冰城	加盟	20 000+	6~8	果茶、奶茶、纯茶、冰淇淋等
	古茗		6 600+	15	果茶、奶茶、芝士茶等
	书亦烧仙草		6 500+	13	烧仙草、果冻等
	茶百道		5 800+	16	果茶、牛乳茶、奶冻等
	沪上阿姨		4 800+	15	五谷茶、奶茶、果茶等
	益禾堂		4 600+	10	果茶、奶茶等
	甜啦啦		3 900+	9	果茶、奶茶等
	一点点		3 500+	15	纯茶、奶茶、柠檬茶等
	奈雪的茶	直营	900+	27	奶茶、果冻、欧包等
	喜茶		800+	25	芝士茶、果茶等
	茶颜悦色		500+	17	奶盖茶、奶茶等
现磨咖啡	瑞幸咖啡	直营	7 400+	19	美式、拿铁、摩卡等
	星巴克		6 700+	39	美式、拿铁、摩卡等
	幸运咖	加盟	600+	8	美式、拿铁、摩卡等

续表

产品类别	品牌	主要经营模式	门店数/家	产品均价/元	主营产品
现制冰淇淋	蜜雪冰城	加盟	20 000+	6~8	果茶、奶茶、纯茶、冰淇淋等
	肯德基	直营与加盟模式相结合	8 900+	36	炸鸡、汉堡、薯条、冰激凌
	麦当劳		5 400+	28	炸鸡、汉堡、薯条、冰激凌
	冰雪皇后		1 100+	26	冰淇淋、快餐
	哈根达斯	直营	400+	75	冰淇淋

注：蜜雪冰城及幸运咖的门店数据截至 2022 年 3 月 31 日，同行业其他品牌数据来源于窄门参眼截至 2022 年 9 月 5 日的数据。

（二）蜜雪冰城的市场份额及行业地位分析

艾媒咨询报告显示，2021 年度中国现制茶饮行业市场规模为 2 796 亿元，公司“蜜雪冰城”品牌门店 2021 年度终端销售额约为 200 亿元，约占现制茶饮行业市场规模的 7.15%。华经产业研究院报告显示，2021 年我国现制茶饮门店约 39 万家，公司“蜜雪冰城”品牌境内门店 2021 年年末约 2 万家，约占现制茶饮门店总数的 5.13%。

单元三　创业微观分析

微观分析也就是对个体进行分析，本章针对蜜雪冰城进行分析，主要从主营业务、经营模式、主要产品生产与销售情况、面临的风险等方面展开。

一、主营业务分析

（一）主要产品情况

蜜雪冰城主要向加盟商销售制作各类现制饮品和现制冰淇淋所需食材、包装材料、设备设施、营运物资等产品并提供加盟管理服务，同时通过直营门店向消费者直接销售现制饮品与现制冰淇淋。各类产品的销售模式具体如下：

食材是指公司向加盟商销售的用于门店制作现制饮品、现制冰淇淋所需的食材类产品，主要包括奶昔粉、奶茶粉等固体饮料，蔗糖风味、果汁伴侣风味等风味饮料浓浆，蜜桃果粒、黄桃等果酱，柠檬、橙子等水果及茶叶等各类食材。公司向加盟商销售的食材包括由公司生产主体大咖食品生产加工后再向加盟商销售的食材，以及公司自第三方采购后直接对外销售的食材。

包装材料是指向加盟商销售的用于门店制作现制饮品、现制冰淇淋所需的杯子、包装袋、吸管、封膜等包装材料。报告期内，公司销售的包装材料主要为公司从外部第三方采购成品后直接销售。

设备设施是指向加盟商销售的冰淇淋机、制冰机、冷藏柜等门店制作产品所需的各类机器设备和配套设施。报告期内，公司销售的设备设施除子公司喜慕实业生产了少量的冰淇淋机、果糖机等产品外，大部分设备设施均为公司从外部第三方采购成品后直接销售。

报告期内，公司向加盟商销售的食材、包装材料及设备设施主要由公司的全资子公司上岛供应链、宝岛商贸、叁峡商贸、壹滴水商贸和滴水川石五大商贸主体分别向不同地域的加盟商销售。

营运物资及其他是指向加盟商销售的工装、清洁与消毒用品、标签与收银纸等门店日常运营所需的各类物资及茶包、杯子、玩偶等其他产品；报告期内，营运物资及其他产品均为公司从外部第三方采购成品后直接销售。

报告期内，营运物资及其他产品主要通过上岛供应链、宝岛商贸、叁峡商贸、壹滴水商贸和滴水川石五大商贸主体以及淘宝平台旗舰店等电商渠道进行销售。

报告期内，公司主营业务收入构成情况如表 5-4 所示。

表 5-4 公司主营业务收入构成

业务类型	2022 年 1—3 月		2021 年		2020 年		2019 年	
	金额/万元	比例	金额/万元	比例	金额/万元	比例	金额/万元	比例
食材	175 591.06	72.16%	723 049.13	69.89%	326 320.25	69.76%	178 476.98	69.59%
包装材料	37 845.87	15.55%	177 880.52	17.19%	73 889.19	15.80%	42 776.51	16.68%
设备设施	11 639.77	4.78%	69 484.57	6.72%	40 337.16	8.62%	17 692.34	6.90%
营运物资及其他	10 512.24	4.32%	36 226.52	3.50%	10 608.75	2.27%	4 684.93	1.83%
加盟商管理	6 378.13	2.62%	19 574.30	1.89%	9 990.24	2.14%	5 996.10	2.34%
直营门店产品	1 362.43	0.56%	8 279.72	0.80%	6 612.14	1.41%	6 843.35	2.67%
合计	243 329.51	100.00%	1 034 494.77	100.00%	467 757.73	100.00%	256 470.20	100.00%

公司向加盟商销售的产品在“蜜雪冰城”“幸运咖”和“极拉图”的门店终端加工成现制饮品及现制冰淇淋。其中，“蜜雪冰城”门店产品主要包括果茶、奶茶、现制冰淇淋等系列。

（二）主要产品的生产流程

蜜雪冰城生产的主要产品为现制饮品和现制冰淇淋的核心食材，主要包括固体饮料、风味饮料浓浆、果酱等。各类产品的生产工艺流程如图 5-10~图 5-12 所示。

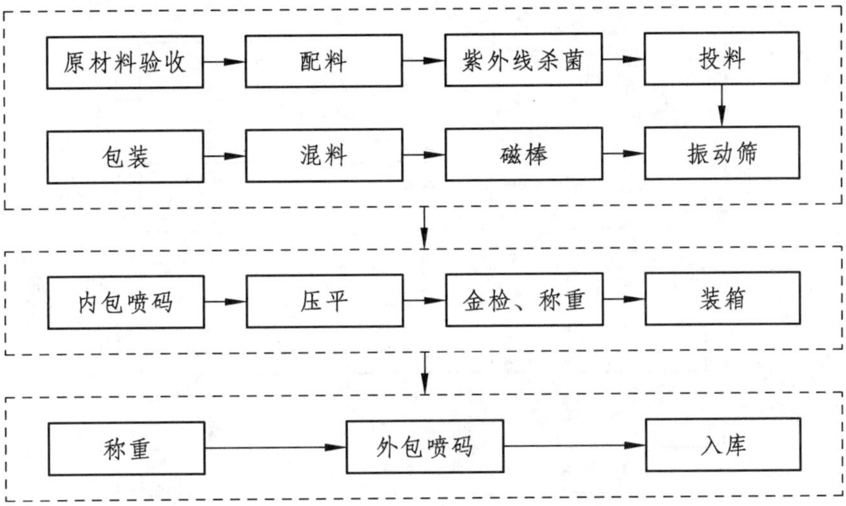

图 5-10　固体饮料生产工艺流程

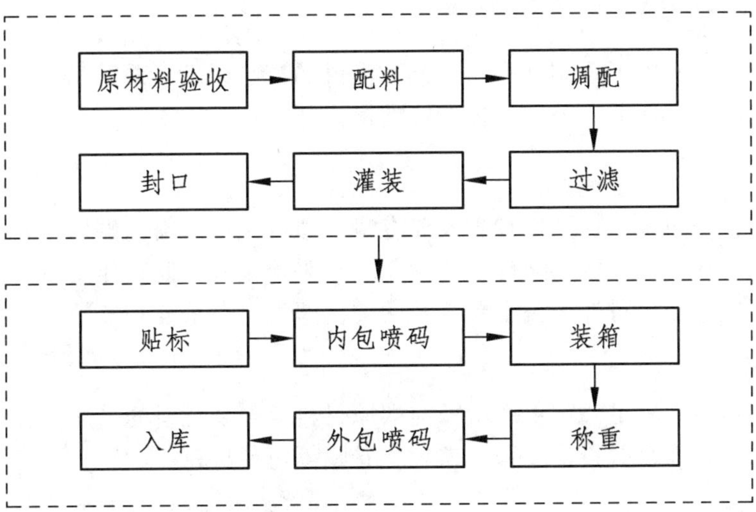

图 5-11　风味饮料浓浆生产工艺流程

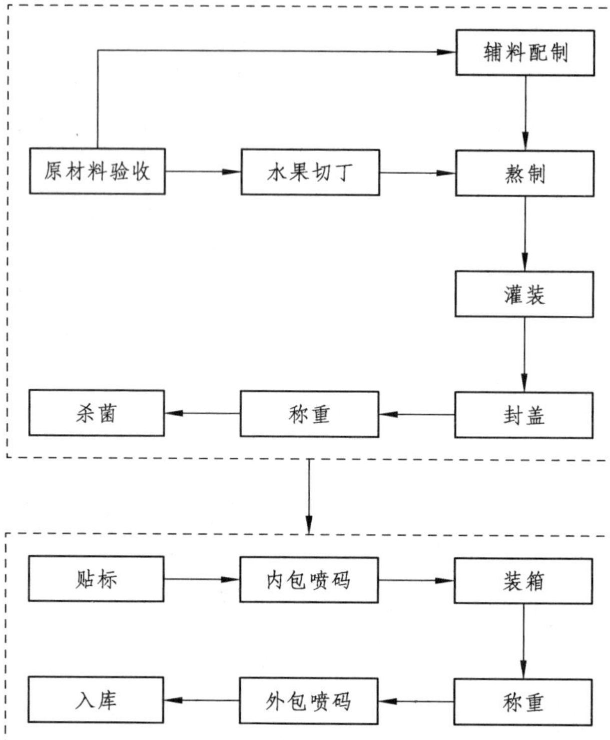

图 5-12　果酱生产工艺流程

二、经营模式分析

蜜雪冰城的经营覆盖了现制饮品与现制冰淇淋的产品研发、采购、生产、销售、仓储物流以及连锁经营的各个环节。公司具体的经营模式如下：

（一）采购模式

采购中心结合公司生产、销售计划及库存量，拟订生产所需前端原材料、食材、包装材料、设备设施、营运物资等的采购计划，编制全年采购预算，制订年度及月度采购计划，并安排下达采购订单。公司对外采购主要涉及两类，即生产性采购和贸易性采购。

1.生产性采购

生产性采购是指为满足公司生产所需前端原材料及包装材料的采购，主要包括：乳制品、糖类、植脂末、水果等原材料；纸箱、铁罐、卷膜等包装材料。

2.贸易性采购

贸易性采购是指为满足门店运营所需的公司未生产或自产不足的食材、包装材料、设备设施及营运物资等的采购，主要包括：果酱、茶叶、风味饮料浓浆等食材；杯子、吸管、包装袋等包装材料；冷藏柜、冰淇淋机、制冰机等设备设施；工装、清洁与消毒用品、标签与收银纸等营运物资及其他产品。

采购中心负责各项生产所需前端原材料、食材、包装材料、设备设施、营运物资等的对外采购工作。公司建立了《采购管理制度》《供应商管理制度》《质量管理制度》等制度，对供应商选择、采购定价、协议签订、下达订单、验收和入库、付款申请与授权审批等关键环节制定了严格的控制程序。公司标准采购流程如图 5-13 所示。

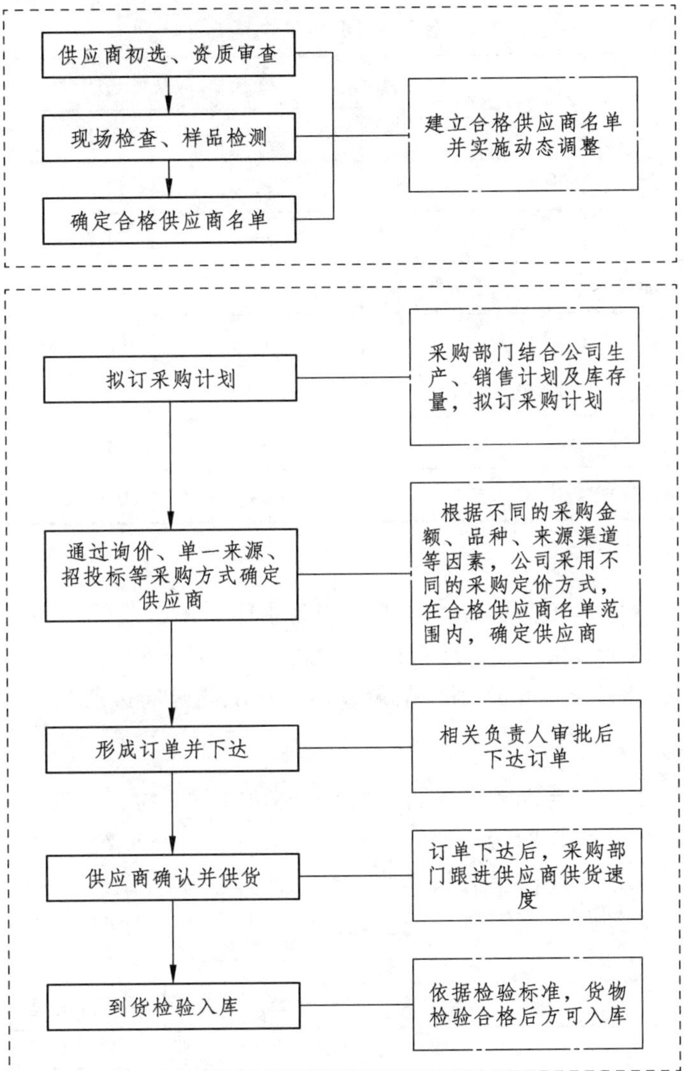

图 5-13　公司标准采购流程

为保障奶粉品质，报告期内公司奶粉主要通过全球乳制品交易平台向新西兰乳业巨头 Fonterra Ingredients Limited（以下简称“恒天然”）进行采购。由于厦门建发食品供应链有限公司和上海光明乳业销售有限公司在原材料进口报关、物流运输、美元支付与结算等方面更具优势，因此公司委托其办理奶粉采购进口的报关手续以及相关物流运输工作。

（二）生产模式

报告期内，公司主要产品中的固体饮料、风味饮料浓浆等核心食材主要为公司自主生产。

在生产过程中，公司执行“以销定产”的生产模式，生产管理部根据年度销售计划、现有产能及库存状况，合理制订年度生产计划；生产部按生产计划组织生产；质量部对原料入库、产品制造、成品出库等环节的操作流程和质量标准执行情况进行监督管理。

报告期内，公司乳酸菌饮料生产、柠檬分拣及设备生产环节存在少量委托加工以及劳务外包。具体金额及占比如表 5-5 所示。

表 5-5 金额及占比

公司	类型	服务内容	委托加工及劳务外包费金额（万元）			
			2022 年 1—3 月	2021 年	2020 年	2019 年
大咖食品	委托加工	乳酸菌饮料生产	22.76	323.64	—	—
喜慕实业	委托加工	设备生产	—	4.75	1.41	0.19
重庆雪王	委托加工	柠檬分拣	—	460.30	—	—
雪王柠檬	劳务外包	柠檬分拣、装箱	24.66	198.28	22.35	—
重庆雪王	劳务外包	柠檬分拣、装箱	23.17	—	—	—
总计			70.59	986.97	23.76	0.19
占主营业务成本比重			0.04%	0.14%	0.01%	0.00%

（三）销售模式

公司主要采用“直营连锁为引导，加盟连锁为主体”销售模式，通过门店销售现制饮品与现制冰淇淋产品。截至 2022 年 3 月末，公司加盟门店及直营门店数量分别为 22 229 家及 47 家。另外，公司也通过电商渠道销售茶包、杯子、玩偶等周边产品。

1.加盟销售模式

加盟销售模式是指公司与加盟商签订《特许经营合同》，授权加盟商在特许经营期限内，特许加盟门店中使用公司授权的特许商标、特许标识等，并按照统一的经营方式和标准进行经营。加盟商拥有对加盟门店的所有权和收益权，实行独立核算，自负盈亏，但在食品安全管控、产品售价等具体经营方面需要接受公司的指导与监督。加盟流程具体如图 5-14 所示。

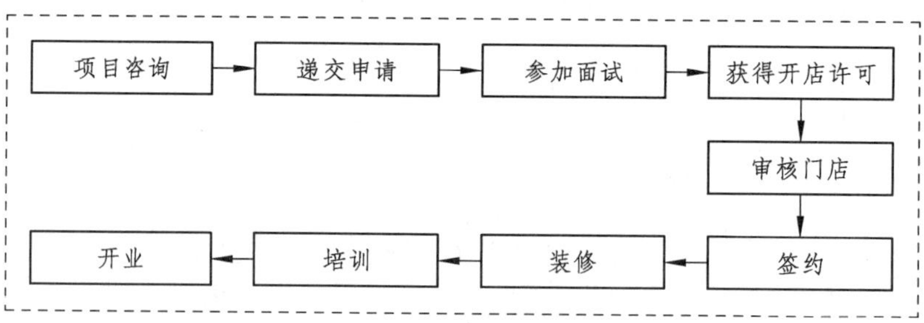

图 5-14 加盟流程

公司对加盟门店进行全流程的加盟支持。开业前，审核加盟门店选址、加盟投资评估、提供门店装修设计、监督门店装修、指导设备及首批食材、包装材料等的购置、进行人员培训、指导证照办理等；开业时，公司对加盟门店提供营销策划及现场指导；开业后，公司对加盟门店进行持续的经营指导、食品安全管控、食材及包装材料等的供应、产品更新及定期培训等。

公司向加盟门店收取加盟费、管理费、培训费，并将食材、包装材料、设备设施、营运物资等商品通过宝岛商贸、壹滴水商贸、叁峡商贸、上岛供应链、滴水川石等商贸公司销售给各加盟门店，加盟门店将从公司购买的食材加工成现制饮品和现制冰淇淋后再销售给消费者（见图 5-15）。

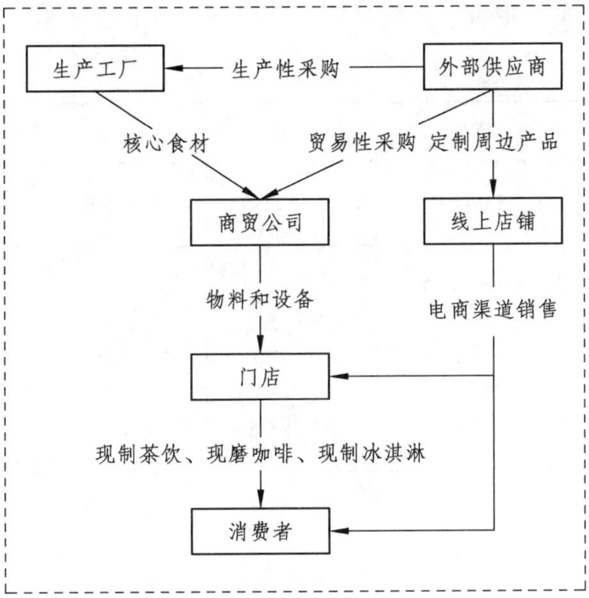

图 5-15　加盟销售模式

2.直营销售模式

直营门店由公司投资设立，公司对各直营门店拥有控制权和所有权，享有门店产生的收益，并承担门店发生的一切费用开支。公司通过直营门店将食材加工成现制饮品和现制冰淇淋后直接销售给消费者。

3.各品牌的门店数量情况

截至 2022 年 3 月份，“蜜雪冰城”加盟门店和直营门店的数量变动情况如表 5-6 所示。

表 5-6　门店数量变动情况

类型	项目	2022 年 1—3 月	2021 年	2020 年	2019 年
加盟门店	期初数量	19 986	12 928	7 171	4 553
	当期增加数量	1 772	7 643	6 088	2 998
	当期减少数量	176	585	331	380
	当期净增加数量	1 596	7 058	5 757	2 618
	期末数量	21 582	19 986	12 928	7 171
直营门店	期初数量	37	38	35	47
	当期增加数量	0	6	6	7
	当期减少数量	0	7	3	19
	当期净增加数量	0	−1	3	−12
	期末数量	37	37	38	35

三、主要产品生产与销售情况

（一）公司主要产品销售情况

截至 2022 年 3 月份，蜜雪冰城自主生产的主要产品为食材中的固体饮料、风味饮料浓浆及果酱，具体产能、产量、销量、产能利用率及产销率情况如表 5-7 所示。

表 5-7　主要产品情况

年度	种类	单位	产能	产量	销量	产能利用率	产销率
2022 年 1—3 月	固体饮料	吨	25 641.95	32 113.39	25 748.94	125.24%	80.18%
	风味饮料浓浆	吨	99 583.91	29 183.14	32 942.85	29.31%	112.88%
	果酱	吨	12 361.91	6 319.08	21 215.18	51.12%	335.73%
2021 年	固体饮料	吨	97 898.92	100 585.55	96 061.33	102.74%	95.50%
	风味饮料浓浆	吨	224 807.78	126 202.22	153 746.05	56.14%	121.83%
	果酱	吨	39 139.69	29 409.03	95 275.21	75.14%	323.97%
年度	种类	单位	产能	产量	销量	产能利用率	产销率
2020 年	固体饮料	吨	84 501.32	50 420.18	46 951.08	59.67%	93.12%
	风味饮料浓浆	吨	56 937.35	56 108.99	67 963.59	98.55%	121.13%
	果酱	吨	7 824.93	7 198.91	39 637.27	92.00%	550.60%
2019 年	固体饮料	吨	28 398.88	26 957.57	26 476.96	94.92%	98.22%
	风味饮料浓浆	吨	29 448.39	31 708.99	36 258.90	107.68%	114.35%
	果酱	吨	3 276.68	3 207.33	23 397.42	97.88%	729.50%

注：①产销率=销量/产量；

②产品年产能=产线数量×单条产线每班产出×每天生产班次×年工作天数。计算时，按一天两班制生产、年工作天数 260 天来计算。

公司主要产品产能、产量均呈现逐年上升的趋势，主要为市场需求旺盛，公司为满足市场需求增加了产品生产设备。公司部分产品产能利用率大于 100%，主要因为该类产品需求较大，工厂增加排班生产时间所致。报告期内，公司部分产品产销率大于 100%，主要因当期销量中包含部分外购产品。

（二）公司主要产品销售金额

公司主要产品销售金额如表 5-8 所示。

表 5-8　公司主要产品销售金额

项目	2022 年 1—3 月		2021 年		2020 年		2019 年	
	金额/万元	比例	金额/万元	比例	金额/万元	比例	金额/万元	比例
1.食材	175 591.06	72.16%	723 049.13	69.89%	326 320.25	69.76%	178 476.98	69.59%
固体饮料	60 185.60	24.73%	222 536.69	21.51%	105 904.83	22.64%	56 250.10	21.93%
风味饮料浓浆	31 927.29	13.14%	157 148.00	15.19%	76 237.05	16.30%	43 629.27	17.01%
果酱	25 090.12	10.31%	115 097.63	11.13%	46 248.34	9.89%	27 369.79	10.67%
水果	8 855.26	3.64%	45 373.38	4.39%	17 159.08	3.67%	11 006.08	4.29%
茶叶	14 761.51	6.07%	64 043.95	6.19%	31 101.62	6.65%	17 452.21	6.80%
其他	34 726.27	14.27%	118 849.48	11.49%	49 669.32	10.62%	22 769.52	8.88%
2.包装材料	37 845.87	15.55%	177 880.52	17.19%	73 889.19	15.80%	42 776.51	16.68%
杯子	22 661.52	9.31%	105 553.40	10.20%	49 209.63	10.52%	29 523.78	11.51%
吸管	7 057.77	2.90%	305 72.53	2.96%	6 197.34	1.32%	3 342.02	1.30%
包装袋	3 419.06	1.41%	18 515.06	1.79%	7 937.94	1.70%	3 907.78	1.52%
其他	4 707.52	1.93%	23 241.53	2.25%	10 544.27	2.25%	6 002.94	2.34%
3.设备设施	11 639.77	4.78%	69 484.57	6.72%	40 337.16	8.62%	17 692.34	6.90%
冷藏柜	2 616.67	1.08%	14 082.75	1.36%	1 878.88	0.40%	719.35	0.28%
冰淇淋机	2 036.51	0.84%	12 094.22	1.17%	8 824.29	1.89%	4 219.30	1.65%
制冰机	1 588.05	0.65%	11 000.21	1.06%	7 990.49	1.71%	3 654.89	1.43%
其他	5 398.53	2.22%	32 307.39	3.12%	21 643.49	4.63%	9 098.80	3.55%
4.营运物资及其他	10 512.24	4.32%	36 226.52	3.50%	10 608.75	2.27%	4 684.93	1.83%
5.加盟商管理	6 378.13	2.62%	19 574.30	1.89%	9 990.24	2.14%	5 996.10	2.34%
6.直营门店产品	1 362.43	0.56%	8 279.72	0.80%	6 612.14	1.41%	6 843.35	2.67%
合计	243 329.51	100.00%	1 034 494.77	100.00%	467 757.73	100.00%	256 470.20	100.00%

2021 年蜜雪冰城品牌加盟门店终端销售额约为 200 亿元，门店数为 19 986 家，由此计算出单店平均日销约 3 000 元，毛利率 50%~60%（见表 5-9）。

表 5-9 蜜雪冰城加盟店单店 UE 模型

指标	2021 年	备注
加盟店整体收入/亿元	200	—
加盟店单店店效/（万元/年）	100	2021 年蜜雪冰城加盟店 19 986 家
平均日销/元	3 032	—
平均每天销量茶饮数/杯	433	按平均单价 7 元计算
加盟商整体成本/亿元	98.5	采购食材，包装材料等成本
整体毛利润/亿元	101.5	—
毛利率	50.8%	—

四、面临的风险分析

（一）行业风险

1.市场竞争风险

近年来，我国现制饮品、现制冰淇淋行业整体呈现快速增长态势，市场规模快速扩大。与此同时，由于该行业相对较低的创业门槛、产品可复制性强等特点，市场参与者及品牌数量也在不断增加，行业竞争日趋激烈。现制饮品、现制冰淇淋行业经过多年的发展，目前已经形成了蜜雪冰城、喜茶、奈雪的茶、茶颜悦色、茶百道、古茗、冰雪皇后及哈根达斯等众多知名品牌。未来如果行业增速放缓、市场参与者数量不断增加，行业竞争将进一步加剧。若公司不能继续保持行业领先地位和差异化竞争优势，则公司的市场占有率及经营业绩将受到一定的影响。

2.消费需求和消费习惯改变的风险

现制饮品及现制冰淇淋属于典型的快速消费品，下游直接面向广大终端消费者。消费者的偏好受文化因素、经济因素、社会因素及品牌竞争等多种因素的影响，具有不断变化的特点。公司需要快速、准确地识别消费者不断变化的喜好及口味，根据消费者偏好的变化不断改良产品或开发、推广新产品。如果公司对消费者偏好的把握存在偏差，现制饮品、现制冰淇淋的受欢迎程度出现下降或者市场需求短时间内出现重大不利变化，将严重影响公司现有产品的销售，从而对公司经营业绩产生不利影响。

3.原材料采购价格波动风险

公司生产经营中采购的主要产品为乳制品、食糖、果酱、茶叶、杯子等。上述产品的价格变化将直接造成公司采购成本的波动，如果公司采购的主要产品因市场供求变化导致价格大幅度上升，将影响公司采购成本，进而会对公司的成本控制、盈利能力造成较大的不利影响。

（二）经营风险

1.食品安全风险

公司门店销售的现制饮品、现制冰淇淋作为饮料、食品类消费品，具有消费群体广、消费频次高的特点，行业食品安全事件往往会对消费者的购买需求产生重大影响。目前行业内从业企业较多，不同企业管理水平参差不齐，如果现制饮品、现制冰淇淋行业发生影响较为重大的食品安全事件，行业整体消费信心势必会受到严重削弱，消费者可能转为消费瓶装饮料等其他替代产品，从而导致市场需求大幅缩减及公司经营业绩下滑。

另外，公司的生产经营链条长、管理环节多，可能会因管理疏忽或不可预见因素而发生产品质量问题。如果公司在采购、生产、包装、存储、运输及门店制作等环节的产品质量控制不符合国家法律、法规、部门规章、规范性文件以及食品安全标准的要求，或原材料采购与检验、配料、杀菌、产成品检测等环节操作不规范以及流通运输不当等，将会导致产品质量不合格，甚至发生食品安全事故。

如果行业内其他企业或公司发生重大食品安全事故，不仅会对行业整体声誉造成不利影响，也会对公司的经营业绩产生一定的冲击。

2.加盟门店的监督管理风险

在加盟销售模式下，加盟商、加盟门店与特许人属于独立法律主体，加盟商拥有对加盟门店的所有权和收益权，并负责加盟门店的具体经营管理，但在经营过程中接受特许人的业务指导和监督。报告期内，公司加盟门店数量快速增加，因而公司对加盟门店的监督管理难度也随之增加。加盟门店作为公司的外部合作主体，在贯彻和执行公司管理制度、运营标准等方面可能出现与公司要求不一致的情况。若加盟门店未按照公司统一规范和标准进行运营，可能出现店员操作不规范、门店卫生不合格等违规情况，从而导致产品质量纠纷或食品安全事故，将对公司的品牌声誉及经营业绩产生不利影响。

3.自媒体时代第三方擅自使用公司品牌形象进行创作的风险

随着互联网的普及和自媒体的迅速发展，信息的传播速度大大加快，影响范围也大幅扩大。公司品牌经过多年的积累，已有了较高的知名度，特别是公司推出“雪王”品牌标志以及公司的品牌主题曲后，在自媒体渠道被广泛传播，同时也引发了大量外部第三方基于公司的“雪王”品牌标志或主题曲的二次创作。若未来，第三方未经授权使用公司特有符号制作发布非公司本意的图片、视频或音频信息，将可能引起消费者对公司品牌的不利认知。若相关信息或认知及其扩散情况未能得到及时有效的澄清、理解或控制，将会影响公司的品牌形象及消费者对公司产品的消费意愿，从而对公司的正常生产经营产生不利影响。

4.第三方物流风险

公司门店数量众多且门店订货频次高，导致公司发货时装车及运输工作量较大。公司的货物一般委托具有专业资质的第三方物流公司运输至各门店，并对货物装车前的车辆清洁、装车时的货物堆放、装车后的车体防护等制定了严格的标准。若第三方物流公司出现疏忽或失误，未能严格遵守公司的运输要求，则可能导致货物供应延迟、配送出错、货物被污染、变质等问题，从而对公司声誉及经营业绩产生不利影响。

5.商标被抢注的风险

经过多年的经营和发展，“蜜雪冰城”品牌在国内众多消费者心中已形成了较高的市场美誉度和品牌影响力，对公司扩大产品销售、提升市场占有率及经营业绩发挥了重要作用。同时，公司已经布局越南、印尼等海外市场，未来将积极向其他海外市场扩张。随着公司品牌价值的提升，公司面临着相关品牌商标在境外被抢注的风险。若公司的核心商标在某些地区被抢注，将面临在当地不能正常使用该商标的风险，进而影响公司在当地的市场拓展计划。

6.品牌被仿冒、产品工艺配方被复制的风险

品牌是消费者购买现制饮品及现制冰淇淋的重要影响因素。随着公司行业影响力的不断增大，仿冒“蜜雪冰城”品牌成为部分厂商不正当竞争的一种手段。如果未来公司品牌被大量仿冒，将会影响公司的品牌形象及消费者对公司产品的消费意愿，从而可能对公司的正常生产经营产生不利影响。此外，现制饮品、现制冰淇淋的工艺配方难以通过专利方式进行保护，无法阻止竞争对手复制公司的产品工艺配方并销售类似产品，使公司产品存在被竞争对手模仿从而影响公司经营业绩的风险。

（三）法律风险

1.未足额缴纳社会保险、住房公积金的风险

报告期内，公司及其子公司存在未为部分员工缴纳社会保险和住房公积金的情形。公司及其子公司后续可能面临因未足额缴纳社会保险和住房公积金被要求补缴和/或受到行政处罚的风险。

2.部分租赁房屋存在瑕疵的风险

报告期内，公司及其子公司存在部分租赁房屋的出租方未取得或未能提供产权证书、部分租赁房屋未办理租赁合同备案手续、租赁使用房屋规划用途与实际用途不符的情形。对于该类存在合规性瑕疵的租赁房屋，公司及其子公司可能面临无法继续租赁房屋和/或被行政处罚的风险。

（四）财务风险

1.毛利率下降风险

2019—2022 年，公司主营业务毛利率分别为 35.95%、34.08%、31.73%和 30.89%，剔除 2020 年起公司执行新收入准则，将销售费用中的运输费用计入营业成本的影响因素后，公司主营业务毛利率分别为 35.95%、36.67%、33.98%和 32.99%。公司毛利率水平受行业发展状况、产品结构、产品价格、原材料价格等多种因素的影响，因此，若未来上述因素发生不利变化，公司毛利率可能下降，进而影响公司盈利能力。

2.存货跌价风险

2019—2022 年，公司存货账面价值分别为 23 506.26 万元、41 149.32 万元、125 191.50 万元和 141 636.06 万元，占流动资产的比例分别为 23.85%、15.68%、24.67%和 27.71%，存货规模逐年增长。公司生产模式主要为“以销定产”，存货规模的增长主要是经营规模快速增加所致。未来随着公司经营规模的进一步扩大，公司存货余额可能继续增加，未来若市场环

境发生重大不利变化或市场竞争加剧导致公司产品价格出现大幅下降，公司存货将存在计提跌价损失的风险，并对公司经营业绩造成不利影响。

3.收入及利润增速放缓的风险

在现制饮品行业规模快速增长以及行业集中度逐渐提高的背景下，公司收入及利润规模持续快速增长。未来若行业增速放缓或者公司的管理能力、产品供应能力等无法支撑门店规模继续快速扩大，公司的收入以及利润规模增长速度可能放缓。

知识小结

本章主要阐述了创业分析的内容，介绍了创业宏观分析、行业分析以及根据具体创业项目进行微观分析，并结合蜜雪冰城的实际情况，进行茶饮行业的分析与蜜雪冰城项目的创业分析，希望创业者能够结合实际项目进行宏观分析，并结合自身行业需求进行行业分析，培养创业者创业分析能力。

巩固提高

1.结合我国宏观环境，制作最近 3 年的 PMI 走势图，并预测行业景气度。

2.食品饮料在行业分析中面临着哪些风险？

3.结合本章分析，如果要开一家茶饮店，应该如何分析？写出你的思路。

4.麒麟大口茶是昆明本地较出名的现制茶饮企业，请收集其相关资料。如果通过加盟品牌的方式来创业，需要注意哪些风险？

案例分析

“90后”苗家女创业直播带货，挖掘特色产品插上“腾飞翅膀”

她利用“直播+短视频”模式销售家乡的农副产品，拓宽当地农产品销售渠道，带领乡亲们一起致富增收，助力产业发展、乡村振兴。她，是融水苗族自治县香粉乡中坪村毛坪苗寨人，回乡创业的“90后”苗家女，柳州市第十五届人大代表——贾宥凌。

2015年，贾宥凌从广西师范大学毕业，先在外地工作积累了一定的经验。2019年，她决定返乡创业，回到了家乡香粉乡毛坪苗寨。起初她开了一家生鲜店，帮着乡亲把家里的土特产拿到城里去卖，而后成立了广西融水县哒么农业科技有限公司。后来她从网络上和朋友圈了解到，直播带货是一个很好的销售渠道，能让世界各地的人都了解到家乡的土特产，便动了直播带货的念头。

直播带货看起来简单，做起来却不容易。首先要有一定的互联网经验；其次还要有足够的摄影和剪辑视频功底，学会营销和短视频运营思维；最后还要有场地和资金支持。为了做好直播带货，贾宥凌从网上自学、向内行人请教，不断地学习、摸索、总结、尝试。

刚开始直播时，父母反对，村民也不理解。然而下定决心的贾宥凌并没有被这些不同的意见所左右，从一名宣传家乡美食、美景的主播，转型为带货主播。她突破自己，从零开始，学习如何面对镜头，如何跟粉丝互动，回答他们的问题等；同时，她还不断地锤炼自己的表达能力，加强自己的才艺，努力丰富直播内容，以在直播间积累更多人气。面对亲朋好友以及村里人的不解和质疑，她始终坚持自己的初心。从微信订单到抖音小店，慢慢发展积累。就这样，她把家乡的土特产通过直播带货的方式销售到了全国各地。

她通过抖音、视频号、快手、淘宝、京东等电商平台销售，让家乡味道插上“云翅膀”。2021—2022年，仅仅3人的直播团队，网络直播变现便接近100万元，她自己也在融水第一届电商直播带货比赛上获得了最佳人气主播。

三友瀑布位于香粉乡中坪村毛坪屯境内，水质清澈，每到夏天，许多游客都会来享受这个天然的游泳场，尽情游玩，陶醉在山水间。但是“养在深闺人未识”，为了把家乡的旅游景点推介出去，贾宥凌自愿当起了苗寨的“旅游形象大使”。她经常到三友瀑布去拍摄短视频，做直播。一方面，介绍旅游景点；另一方面，推介本地的土特产品，做到旅游推介和产品销售两不误。通过直播，不少游客到三友瀑布休闲、旅游、度假，不仅推动了乡村旅游发展，也增加了当地群众的收入。

人民选我当代表，我当代表为人民。贾宥凌当选为柳州市第十五届人大代表以后，深感责任重大，把学习和开会作为提升自己履职尽责的机会，她结合自己从事的直播带货工作，想多为家乡做一些实实在在的事情。“我觉得未来是要农文旅结合的，把当地的土特产做成一个特色和品牌，结合以后的文创、旅游纪念品的思路去发展，助力乡村振兴。”贾宥凌信心满满地说。

“她不忘初心，扎根基层，履职为民，积极带领家乡父老乡亲发展传统产业，积极推介家乡旅游资源，促进老百姓增收致富，较好地履行了一名基层人大代表的职责。”香粉乡人大主席李逢对贾宥凌作出了评价。

资料来源：金茂听你说.90后苗家美女创业直播带货，挖掘特色产品插上“腾飞翅膀”[EB/OL]. 2022-12-04， https://www.sohu.com/a/613479582_121123725.

思政点睛

将商业理论、商业实践和行业分析结合起来，懂得在典型案例中找到直播带货的正确案例和方法，反思正确的商业创业模式的特点：①符合国家利益，顺从国家引导潮流、政策和形势；②服务于社会、人民；③体现专业性、敬业性，提高人文素养，恪守商业道德底线。

思考：

网络直播给电商行业带来哪些机遇与风险？

____

____

____

____

____

实训设计

1.对产业竞争结构的分析一般采用哈佛大学教授迈克尔·波特的五种竞争力模型（简称“五力模型”）。波特认为，在任何产业中，无论是国内还是国外，无论是生产一种产品还是提供一项服务，竞争规律都寓于五种竞争力量之中，即潜在进入者的威胁、购买方的议价能力、供应商的议价能力、替代产品的威胁和现有竞争者的威胁。这五种基本竞争力量的状况及综合强度决定了产业竞争的激烈程度，同时也决定了产业的最终获利能力。图 5-16 简单描述了五种竞争力模型，请结合本章蜜雪冰城的行业分析内容，分条写出蜜雪冰城的行业竞争情况。

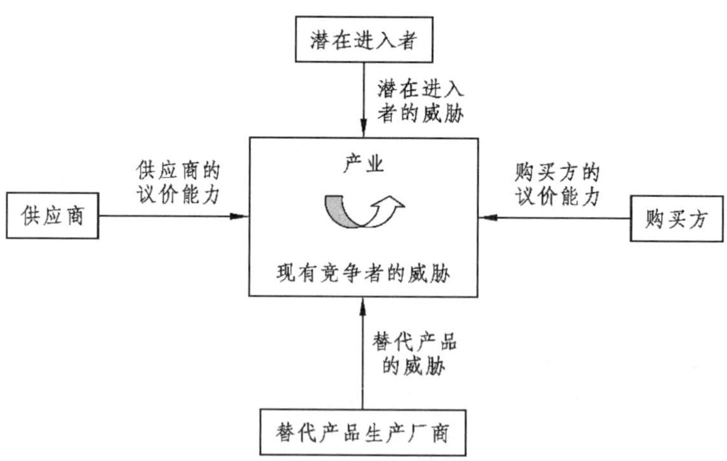

图 5-16　五力模型

（1）潜在进入者的威胁：______________________

（2）购买方的议价能力：______________________

（3）供应商的议价能力：______________________

（4）替代产品的威胁：________________

（5）现有竞争者的威胁：________________

2.根据前面的创业项目，确定竞争对手，并做出优势与劣势分析，完成表 5-10 相关内容。

表 5-10　优劣势分析

我和竞争对手比较的内容项目	我的产品或服务	竞争者甲的产品或服务 姓名： 地址： 电话：	竞争者乙的产品或服务 姓名： 地址： 电话：	竞争者丙的产品或服务 姓名： 地址： 电话：
价格合理性				
质量可靠性				
购买方便性				
顾客满意度				
员工技术水平				
企业知名度				
品牌信誉度				
广告有效性				
交货及时性				
地理位置优越性				
特别销售策略有效性（如赊销、折扣）				
售后服务				
设备				
销售额				

3.根据所学内容，查阅资料，结合行业情况，制定创业企业的产品销售价格。

（1）通常有两种制定价格的方法：

本钱加价：将产品或服务的所有本钱加起来得到产品或服务的本钱价格，然后再在本钱价格上加上一个利润比率就得到销售价格。

竞争价格：了解你所在地区同类产品或服务的市场价格，看看竞争对手的产品或服务价格，以保证所制定的价格有竞争力。如果确实的方案判定出比竞争对手更高的价格，就必须确保你的产品或服务比竞争对手好，以满足顾客更高层次的需要。

（2）对销售的每种产品或服务都要预测销售价格，并将销售价格记录在表 5-11 中。

表 5-11 预测价格

销售的产品或服务	预测的销售价格/元

（3）预计创业第一年的销售收入，并填写预测依据（见表 5-12）。

表 5-12 销售情况和预测依据

销售的产品或服务		销售情况											
		1 月	2 月	3 月	4 月	5 月	6 月	7 月	8 月	9 月	10 月	11 月	12 月
（1）	销售数量												
	平均单价												
	月销售额												

续表

<table>
<tr><td colspan="2" rowspan="2">销售的产品或服务</td><td colspan="12">销售情况</td></tr>
<tr><td>1月</td><td>2月</td><td>3月</td><td>4月</td><td>5月</td><td>6月</td><td>7月</td><td>8月</td><td>9月</td><td>10月</td><td>11月</td><td>12月</td></tr>
<tr><td rowspan="3">（2）</td><td>销售数量</td><td></td><td></td><td></td><td></td><td></td><td></td><td></td><td></td><td></td><td></td><td></td><td></td></tr>
<tr><td>平均单价</td><td></td><td></td><td></td><td></td><td></td><td></td><td></td><td></td><td></td><td></td><td></td><td></td></tr>
<tr><td>月销售额</td><td></td><td></td><td></td><td></td><td></td><td></td><td></td><td></td><td></td><td></td><td></td><td></td></tr>
<tr><td rowspan="3">（3）</td><td>销售数量</td><td></td><td></td><td></td><td></td><td></td><td></td><td></td><td></td><td></td><td></td><td></td><td></td></tr>
<tr><td>平均单价</td><td></td><td></td><td></td><td></td><td></td><td></td><td></td><td></td><td></td><td></td><td></td><td></td></tr>
<tr><td>月销售额</td><td></td><td></td><td></td><td></td><td></td><td></td><td></td><td></td><td></td><td></td><td></td><td></td></tr>
<tr><td rowspan="3">（4）</td><td>销售数量</td><td></td><td></td><td></td><td></td><td></td><td></td><td></td><td></td><td></td><td></td><td></td><td></td></tr>
<tr><td>平均单价</td><td></td><td></td><td></td><td></td><td></td><td></td><td></td><td></td><td></td><td></td><td></td><td></td></tr>
<tr><td>月销售额</td><td></td><td></td><td></td><td></td><td></td><td></td><td></td><td></td><td></td><td></td><td></td><td></td></tr>
<tr><td>预测依据</td><td colspan="13"></td></tr>
</table>

模块六 市场营销

学习目标

1.掌握市场营销的概念和作用。

2.掌握企业生存和发展会受到哪些营销环境因素的影响。

3.掌握企业在制定战略时要考虑的因素。

4.能够分析和评估不同市场营销组合策略的优缺点，理解如何调整和优化营销组合以满足不同消费者群体的需求。

思政目标

1.加深对市场经济的理解，充分认识建立社会主义市场经济体制是伟大创举。

2.强化社会责任感，引导综合考虑社会、环境和道德因素。

3.培养使命感和责任感，意识到在制定市场战略和营销战略时应充分考虑企业的社会责任和长远发展。

4.强调诚信经营和社会责任，注重产品品质、服务质量以及消费者利益。

单元一 市场和市场营销

一、市场的概念

市场营销在一般意义上可理解为市场有关的人类所有的交易性活动。因此，我们首先要了解市场及其相关概念。

在日常活动中，市场通常被视为产品和服务交易的场所，涉及买卖双方，如集市、商场等。《易・系辞下》中就有“日中为市，致天下之民，聚天下之货，交易而退，各得其所”的记载。目前，我国一些农村和小城镇仍保留着固定时间、地点赶集的传统。许多学者和专业机构从多个角度定义了市场的概念。

经济学家从揭示经济实质的角度来解析市场，认为市场是商品经济的核心范畴，是商品内部矛盾的体现，是供求关系以及商品交换关系的综合呈现，彰显了人与人之间通过交换所产生的关联。也有经济学家认为，社会分工是市场形成和发展的前提，供求关系则是市场的基本经济纽带，市场即为商品流通的领域。这里的市场不仅指具体的交换场所，更是从整个社会商品流通的全局视角来看的。

管理学家则从具体的交换活动及其运行规律来界定市场，认为市场是供需双方在共同认可的一定条件下所进行的商品或劳务的交换活动。著名营销学家菲利普·科特勒进一步指出："市场由一切具有特定欲望和需求并且愿意和能够以交换来满足此需求的潜在顾客所组成。"因此，"市场规模的大小，由具有需求拥有他人所需要资源，且愿意以这些资源交换其所需的人数而定"。从企业角度来看，市场是企业之外的、无法控制的用来交换的场所和发展增值关系的场所。

我们可以从多个角度来定义市场，将上述市场概念进行整合，得到一个更为完整的对市场的认知：市场是商品经济中生产者与消费者之间实现产品（服务）价值，满足需求的交换关系、交换条件和交换过程的场所。

二、市场营销的含义

国内外学者对于市场营销的定义有很多种，并且随着营销理论与实践的不断深入，市场营销的概念在不同时期有了不同的表述。

美国市场营销协会（AMA）对市场营销的定义经历了不同阶段的演变，反映了营销的发展趋势。1985 年，AMA 将市场营销定义为："市场营销是（个人和组织）对思想、产品和服务的构思、定价、促销和分销的计划和执行过程，以创造达到个人和组织目标的交换。"这个定义强调了"4P 组合"和交换目标。2004 年，营销的定义调整为："市场营销既是一种组织职能，也是为了组织自身及利益相关者的利益而创造、传播、传递客户价值，管理客户关系的一系列过程。"该定义使用"价值"一词取代了以前的"产品、服务"等，同时强调了与利益相关者的关系维护。到了 2008 年，AMA 认为市场营销不仅是一种行为或者制度，更是创造、传播、传递并交换对消费者、代理商、合作伙伴以及整个社会有价值物品的过程。这一概念进一步明确了"利益相关者"的内容，最大的变化在于强调了对"全社会"的价值。上述 3 个定义的变化，反映了营销的发展趋势，从早期的"交易驱动"，逐步演变为"客户关系驱动""价值驱动"，最终呈现出覆盖全社会的"价值网络驱动"。

本书采用的是最具有代表性的美国著名营销学权威菲利普·科特勒的定义："市场营销是个人和群体通过创造并同他人交换产品和价值以满足需求和欲望的一种社会和管理过程。"从这一定义中，我们可以清晰地看到，现代营销的主体已经不仅限于企业，而扩展为所有面向市场的"个人和群体"；营销的对象扩大到产品和价值，交换的过程能否实现取决于营销者创造的产品和价值满足顾客需求的程度；营销的内涵并不仅是单纯的"销售"，而是一个有目的、有计划的实施和管理过程。

三、市场营销中的相关概念

（一）需要、需求和欲望

需要和欲望是市场营销活动的起点。需要是指没有得到某些基本满足的感受状态，是人类与生俱来的，如人类为了生存对吃、穿、住、安全、归属、受人尊重等方面的需要。这些需要存在于人的自身生理和社会之中，市场营销者可以用不同的方式去满足，却不能凭空创造。市场营销中，企业的产品和服务应当基于满足人们的需要，从而构建稳定的市场基础。

欲望是指想得到上述基本需要的具体满足品的愿望，是个人受不同文化及社会环境影响表现出来的对基本需求的特定追求。如为了满足“解渴”的生理需要，人们可能选择喝白开水、茶水、汽水、咖啡等。市场营销者无法创造需要，但可以影响欲望，开发和销售特定的产品和服务来满足欲望。市场营销者通过刺激和满足欲望来推动销售。但需要注意，欲望并不总是必需的，而需求通常与购买力相关。

需求是指人们有能力购买并愿意购买某个具体产品的欲望，即具有购买意向、具有支付能力的具体物的需要。需求实际上也就是对某一特定产品及服务的市场需求。市场营销者可以通过各种营销手段来营销需求，并根据对需求的预测结果决定是否进入某一产品（服务）市场。需求是市场供求关系的关键因素，对企业制定产品和定价策略、市场规划具有重要指导作用。

需要是基本的、必需的，而欲望则是更具个性和变化的。需求可以是基于需要或欲望的，但在市场上需求通常指购买力支持的商品和服务的总量。企业在满足市场需求时，需要考虑人们的基本需要和欲望之间的平衡。

（二）产品和服务

产品是指在市场上提供给消费者使用、满足需求或欲望的物品或服务。产品可以包括实际的有形商品，也可以包括无形的服务，如咨询、培训、技术支持等。产品的价值并非仅在于其实际的实体本身，而主要体现在满足人们欲望的能力上。例如，人们购买手机，并不仅是为了获得一种通信设备，更是希望获取其中所提供的交流、娱乐等服务。产品是企业为了赢得消费者购买、使用或享受的，经过设计、制造、包装等一系列生产和运营过程而得到的成果。

更广泛地说，产品的范围还包括经验、信息和思想等。例如，现代社会的许多产品不仅是物质实体，更包含对于用户感官、情感和认知的刺激，以及对用户需求的深入理解。信息和思想也被视为一种产品形态，如教育、咨询、创意作品等。

如今，随着产品和服务的大众化，许多公司正在不断努力创造顾客价值的新高度。为了使提供给顾客的内容能够脱颖而出，它们不仅创造并提供全面的顾客体验，同时也在体验经济这个全新领域迅速发展。体验经济强调通过为顾客创造愉悦、难忘的体验来吸引和留住顾客。这种经济模式适用于各行各业，从工业到农业、旅游业、商业、服务业、餐饮业、娱乐业等，都在积极探索如何为顾客提供独特、有价值的体验。特别值得注意的是，娱乐业作为体验经济的典型代表之一，已成为世界上增长最快的经济领域之一。影视、主题乐园、互动体验等吸引了大量顾客，充分展现了体验经济的潜力。这种趋势不仅改变了企业经营模式，也改变了消费者对于产品和服务的期望，将“体验”作为评价标准之一成为日常消费的重要因素。

（三）费用、效用和满足

费用、效用和满足是经济学中的重要概念，用于描述和分析人们在决策、消费过程中的考量和体验。

费用是指为了获得某种物品、服务或追求某种目标而付出的资源，可以是金钱、时间、努力、机会成本等。在经济学中，费用是指支出的成本，包括直接成本和机会成本。

效用是指消费者对产品满足自身需要的整体功能评价。用在经济学中是一个主观概念，因为不同的人对相同的商品或服务可能有不同的评价。

满足是指顾客对产品的满意程度，它是效用和费用的函数，反映与理想产品接近的程度。所谓理想产品是指完全满足需求、绝对安全且费用为零的产品。

费用、效用和满足相互关联，共同影响个体的选择和市场的运行。举例来说，作为交通工具满足出行需要，汽车相比自行车更舒适、更快捷，因此其效用更高。然而，购买和使用汽车的费用则明显高于自行车。因此，综合考虑产品的费用、效用以及消费者个人满足感是购买时必然要考虑的核心因素。消费者通常会在满足需求的前提下，选择支付近似费用但能够获得最大效用的产品。同样地，在满足消费者需求的前提下，当效用相近时，消费者更倾向选择价格更低的产品。

（四）交换、交易和关系

交换是指从他人处取得所需之物，并将自己拥有的某些东西作为回报的行为。人们对满足需要和欲望之物的取得，可以采用多种方式，如自产自用、巧取豪夺、乞讨和交换等方式。其中，只有交换中才存在市场营销。

交易是交换的基本组成单位，是交换双方的价值交换。交易是具体的商业活动，是指在特定时刻和地点，买方和卖方之间进行商品或服务的交换。交易可以是货币的支付，也可以是非货币的交换。在交易中，各方通常通过合同或协议明确交换的条件和条款。

关系是指在商业中企业与客户、供应商或合作伙伴之间的互动和联系。建立良好的关系对于企业的长期良好发展至关重要。良好的关系包括互相信任、共同合作、提供价值和解决问题等方面。关系的建立有助于建立忠诚的客户群，促进长期合作，提高品牌声誉。在现代商业中，重视建立稳固的关系已成为企业战略的一部分。

四、市场营销的作用

市场营销在促进经济增长和推动企业发展方面发挥着重要作用。

（1）促进经济增长：市场营销通过刺激需求、增加消费、促进投资等方式，直接促进产品和服务的销售，从而推动企业的产出和经济活动。有效的市场营销可以激发市场的活力，带动供应链各个环节的增长，进而对整体经济增长产生积极影响。

（2）创造就业机会：市场营销活动的增加使企业生产规模扩大，产出增加，从而需要更多的劳动力来满足市场需求。这将创造大量就业机会，降低失业率，促进人力资源的充分利用。

（3）推动企业发展：市场营销不仅是销售产品，更是帮助企业理解市场需求和消费者行为，指导产品研发、品牌建设和战略制定。通过市场营销，企业可以更好地适应市场变化，不断优化产品，提高竞争力，实现持续发展。

（4）引导资源配置：市场营销通过市场调研和分析，帮助企业准确把握市场需求，有针对性地配置资源，降低资源浪费，提高生产效率，推动资源的优化配置。

（5）促进竞争：市场营销鼓励企业之间的竞争，促使企业不断提高产品质量、服务水平和创新能力，为消费者提供更多、更好的选择，推动整个市场向更高水平发展。

市场营销不仅对企业发展具有重要意义，同时也是促进经济增长的重要驱动力，它通过创造需求、优化资源配置、提高竞争力等方式，为经济和企业的持续繁荣做出了积极贡献。

单元二 市场营销环境和调研

一、宏观营销环境和微观营销环境

企业的发展受到内外部条件的制约。为确保持续发展，企业应密切关注并研究外部营销环境的变化，把握变化趋势，辨识因环境变动带来的机遇与威胁。在经营过程中，环境是不可掌控的，但又是不可忽视的因素。企业需要根据实际环境状况和发展趋势，灵活制定并调整营销策略，积极利用市场机遇，预防潜在威胁，发挥长处，避免短板，以确保在竞争中保持优势地位。

市场营销环境是存在于企业营销部门外部的不可控制的因素和力量，这些因素和力量是影响企业营销活动及其目标实现的外部条件。营销环境包括微观环境和宏观环境。

（一）微观营销环境及其与企业的关系

微观营销环境是指企业直接面对的、能够影响其市场营销活动的具体因素。这些因素包括企业本身、竞争对手、顾客、供应商、中介机构等。微观环境因素通常与企业有直接互动关系，企业可以更直接地对其进行影响和应对。微观营销环境密切影响并制约着企业的营销活动，与企业存在或多或少的经济联系，因此也被称为直接营销环境，又称作业环境。

就微观环境而言，直接影响企业营销能力的各类参与者，实际上都是企业营销部门的利益共同体。企业内部的其他部门与营销部门的利益是一致的。按照市场营销的双赢原则，企业营销活动的成功应当为顾客、供应商和营销中介带来利益，进而造福社会公众。甚至在竞争者之间，也存在相互学习和促进的因素。在竞争中，有时甚至会采取联合行动，成为潜在的合作伙伴。

（二）宏观营销环境及其与企业的关系

宏观营销环境是指影响整体市场环境的外部因素，包括经济、政治、社会、文化、技术等方面的因素。这些因素通常不受单一企业的控制，但会对整个市场产生广泛影响。宏观环境因素可能包括国家的经济状况、法律法规、人口结构、文化价值观以及科技创新等。宏观环境通常通过微观环境作为媒介来影响和制约企业的营销活动，在某些情况下，也可以直接影响企业的营销行为，也被称为间接营销环境。

对于宏观环境而言，企业可以采取不同的方式来提升适应环境变化的能力，从而避免来自环境的威胁，并有效地抓住市场机会。在特定条件下，企业还可以利用自身资源，积极影响和改变环境因素，以创造更有利于企业营销活动的环境。

二、市场调研

市场营销调研是企业或组织采用系统性方法，收集、分析和解读与市场相关信息的过程，旨在深入了解目标市场、顾客需求、竞争环境及其他相关因素。市场调研的目的在于为制定高效市场营销策略提供有力依据和深刻洞察。

市场营销调研的范围涵盖多种数据的搜集和分析，包括消费者行为、市场趋势、竞争分析、市场容量等内容。借助这些数据，企业可以更准确地把握目标市场的特点，明确产品或服务的定位，预测需求走向，洞察竞争对手的优势与劣势，从而最终制定出更具针对性和成功的营销策略。

（一）市场调研的类型

根据调研目的的不同，市场调研大体上可以分为 3 种类型：

1.描述性调研

描述性市场调研是一种全面了解调研对象的方法。在描述性调研中，强调收集大量丰富的一手资料，全面、系统地搜集和整理市场信息，并对客观数据进行准确分析，以真实的方式呈现分析结果，从而详细描述市场现状。多数市场调研都为描述性调研，如调查消费者购买力、竞争对手状况、产品市场占有率等，主要回答诸如消费者买什么（What）、什么时候买（When）、在哪里买（Where）、怎样买（How）之类的问题，因此多采用询问法和观察法。这种方法有助于深入了解市场的各个方面，提供客观的数据支持，以便更好地了解市场情况并做出决策。

描述性市场调研的主要目标是提供对市场现实情况的准确描述，包括产品或服务的需求、竞争格局、消费者行为、销售渠道等方面的数据。这种调研方法不仅能够揭示市场的基本情况，还有助于发现市场中的机会和潜在问题。

2.因果性调研

因果性市场调研，又称解释性市场调研，旨在深入探究不同变量之间的因果关系，以了解特定因素对市场现象的影响和作用。该方法致力于揭示特定因素与市场结果之间的因果联系，帮助企业理解是哪些因素引起了市场的变化。在市场调研中，一旦需要回答“为什么（Why）”的问题，往往涉及此类调研。

因果性市场调研侧重深入解析市场变化的原因，它以专题调研的方式，分析市场上各种变量之间的因果关系，以及可能产生的相互作用。例如，销售量、市场占有率、成本、利润等与价格、广告费用、推销策略、产品开发、消费者收入、平均消费支出水平及消费环境等因素之间的因果关系，以及它们彼此的制约和相互影响，可能给市场带来的变化。

深入的调研分析，可获得可靠的因果目标，找出因果之间的直接和间接关系，以达到控制因果因素，从而获取期望的结果。

3.预测性调研

预测性市场调研旨在基于现有数据和趋势，预测未来市场发展趋势和可能的情况。这种调研方法依赖于历史数据和统计模型，以推测市场中可能出现的变化和事件。预测性调研更着重回答市场现状是什么（What）、为什么（Why）、将来是什么（What）。它通过分析历史数据和趋势，揭示市场的当前状态（What），通过因果分析找出市场变化的原因和因素（Why），并基于现有信息预测未来的市场走势和情况（将来是什么）。

预测性市场调研的目标是通过分析过去的市场表现、消费者行为、竞争态势等数据，建立模型来预测未来的市场趋势。这种方法可以帮助企业做出有关产品需求、销售量、市场份额等方面的预测，从而更好地做出决策和规划。

（二）市场调研的内容

市场调研涉及市场调查、产品偏好测试、地区销售预测或广告效果评价。通过市场调研，企业能够深入理解顾客态度或消费者购买行为。

1.宏观市场调研的内容

宏观市场调研是指从整体经济社会的视角，对社会总需求与供给的现状及其平衡关系进行的调查研究。其具体内容涵盖以下几个方面：

（1）社会消费系统调查：包括对社会购买力、购买力分配以及消费人口状况等方面的调查。这有助于了解社会整体消费水平及其变动因素。

（2）市场商品供给来源调查：调查国内工农业生产部门的总供给量、进口商品数量、国家储备拨付量、物资回收量以及期初结余量等因素。这有助于了解商品供给的基本来源和影响因素。

（3）市场商品供应能力调查：主要涵盖工商企业的商品生产能力和商品流通能力的状况。具体内容包括企业现有的商品生产能力及其结构、经营设施和设备状况、科技转化速度、企业资金总额、盈利与效益状况、技术水平和员工素质、交通运输能力以及生产力布局等方面。

2.微观（企业）市场调研的内容

微观市场调研是从微观经济实体（企业）的视角，对市场要素进行调查分析的方法。企业市场调研内容广泛，通常涵盖企业市场营销的各个方面，主要包括如下内容：

（1）市场需求调研：深入了解目标市场的需求趋势、消费者喜好和行为，包括购买动机、偏好、问题和痛点等，以更好地满足市场需求。

（2）产品调研：调查市场对于产品特性、功能、质量、创新性等方面的需求，确保产品设计与市场需求相契合，提升产品的市场竞争力。

（3）价格调研：分析市场对不同价格点的反应，考虑成本、竞争情况和顾客支付意愿，制定合理的价格策略，实现最佳的收益和市场份额。

（4）促销调研：调查市场对各种促销活动（如折扣、优惠券、特价等）的反应，设计有吸引力的促销策略，以增加销售量和提升品牌认知。

（5）销售渠道调研：研究不同销售渠道的效果和适应性，选择最合适的销售渠道，确保产品能够高效地传达给目标市场。

（6）竞争调研：分析市场中的竞争对手，了解他们的产品、定价、市场份额等情况，以制定有效的竞争策略，提升自身在市场中的竞争力。

3.市场调研的方法

市场调研的方法多种多样，以下是一些常用的方法：

（1）问卷调查：通过精心设计的问卷，收集大量受访者的意见和看法，帮助揭示市场需求和消费者偏好。问卷可以包含开放性问题和封闭性问题，从而获得深入和定量的数据，进而洞察市场的发展趋势。

（2）深度访谈：针对少数受访者进行深入访谈，通过亲密性的交流方式获取详细、富有洞察力的信息。深度访谈能够探索受访者的情感、态度和信念，为市场行动提供更为深入的理解。

（3）焦点小组讨论：将一组人聚集在一起，讨论特定话题，从中获取不同观点和互动。焦点小组讨论能够激发创新思维，揭示潜在的市场趋势和消费者心理。

（4）竞争对手分析：通过深入研究竞争对手的产品、定价、市场份额等信息，了解市场竞争格局。这种分析可以为制定差异化的营销策略提供依据，帮助企业在激烈的市场中脱颖而出。

（5）实地调查：在真实场景中观察和记录消费者的行为、偏好。实地调查能够捕捉到消费者在日常生活中的真实反应，帮助研究者更好地了解他们的需求和行为模式。

（6）社交媒体分析：分析社交媒体平台上的讨论、评论，了解消费者对产品或行业的看法。社交媒体已成为反映公众舆论和趋势的重要来源，能够为市场营销决策提供有力支持。

（7）销售数据分析：分析销售数据、客户购买行为等，洞察市场趋势。从历史销售数据中挖掘出购买模式和趋势，可以为未来的市场预测提供有益的信息。

（8）观察法：通过观察消费者在特定环境中的行为来获取信息，如店铺陈列、产品使用等。观察法能够揭示消费者实际的行为模式和偏好，帮助优化产品设计和营销策略。

（9）行业报告研究：查阅行业内的研究报告和分析，获取市场趋势和数据。行业报告能够为市场定位、目标受众和市场份额等提供全方位的信息支持。

（10）案例研究：分析类似产品或服务的成功案例，从中吸取经验和教训。案例研究可以为产品创新和市场推广提供灵感，避免重复犯错。

（11）网络调查：在线收集数据，利用网络问卷或社交媒体平台获取信息。网络调查具有高效、快速的特点，适用于大规模数据收集和分析。

（12）消费者反馈收集：收集消费者的反馈、投诉和建议，了解他们的购买体验和需求。消费者反馈是改进产品和服务的重要依据，能够增强消费者与品牌之间的互动。

（13）专家访谈：采访行业专家、学者，获取专业见解和预测。专家访谈能够为市场趋势和未来发展提供有深度的洞察。

这些方法可以根据研究目标、资源情况进行灵活组合和选择，以获得准确、全面的市场调研数据。

4.市场调研的步骤

进行市场调研时，详细的步骤可以帮助研究人员系统地收集、分析和解释信息，从而获得准确的市场洞察。一般来说，市场调研可遵循以下步骤：

（1）确定调研目标：定义明确的研究目标。调研目标可能包括了解消费者的需求和偏好、评估竞争对手的情况、了解市场趋势、确定新市场机会等。明确调研目标，可以更好地选择适当的调研方法、设计问题、收集数据，并最终将调研结果转化为实际的业务决策和行动计划。

（2）制订调研方案：基于目标，制订一个详细的调研方案。方案包括计划的时间表、资源分配、团队成员的角色和预算等，以确保方案的合理性和可行性。

（3）确定调研方法：根据目标和方案，选择合适的调研方法。常用的方法包括问卷调查、深度访谈、焦点小组讨论、实地观察等。根据调研问题的不同，可以结合使用多种方法。

（4）收集信息、处理和分析调研资料：开始实施调研方案，根据所选的方法收集信息。进行问卷调查时，应确保问卷设计合理；进行访谈或焦点小组时，与受访者进行充分交流，获取丰富的见解。在信息收集阶段结束后，整理和编码收集到的资料。对于定性数据，进行归纳和分类；对于定量数据，进行数据录入和统计分析。

（5）制订营销决策和计划：根据梳理和分析的调研资料，制定营销决策。根据消费者需求、竞争情况等因素，确定市场定位、目标受众、产品特点等。将制定的营销决策转化为具体的营销计划。明确推广渠道、宣传方式、定价策略等，确保每个细节都与市场调研的结果一致。

整个市场调研程序是一个循环的过程，通过持续调研和反馈，帮助企业更好地了解市场、优化策略，并做出更明智的决策。

单元三 企业战略和营销管理

企业在动态的环境中生存和发展，不但要善于创造顾客并满足其欲望，还必须积极、主动地适应不断变化的市场。战略规划是企业面对激烈变化、严峻挑战的环境、市场，为长期生存和发展而进行的谋划及思考，是事关企业大局的科学规定。企业只有清楚自身的目标和使命，为长期生存进行合理的部署和安排，才能不断发现、创造顾客，赢得先机。

一、企业战略的特征和层次

（一）企业战略的特征

企业战略是指在一定时期内，企业在各个层次、部门中制定的战略规划和战略计划的统称。企业战略具备以下基本特征：

1.全局性

战略考虑的是企业整体的发展方向，在企业的总体发展要求下进行制定。战略规定了企业的整体行动方针，关注整体发展，以达到整体协同效应。尽管战略需要考虑和涵盖局部活动，但这些局部活动必须为实现整体性战略活动的要求服务，为战略实施提供有效支持。有时为了保证整体活动按计划实施，局部活动可能需要进行及时调整。

2.长期性

战略不仅反映了企业对长期发展的追求，还是企业对未来较长时期内的全面考虑。战略规定了企业未来较长一段时间内的发展方向和重点。通常情况下，战略计划应涵盖企业未来

3~5 年的发展，必要时，也可考虑制定涵盖 10 年甚至更长时间的整体发展规划。

3.竞争性

企业战略涉及企业在激烈竞争环境下如何与竞争对手抗衡的行动方案，同时也是应对来自多方面的挑战、压力、威胁和困难的基本策略安排。

4.指导性

企业战略是企业整体长期目标、发展方向和重点的体现，为企业提供了明确的方向。这要求企业在战略规定的期间内，围绕战略方向开展各项工作。同时，企业各部门应在战略方针的指导下充分发挥积极性和创造力，将原则性和概括性的规定，通过展开、细化和实施等过程，转化为具体的行动计划。

（二）企业战略层次

一般来说，企业战略包括以下 3 个层次：

1.总体战略

总体战略，又称公司战略，是企业最高层次的战略。在多经营单位或多业务领域存在的情况下，总体战略主要指集团母公司或公司总部的战略。它涉及企业在哪些领域开展经营活动、如何分配企业目标和资源等问题。总体战略的目标是确定未来一段时间内的整体发展方向，协调下属业务单位和职能部门之间的关系，合理配置资源，实现总体目标。通常，总体战略由企业高层制定并实施。

总体战略一般分为以下 4 个步骤：

（1）明确和定义企业使命，即企业在社会经济中所扮演的角色和责任。这是企业的本质和存在原因，为设立企业目标和制定战略提供依据。可以从未来愿景、业务领域、经营政策等方面考虑企业的使命。

（2）区分战略业务单位，是若干年前通用电气公司提出来的。该公司把自身经营的庞大业务划分为 49 种，称这些业务为战略业务单位。现代企业经营的业务，可能涉及多个领域。企业要合理配置资源，就要明确自己的业务和领域，从而制定不同的具体战略。战略业务单位是企业的一部分，其产品或服务与其他业务单位有不同的外部市场。业务单位不是按企业的组织结构划分的，而是按市场划分的。业务单位可能是一个事业部，也可能不是一个事业部。一个事业部内，由于面向不同市场，也需要不同的战略。例如，一个汽车公司划分为轿车部和卡车部，卡车部有面向农村的卡车和面向矿山的卡车。市场不同、需要不同的战略，属于不同的战略业务单位。

（3）制定投资组合策略，将有限的人力、物力和财力等资源合理分配给不同的战略经营单位，是总体战略必须考虑的关键问题之一。必须对各业务单位进行评估，确定它们的前景和发展潜力，然后决定资源配置。通常有几种模型可以用于评估业务单位，如波士顿咨询公司（BCG）模型、通用电气公司（GE）模型和霍佛模型，以分析业务组合中哪些业务需要增加投资，哪些需要减少或停止投资。

（4）规划成长战略，在选择投资组合的基础上决定发展或放弃哪些业务后，企业应该适时制定成长战略，以便在业务组合中增添新产品或新业务。企业的成长战略一般采用 3 种模式：①密集式成长。它是指企业在原有业务范围内，充分利用产品和市场方面的潜力来求得成长的战略，即将企业的营销目标集中到某一特定细分市场。这一特定的细分市场可以是特定的顾客群，可以是特定的地区，也可以是特定用途的产品等。②一体化成长。它是指企业利用社会化生产链中的直接关系来扩大经营范围和经营规模，在供产、产销方面实行纵向或横向联合的战略。③多角化成长。企业尽量增加产品大类和品种，跨行业生产经营多种多样的产品或业务，扩大企业的生产经营范围和市场范围。

2.业务战略

经营战略又称经营单位战略、竞争战略。现代大型企业一般都有同时从事多种经营业务，或者生产多种不同产品的若干个相对独立的产品或市场部门，这些部门被称为事业部或战略经营单位。由于各个业务部门的产品或服务不同，所面对的外部环境（特别是市场环境）也不同，企业能够对各项业务提供的资源支持也不同，因此，各部门参与经营过程中所采取的战略也不尽相同，各经营单位有必要制定指导本部门产品或服务经营活动的战略。业务战略着眼于企业中某一具体业务的市场和竞争状况，相对于总体战略有一定的独立性，同时又是企业战略体系的组成部分。

3.职能战略

职能战略就是职能部门战略，是企业各职能部门的短期性战略。职能战略可以使职能部门及其管理人员更清楚地认识本部门在实施总体战略、经营战略过程中的任务、责任和要求，有效地运用有关的管理职能，保证企业目标实现，主要涉及营销、生产、财务、人事和研发等具体职能领域。

二、规划经营战略

经营战略也叫竞争战略，是各战略经营单位根据总体战略的要求，开展业务，进行竞争和建立相对优势的基本安排。规划经营战略的关键是战略分析和战略选择。

（一）分析战略环境

被誉为“竞争战略之父”的迈克尔·波特认为，有五种竞争力量影响并塑造一个行业的现状和未来竞争格局，这“五力”分别是：新进入者的威胁、供应商的议价能力、购买者的议价能力，替代产品成服务的威胁，以及现有竞争者的竞争能力（行业内部竞争）。

1.新进入者的威胁

新的竞争者可能带来新的生产能力，怀着夺取市场份额的意图进入市场。这很可能导致产品价格下降，企业利润减少，并且可能对企业的生存构成严重威胁。新进入者的威胁程度受到进入壁垒的大小以及新竞争者对现有竞争者反应的预期影响。如果存在较高的进入壁垒，并且新进入者能够预料到现有竞争者会做出激烈反应，那么新竞争者对市场造成的威胁就会减少。

2.供应商的议价能力

供应商对企业的生产经营具有重要影响，尤其是在资源供应集中或稀缺的情况下，供应商可以通过提价、限制供应、降低产品和服务质量来行使议价能力。因此，企业需要建立稳定的供应关系，同时避免单一供应源的垄断，以保证自身利益。

3.购买者的议价能力

企业追求最大利润，而购买者则追求尽可能低的价格。为降低成本，购买者可能通过谈判争取高质量、高服务水平和低价格。这种竞争可以通过促使行业内公司的相互竞争来实现。

4.替代产品或服务的威胁

替代产品或服务设定了市场价格上限，限制了行业的潜在增长。除非提高产品质量或差异化，否则行业可能会遭受盈利下降，甚至影响其增长。替代品的吸引力越强，对原行业盈利的限制就越严格。替代品不仅在常态下限制了盈利，也可能在行业繁荣时削弱盈利能力。

5.行业内部竞争

行业竞争结构是指企业数量和规模的分布，可分为完全竞争、寡头垄断、双头垄断、完全垄断等。市场集中度、进入和退出壁垒、产品差异和信息完整性等影响其特点。多种因素可能导致行业内部竞争加剧，如竞争者数量多、竞争力均衡，产品相似或无差异，某些企业为规模经济扩大生产规模，导致市场竞争失衡、过剩产能，从而引发价格竞争。

（二）选择竞争战略

美国学者迈克尔·波特提出了 3 种一般性竞争战略。

1.成本领先战略

成本领先战略要求企业在建立高效的生产设施的基础上，通过积累经验不断降低成本。在这种战略下，企业需要严格控制成本和管理费用，同时最大限度地减少研发、服务、推销、广告等方面的开支。虽然质量、服务以及其他方面也很重要，但主要目标是确保企业的成本低于竞争对手。这意味着即使其他公司在竞争中丧失了利润，实行成本领先战略的企业仍能够保持盈利。为了赢得总成本最低的有利地位，通常需要具备较高的市场份额或其他优势，如与原材料供应商紧密合作，确保资源的稳定供应。此外，产品的设计也应当易于制造，以降低生产成本。为了分散固定成本，企业可能会维持广泛的产品线，同时在不同的客户群体之间提供服务。

成本领先战略的核心是在各个环节寻找节省成本的机会，提高生产效率，降低运营成本，从而实现在市场上的竞争优势。通过不断的流程改进、资源优化和创新技术应用，企业能够实现低成本生产，从而在价格竞争中保持竞争力。然而，成本领先战略也需要在追求低成本的同时，保持产品质量和客户满意度，以确保企业的长期可持续发展。

2.差异化战略

差异化战略通过创造独特的产品或服务特性，从而在整个产业范围内树立独特的地位。这种战略的目的是使企业在竞争中脱颖而出，与众不同。为了实现差异化，可以采取多种方法，包括品牌形象设计、技术的独特性、产品性能的特点、优质的客户服务、高效的商业网络等。理想情况下，公司应在多个方面实现差异化，以确保其在市场上具有与众不同的优势。

成功实施差异化战略可能使企业在产业中实现高水平的利润。这种战略不仅有助于企业建立一种有效的防御体系，抵御来自 5 种竞争力量的威胁，还能够帮助企业塑造独特的市场地位。然而，差异化战略有时可能与争取更大市场份额的目标产生冲突。实施差异化战略通常需要投入高昂的成本，包括研发、品牌推广、技术创新等方面的费用。尽管产业内的顾客可能了解公司的独特优势，但并不是所有顾客都愿意或有能力支付高价格。因此，企业在实施差异化战略时需要权衡成本与收益，确保其能够在市场中赢得持续的竞争优势。

3.专一化战略

专一化战略是一种专注于特定顾客群体、产品线的细分区域或特定地区市场的竞争战略。与差异化战略相似，专一化战略也可以采取多种不同形式。尽管低成本和差异化战略都致力于在整个产业范围内实现目标，但专一化战略的核心是为特定目标建立起高效的服务体系。专一化战略在业务上的专一化前提之上构建，旨在通过高效且卓越的服务来超越广泛的竞争对手。美国学者波特认为，这种战略的实施可以通过满足特定对象的需求而实现差异化，或在为特定对象提供服务时实现低成本，甚至可以同时实现。这种策略将使公司的盈利潜力超越整个产业的普遍水平，从而更好地抵御各种竞争力量的威胁。

专一化战略的成功在于其能够为特定目标群体提供独特的价值，满足其特定的需求和要求。通过与目标客户紧密互动，深入了解其需求，并有针对性地提供定制化的解决方案，企业能够在专一化的领域中建立起强大的竞争优势。这种战略的关键在于深入了解并满足特定市场细分的需求，从而实现在狭小领域内的领导地位，为公司带来持续的成功。

三、市场营销管理

在正确的经营战略基础上，营销职能部门发挥着关键作用，需要深入分析和解读经营战略，以便为决策和营销管理提供坚实的基础。现代企业的营销过程包括目标市场营销战略、市场营销组合的发展，以及营销实施和管理等关键步骤。

1.目标市场营销战略

在明确经营战略及其目标后，企业通常会进行细致的调研和科学的预测，以了解自身的优势和核心竞争力，从而决定经营的方向。在这个过程中，通过 STP 步骤——市场细分、目标市场选择和市场定位等，来制定目标市场营销战略。

（1）市场细分：将市场根据消费者的不同需求、特征和行为分为不同的消费者群体，从而为提供不同产品和市场营销组合提供依据。只有在了解潜在顾客及其需求的基础上，才能进行客观、科学的市场评估。

（2）目标市场选择：根据企业的资源和优势，结合细分市场的吸引力和发展前景，明确要进入和占领的目标市场。

（3）市场定位：通过定义产品的重要属性，或将其相对于竞争产品的位置，树立产品在消费者心目中的独特地位。在选定的目标市场中，通过赋予企业和产品特定的特色，突显与竞争者的不同之处。

2.市场营销组合的发展

市场营销组合是企业根据顾客需求和营销目标，确定可控的营销因素的最佳组合，包括产品、价格、分销和促销等因素。

3.营销实施管理

在追求恰当的经营战略的同时，企业需要设计并实施能够最优地实现目标市场中目标的营销组合。这一过程涵盖了一系列关键的营销管理活动，包括分析、计划、实施和控制。

首先，在进行营销分析时，企业需要深入了解市场和营销环境，以发现具有吸引力的机会，并及早规避潜在的威胁，这不仅为其他营销管理职能提供了信息，也为战略制定提供了可靠基础。其次，制订营销计划是为了实现整体战略目标，这一计划是基于公司实现营销目标所构建的逻辑思维，包括目标市场、定位策略、营销组合以及预算等特定战略要素。典型的产品（品牌）营销计划内容包括执行总结、市场状况分析、机会和威胁评估、明确的目标设定、精心设计的营销战略、详细的行动计划、明晰的预算规划以及有效的控制机制。

其次，通过有序的实施营销计划，将抽象的战略思维转化为切实可行的营销活动。在实施过程中，必须进行营销控制，以便及时评估战略和计划的实施结果，发现问题并采取必要的纠偏措施，确保目标的顺利实现。通过这些全面的营销管理活动，企业能够更好地抵御来自各方面的竞争力量的威胁，从而在市场中建立起持久的竞争优势。只有不断适应变化的市场环境，完善营销策略，企业才能够不断提升自身在行业中的地位，获得长期成功。

单元四　市场营销组合

一、市场营销组合的概念和特征

（一）市场营销组合的概念

市场营销组合，是企业为了占领市场目标、满足顾客需求，而将各种市场营销手段整合、协调运用的关键策略。其核心是企业根据顾客的需求以及自身的营销目标，精心确定可操控的各种营销因素的最佳组合。这一概念最早由美国哈佛大学教授尼尔·鲍顿于 1964 年在美国市场营销协会的就职演讲中首次提出。在 20 世纪 50 年代初，基于需求中心的营销观念，杰罗姆·麦卡锡将企业开展营销活动的可控因素归纳为 4 个核心要素，即产品（Product）、价格（Price）、分销渠道（Place）和促销（Promotion），这便是著名的 4P 理论。麦卡锡的 4P 组合理论如表 6-1 所示。

在市场营销组合中，产品是基石，涵盖了产品的特性、质量、外观、功能等方面。价格是引导顾客购买决策的重要因素，需要与市场定位和竞争环境相协调。分销渠道则是确保产品能够高效地达到目标客户的途径，包括销售渠道、零售店铺、电子商务等。促销则旨在吸引顾客的注意力，通过广告、促销活动、公关等手段提升产品在市场中的知名度和吸引力。

总之，市场营销组合是企业实现营销目标的重要工具，通过合理搭配和协调各种营销因素，使产品或服务能够在市场中脱颖而出，满足顾客需求，同时也塑造了企业在市场中的形象和地位。随着市场环境的不断变化，企业需要灵活调整市场营销组合，以适应新的市场趋势和顾客期望，从而取得持久的市场竞争优势。

表 6-1 麦卡锡的 4P 组合理论

产品	价格	分销	促销
·有形产品 ·服务 ·特性 ·质量水平 ·附件 ·安装 ·说明书 ·担保 ·产品线 ·包装 ·品牌	·目标 ·灵活性 ·产品生命周期阶段 ·地理术语 ·折扣 ·津贴	·目标 ·渠道类型 ·市场展示 ·中间商类型 ·商店的位置和种类 ·运输 ·储存 ·服务 ·招聘中间商 ·管理渠道	·目标 ·促销组合 ·销售人员 种类 数量 挑选 培训 激励 ·广告 目标 媒体选择 广告冲击 销售促进 公共宣传

市场营销组合经过几次发展，从最初的 4P 逐渐演变为 6P 和 10P。其中，6P 是由科特勒提出的，基于原有的 4P 核心要素，又加入了政治（Politics）和公共关系（Public relations）。进一步地，科特勒将营销组合扩展为 10P。他将原有的 6P 称为战术性营销组合，而新引入的 4P 则包括研究（Probing）、划分（Partitioning）[即细分]、优先（Prioritizing）[即目标选定]、定位（Positioning），又被称为战略营销。

科特勒认为，战略营销计划的制订必须先于战术性营销组合的制订。战略的制定为后续的战术执行提供了基本指导。只有在战略营销计划的基础上，战术性营销组合的制定才能更加顺利有效。然而，目前仍广泛传播和应用的，是最初的 4P 分类法，即产品（Product）、价格（Price）、分销渠道（Place）和促销（Promotion）。这一经典的分类法仍然是营销领域中的重要理论基石，为企业制定市场策略和规划提供了框架。随着市场环境的不断变化，企业可以根据具体情况选择不同的营销组合策略，以适应不同的市场需求和竞争挑战。

（二）市场营销组合的特征

1.可控性

市场营销组合中所指的可控性是企业可以操控的因素。企业在综合运用市场营销要素时，必须善于有效地运用可控制的因素，同时还需要适应外部无法掌控的因素的变化，以在市场中保持主动地位。

2.动态性

市场营销组合是一个充满变化的因素组合，具有不断变化的特性。它涵盖了基本的 4 个变量（4P），而每个变量（因素）又包含许多细分要素。只要其中一个要素发生变化，就会产生全新的组合。企业营销策略的生命力在于适应无限变化和组合，其攻势来源于对变化的应变能力和灵活性。

3.复合性

市场营销组合由多次不同的组合构成。即使市场营销的环境条件相似，不同企业之间仍会有不同的营销组合策略。企业进行综合营销活动时，需要根据目标市场的需求，协调内部的人力和物力资源，充分考虑外部环境因素，从而选择出最佳的组合方式。

4.整体性

市场营销组合的各个要素并非简单堆砌，而应构成一个有机的整体。在整体效应的引导下，不同要素之间相互配合、互相补充，以实现超越单一局部功能之和的综合效应。整体性意味着要将各个要素融合为一个协调一致的整体，以更好地实现市场目标。

二、产品和品牌策略

产品是市场营销组合中最为重要且基础的要素。企业在制定营销组合策略时，首要的任务是明确所要开发的产品，以满足目标市场的需求。同时，产品策略直接或间接地影响着其他营销组合要素的管理。由此可见，产品策略是整个营销组合策略的基石。

（一）产品和品牌的概念

产品是指能够通过交换来满足消费者或用户某一需求和欲望的任何有形物品和无形服务。菲利普·科特勒认为，用 5 个层次的方式更能准确表达产品整体概念的内涵。

1.核心产品

核心产品是指向顾客提供的产品的基本效用或利益，从根本上说，每种产品实质上都是为了解决问题而提供的服务。例如，人们购买冰箱不仅是为了电器零部件等物体，更是为了获得冰箱保鲜和冷冻功能的核心价值。

2.形式产品

形式产品是核心产品的外在表现，由 5 个特征构成，包括品质、样式、特性、商标以及包装。产品的基本效用必须通过特定的形式才能实现，市场营销人员应该不断寻求更加完善的外在表现来满足顾客的需求。

3.期望产品

期望产品是指购买者在购买商品时期望得到的与产品紧密相关的一系列属性和条件。例如，酒店的客人期望获得干净的床铺、洗漱用品、毛巾和浴巾等物品。由于大多数旅馆都能满足这些一般期望，因此在选择相似档次的酒店时，客人通常会根据就近和方便性做出决策，而不是根据期望产品来选择。

4.延伸产品

延伸产品是顾客购买形式产品和期望产品时附带获得的各种利益的总和，包括产品说明书、保证、安装、维修、送货、技术培训等。许多情况表明，新的竞争不仅依赖于公司在工厂内生产的产品，更在于是否能正确发展延伸产品。

5.潜在产品

潜在产品是指现有产品包括所有附加产品在内的可能发展成未来最终产品的潜在状态。

潜在产品揭示了现有产品的可能演进趋势和未来发展前景。例如，随着技术的进步和市场需求的变化，智能手机从最初的通信工具逐渐演变为具有多种功能的移动终端，包括摄影、社交媒体、支付等功能。在这个过程中，手机附加了各种应用程序、服务和附件，形成了一个全新的产品生态系统，这就是潜在产品的体现。通过观察潜在产品的发展，企业可以更好地把握市场趋势，为未来的创新和战略规划提供指引。

（二）产品的分类

1.根据其耐用性和是否有形划分

（1）非耐用品：一般指有一种或多种消费用途的低值易耗品。

（2）耐用品：一般指使用年限较长、价值较高的有形产品，通常有多种用途。

（3）服务：为了出售而提供的活动、利益或满足。

2.根据购买者的习惯和特点划分

（1）便利品：顾客频繁购买或需要随时购买的产品。

（2）选购品：顾客在选购的过程中，对适用性、质量、价格和式样等基本方面要做认真权衡比较的产品。

（3）特殊品：局部独有特征或品牌标记的产品。

（4）非渴求品：消费者不了解或即便了解也不想购买的产品。

3.根据各类产业组织需要划分

（1）材料和部件：完全转化为制造商产成品的一类产品，包括原材料、半制成品和部件。

（2）资本项目：部分进入产成品中的商品，包括装备和附属设备。

（3）供应品和服务：不构成最终产品的那类项目。

（三）产品生命周期

产品生命周期是指一个产品自诞生之日起，经历从开发、推向市场、迅速成长、逐渐成熟，再到逐渐衰退和最终淘汰的全过程。这个过程通常呈现出一系列明显的阶段性特征，每个阶段都伴随着特定的市场环境、竞争态势和消费者行为的变化。典型的产品生命周期一般可分为4个阶段，即引入期、成长期、成熟期和衰退期（见图6-1）。

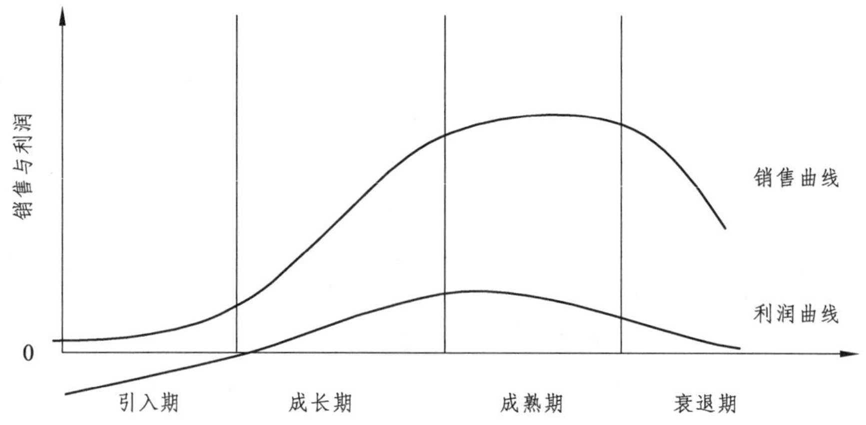

图6-1　产品的生命周期形态

产品生命周期各阶段的市场特点如下：

（1）引入期：当新产品投入市场时，即进入引入期。这时，顾客对产品还不甚了解，只有少数追求新奇的顾客可能会购买，因此销售量相当低。为了拓展销售渠道，需要大量的促销费用，对产品进行广泛宣传。在这一阶段，由于技术原因，产品无法大规模生产，成本较高，销售额增长缓慢，企业可能亏损。同时，产品也需要进一步完善和改进。

（2）成长期：在此阶段，顾客已经对产品熟悉，大量新顾客开始购买，市场逐渐扩大。产品开始批量生产，成本相对降低，企业销售额快速增长，利润也迅速增加。竞争者看到市场潜力，纷纷进入，带来同类产品供应量的增加，导致价格下降，企业利润增长速度逐渐减缓，最终达到生命周期内的最高点。

（3）成熟期：市场需求接近饱和，潜在顾客有限，销售额增长缓慢甚至下降，标志着产品进入成熟期。在这一阶段，竞争加剧，产品售价下降，促销费用增加，企业利润减少。

（4）衰退期：随着科技发展，新产品或替代品的出现可能改变顾客的消费习惯，这使他们开始转向其他产品，导致原有产品的销售额和利润快速下降，产品进入衰退期。

企业营销人员需要认真分析产品所处的生命周期阶段，审时度势，采取相应的市场营销策略。例如在成长期，核心策略是尽可能延长这个黄金时期。需要不断提高产品质量，增加新功能，改变款式，开发新型号和用途等，以满足更广泛的顾客需求，吸引更多客户。此外，应将广告宣传的重心从产品介绍转移到品牌建设上，树立产品品牌，维系老客户，吸引新客户。在适当时机，也可以采取降价策略，以刺激价格敏感的消费者购买。而当产品衰退时，企业需要权衡立即停产还是逐步停产的关键问题，并处理好后续事宜，以确保企业有序地转向新产品经营。

（四）品牌策略

品牌是产品整体概念中不可或缺的重要构成。品牌是指用于辨识某种产品或服务的生产者或销售者的名称、术语、标志、符号、设计，或是这些元素的组合。消费者将品牌视为产品的一个关键组成部分，而品牌管理能够为产品增值。一个强势品牌具备高品牌资产，这意味着它拥有较高的品牌忠诚度、知名度、感知质量，以及与之相关的强烈品牌联想，还包括一些资产，如专利、商标和分销渠道关系等。

品牌策略是一系列能够产生品牌积累的企业管理与市场营销方法，其中涵盖了所有要素，包括 4P（产品、价格、渠道、促销）和品牌识别。主要的品牌策略有以下 3 种：

（1）品牌使用者决策：即企业决定使用自身（制造商）的品牌、经销商的品牌，还是两者兼用。主要有 4 种形式，即制造商品牌、商店品牌、许可品牌和联合品牌。

（2）品牌名称决策：即企业决定是否为所有产品使用一个或多个品牌，或者让不同产品分别使用不同品牌。如果企业为每个产品使用独立的品牌，即采用个别品牌名称，则有助于为每种产品寻找不同的市场定位；而享有高声誉的著名企业通常会采用统一的家族品牌名称策略，以充分利用其品牌影响力。

（3）品牌战略决策：主要有 4 四种策略，即产品线扩展策略、品牌延伸策略、多品牌策略和新品牌策略。

三、定价策略

（一）价格的含义

价格是对产品和服务所标定的货币价值，从广泛的角度来看，价格反映了在交换过程中消费者获得和使用产品及服务的价值。不论是营利性还是非营利性组织，在定价方面都有重要作用。举例而言，房租、学费、医疗费、保险费、路费以及会员费均需定价。企业支付给员工的薪酬也可视为劳动力的价格，而包括所得税在内的各种付款皆可视为获得个人或企业收入的成本。

然而，价格又非仅是货币上的表述，它代表了市场上各种商品、服务所隐含的价值和需求。在竞争激烈的商业环境中，正确的定价策略能够直接影响企业的盈利能力、市场份额以及品牌形象。

（二）影响定价的因素

影响产品定价的因素众多，涵盖了企业内外、主客观等各个方面。一般而言，产品定价的上限取决于市场需求，下限则取决于产品成本、费用等因素。主要从定价目标、产品成本、市场需求、竞争因素和政策因素等角度来分析影响企业定价的主要因素。

1.定价目标

企业在制定价格时必须考虑目标市场策略。首先，考虑利润导向目标，基于市场信息和需求预测，在成本基础上适度定价，追求利润最大化。其次，考虑竞争导向目标。某些企业在激烈竞争下，可能会采取大幅度降低价格以提高市场份额的定价目标，不惜牺牲当前利润，甚至忽视生产成本。最后，考虑销售导向目标。企业可能以增加整体产品线的销售额为目标，而非仅关注单一产品的利润或市场份额，因此可以采取最大化销售收入的定价策略。

2.产品成本

成本是影响定价的关键因素。企业在制定价格时必须将成本视为最低界限，只有当产品价格高于成本时，企业才能弥补生产成本并获利。然而，在一段时间内，某些产品价格低于成本也并非不可接受。产品成本可以被视为定价的经济底线，通过成本-盈利分析法来确定。在一定时间内，总价格水平必须超过盈亏平衡点的产销数量，才能实现盈利。不过，在市场恶劣情况下，为应对短期问题，产品售价也可适当低于变动成本。

3.市场需求

当市场对商品需求高于供应时，价格可能会提高；相反，需求低于供应时，价格可能会降低。反过来，价格的变化会影响市场需求总量，从而影响销售量，进而影响企业目标的实现。因此，企业在定价时必须了解价格变动对市场需求的影响程度。商品价格需求弹性系数是一个衡量影响程度的指标。

4.竞争因素

根据市场竞争程度，市场可以分为完全竞争、不完全竞争和完全垄断几类。在完全竞争下，买卖双方都大量存在，产品同质且不存在差异，价格由市场既定价格决定。不完全竞争情况下，少数买卖双方对价格和交易数量有较大影响，市场信息不充分，活动受限。在这种情况下，企业定价策略有较大的空间。完全垄断下，供应完全由独家控制，定价由垄断者决定。可见，不同程度的竞争影响企业定价策略。

5.政策因素

政策因素对定价的影响是多方面的。国家的价格政策、金融政策、税收政策以及产业政策等都直接影响企业产品定价。

（三）定价的方法

企业定价的高低受到成本、市场需求和竞争等多个因素的影响。在实际定价过程中，通常需要重点考虑某一方面，因此企业常常采用成本导向、需求导向和竞争导向等 3 种主要定价方法。

1.成本导向定价法

成本导向定价法是最简单的定价方法之一，即在产品单位成本的基础上，加上预期利润，得出产品的销售价格。售价与成本之间的差额即为利润。常见的成本导向定价法是成本加成定价法，根据不同核算标准，分为平均成本加成和边际成本加成两种。成本加成定价法是一种常用的理性定价方法，容易理解和应用。然而，由于成本导向定价基于预估成本，一旦实际生产变化，定价就会受到直接影响。若企业成本高于竞争对手，此方法可能导致竞争力下降。

2.需求导向定价法

需求导向定价法侧重考虑市场需求强度和消费者对产品价值的理解，以确定产品销售价格。此方法主要考虑消费者可接受的价格和相应需求数量，而非产品成本。它以消费者对商品价值的感知为基础，将买方价值判断与卖方成本费用相对比，更强调前者。消费者对商品价值的认知不同，可能导致不同的价格水平。

3.竞争导向定价法

竞争导向定价法是指企业密切关注竞争对手的价格，以其为主要依据制定自己的产品定价。这并不意味着必须与竞争对手的价格一致，而是可以根据竞争对手的定价制定高于、低于或相同的价格。其中随行就市定价和封标定价较为常见。这种方法充分考虑了产品价格在市场上的竞争力,但过分关注价格竞争可能会忽略其他营销组合带来的产品差异化竞争优势。

不同的定价方法适用于不同的市场环境和企业策略。企业可以根据产品属性、市场需求、竞争态势等综合考虑，选择合适的定价方法。综合运用这些方法，企业能够更准确地确定价格，平衡成本、需求和竞争因素，以实现市场目标和盈利目标。

（四）定价的策略

企业在制定产品基础价格时，需要考虑成本、需求、竞争等因素。然而，在实际的市场运营中，企业还需根据多种因素制定不同的定价策略，以适应市场环境的不断变化，并灵活修正或调整产品价格。

1.新产品定价策略

针对新产品，企业通常会采取撇脂定价和渗透定价策略。撇脂定价在产品生命周期初期将价格设定得较高，以获取最大利润。这种策略适用于消费者对新产品充满好奇，愿意为其支付较高价格的情况。渗透定价则是将创新产品的价格定得相对较低，以吸引大量消费者，迅速提高市场份额。这有助于建立品牌声誉，吸引初次尝试者，并为后续的市场渗透创造条件。

2.差别定价策略

企业常常根据不同的顾客群体、时间和地点进行差别定价，以满足不同需求和市场情况。这种策略强调个性化定价，让不同的消费者可以根据其情况支付不同的价格。差别定价可以是根据市场定位、付费能力或购买习惯来制定，从而最大限度地满足不同顾客的购买意愿。

3.产品组合定价策略

针对产品组合，需要调整定价方法。不同产品之间存在成本和需求关系，可能带来不同程度的竞争。在产品组合定价策略中，可以采用以下方法：

（1）产品大类定价时，首先，确定某种产品的最低价格，充当领袖价格以吸引消费者购买产品大类中的其他产品；其次，确定产品大类中某种产品的最高价格，充当品牌质量和收回投资的角色；最后，其他产品分别依据其在产品大类中的不同角色制定不同的价格。

（2）选择品定价，是指企业提供产品的同时，会附带一些可提供产品或服务的定价。在定价时，企业必须确定可提供的产品应当包括哪些，又有哪些可作为选择对象。

（3）补充产品定价，是指有些产品需要附属品或补充品才能使用，许多制造商习惯对主产品制定较低价格，为附属品制定较高的价格。但是，补充品定价过高也会出现问题。

（4）分部分定价，是指服务性企业经常收取一笔固定费用，再加上可变的使用费用，权衡各笔可变费用对总收益的影响，并确定使总收益最大化的分部分的价格。

（5）副产品定价，是指在生产加工过程中，经常产生副产品，如果副产品价值低，处置费用高，就会影响主产品定价，其价格必须能弥补副产品的处置费用。如果副产品能够发挥用处，可按其价值定价。副产品如果能带来收入，则有助于企业在应对竞争时制定较低的价格。

（6）产品系列定价，又称价格捆绑，即企业经常打包出售一组产品或服务。目标是刺激产品线的需求，充分利用整体运营的成本经济性，同时努力提高利润净贡献。不过，在有些顾客可能不需要整个系列产品的情况下，企业节约的成本如果大于顾客不愿支付商品的价格损失，利润就会上升。

4.价格调整策略

企业制定产品价格后，并不意味着任务完成。随着市场营销环境的不断变化，企业必须适时对现行价格进行调整。一方面，当企业面临生产能力过剩、竞争压力增大、成本费用低于竞争对手或技术进步等情况时，可能会采取主动降价的策略。另一方面，如果企业遭遇通货膨胀、产品供需失衡，或对产品进行包装、款式和性能方面的改进，可能会倾向适度提价。

当竞争者调整价格时，企业不能盲目跟随也不能无动于衷，应迅速展开市场调研，深入了解竞争者调价的动机、期限等，同时结合所经营产品的特性，制定差异化的应对策略。在同质性较强的产品市场中，如果竞争者降价，企业需要与之同步降价，以避免失去顾客。然而，当竞争者提价时，企业可选择跟进或暂时观望。如果多数企业维持原价，最终可能迫使竞争者放弃涨价计划，使竞争者的提价策略失效。

四、分销策略

（一）分销渠道的概念和构成

分销渠道是指由一系列相互依赖的组织构成的，共同参与提供产品或服务，以供消费者或产业用户使用的过程。在这一过程中，制造商将部分销售活动委托给营销中介，虽然会在销售的主动权方面有所放弃，但这样做能使企业的产品或服务更加顺利地被使用或消费。通过分销渠道，商品能够从生产者手中无阻碍地传递到最终的消费者或用户手中，确保他们在适当的时间和地点购买到满足自身需求的产品。

一个完整的分销渠道通常包括供应商、制造商、代理商、批发商、零售商和最终消费者等多个环节。每个环节都扮演着不同的角色和职责，共同构成了产品或服务从生产到消费的完整链条。通过这些环节的协同合作，产品能够有效地流通，从而满足市场的需求并实现交付。

（二）分销渠道的类型

根据流通环节的复杂程度，分销渠道可以进一步划分为直接渠道和间接渠道、短渠道和长渠道。直接渠道是指产品从制造商直接流向消费者或用户，中间没有经销商的参与。这种渠道简洁高效，但需要制造商自行承担销售和分销的职责。相反，间接渠道涉及多个中间商，如代理商、批发商和零售商，其流通环节相对复杂，但可以分担制造商的销售压力，增加产品的市场覆盖。

此外，根据各环节中间商的数量，分销渠道又可划分为宽渠道和窄渠道两大类型。宽渠道涉及多个中间商，产品经过多次转手才到达最终消费者。这种渠道适用于市场覆盖较广的情况，但也可能导致成本和沟通难度增加。相反，窄渠道涉及较少的中间商，流通过程相对紧凑，适用于特定市场和高品质产品的分销，但可能限制市场覆盖范围。

（三）影响分销渠道选择的因素

在分销渠道的选择过程中，涉及确定如何最有效地将产品送达目标市场的关键问题。因此，选择适合的分销渠道需要综合考虑以下因素的影响：

1.顾客特征

渠道选择首先受到顾客人数、地理分布、购买频率、平均购买数量以及对不同促销方式的敏感性等因素的影响。当市场需求量较大时，生产者可能更倾向选择每一层次都有较多中间商参与的较长渠道，以更好地满足广泛的消费需求。此外，也要考虑不同顾客的购买行为和偏好。

2.产品特性

不同产品的特性也会影响渠道的选择。易腐烂的产品可能需要直接营销，以减少拖延时间和重复处理的风险。而那些与其价值相比体积较大的产品，则可能选择搬运距离最短、搬运次数最少的渠道，以降低运输成本和风险。

3.中间商特性

在选择渠道时，需要考虑不同中间商的特点和能力，以及它们在运输、广告、存储、接纳顾客等方面的执行职能。不同的中间商可能在信用条件、退货特权、人员培训和送货频率等方面有不同的要求，这些特性将影响最终渠道的效率和成本。

4.竞争特性

竞争环境也是影响渠道选择的重要因素。有些生产者希望在与竞争者相同或相近的经销地点进行竞争，以抢占市场份额。然而，有时竞争者所使用的渠道可能不适用于所有企业，因此需要考虑如何避免或适应竞争对手的渠道策略。

5.企业特征

企业自身的规模、财务实力、产品组合、渠道经验和营销政策也会影响渠道选择。大型企业可能拥有更多资源和能力来管理复杂的分销渠道，而小型企业可能更倾向选择简化的渠道结构。

6.环境特性

经济环境的变化也会影响渠道选择。在经济萧条时，生产者可能更倾向采用成本较低的分销方式，以便最终顾客廉价购买产品。这通常涉及使用较短的渠道，减少可能增加产品最终销售价的不必要的服务。

五、促销策略

（一）促销、促销组合的含义和作用

促销是企业为了向目标顾客传递商品或劳务信息，激发购买兴趣并引导购买行为，而采用人员推销或非人员推销等方式的营销活动。通过促销，企业能够让消费者认识到产品或劳务的性能、特点以及所带来的利益，从而引发购买欲望，推动消费者购买。而促销组合则是在考虑产品特点和营销目标的基础上，综合各种影响因素，选择、编排和运用各种促销方式的过程。

促销在企业的营销活动中有着不可或缺的重要作用。首先，促销可以作为信息传递的桥梁，帮助企业向消费者传达产品的信息和企业的特点，从而增强消费者对产品的认知。通过促销活动，产品的优势和特色可以更加鲜明地展现出来，从而吸引消费者的注意。其次，促销能够有效地引导消费者的需求。通过巧妙的促销手段，企业可以在消费者心中塑造出购买欲望，使消费者更加渴望拥有所推出的产品或劳务。这有助于提高销售量和销售额，推动企业的业绩增长。同时，促销还具备一定的教育和指导作用。通过促销活动，企业可以向消费者传递有关产品使用、优势以及解决问题的信息，帮助消费者更好地了解产品，做出明智的购买决策。最后，促销还有助于培养消费者对产品和品牌的喜好及忠诚度。通过持续的促销活动，消费者可以逐渐培养对产品的偏爱，建立起与品牌的情感联系，从而稳定销售并形成长期客户关系。

（二）销售促进的方式

销售促进的方式丰富多样，每家企业并不需要采用所有方式，因此企业需要根据各方式的特点、促销目标、目标市场类型以及市场环境等因素来选择适合自身的销售促进方法。

（1）面向消费者的促销方式。在这方面，企业可以采用多种方法来吸引消费者的兴趣和购买欲望。例如，赠送样品是一种常见的方式，通过让消费者亲身体验产品，引发他们的兴趣。另一种方式是赠送代金券，可以鼓励消费者在未来购买时使用，刺激重复购买。包装兑现和廉价包装也可以引起消费者的注意，赠送额外的产品或附加值可以增强产品吸引力。此外，赠品印花和有奖销售等活动也能够增加趣味性，吸引更多消费者参与。

（2）面向中间商的促销方式。针对中间商，企业可以采取不同的策略来激励其促进产品销售。购买折扣是常见的方法，通过给予中间商一定的折扣来鼓励他们批量购买和销售产品。此外，企业也可以提供资助，支持中间商开展宣传、广告等促销活动，从而增强产品在市场上的曝光度。经销奖励也是一种激励方式，通过设立奖励计划，鼓励中间商在销售方面表现出色。

知识小结

本章主要阐述了市场营销领域的关键内容。通过本章的学习，我们能了解市场营销的成功是建立在深刻理解市场环境基础上的。市场营销环境与调研揭示了内外部因素对业务的影响，从经济、竞争到法律、技术，为制定营销策略提供了必要信息。而市场营销战略的制定则是将企业目标与市场机会相结合，通过市场细分和定位，为产品提供最大价值。市场营销组合是指产品、价格、渠道和促销等元素的协调安排，以满足目标市场需求并实现业务目标。

巩固提高

1.什么是市场营销？它与推销有什么本质区别？

2.如何分析竞争环境？竞争环境对选择经营战略有什么影响？

3.在产品的不同生命周期应当采取哪些营销手段？

案例分析

汽车品牌Y：数字化转型引领的创新营销策略

汽车行业一直在面临激烈的竞争和快速变化的消费者需求。在这一环境下，汽车品牌Y决定通过创新的数字化营销策略来应对市场挑战，提升品牌认知并实现销售目标。

为了引领创新营销，汽车品牌Y全面进行数字化转型。他们认识到数据的重要性，开始投资建设数据分析团队，深入了解消费者行为和市场趋势。通过社交媒体监测、在线调查和用户行为分析等手段，他们收集了大量数据，将其转化为有价值的洞察，用于指导决策制定。

基于数据分析，汽车品牌Y采用了个性化的营销策略。他们充分利用收集到的消费者数据，为不同的消费者群体定制营销内容和推广活动。这种个性化互动不仅增强了用户的参与感，也提高了购车意愿。品牌利用定制化推荐，引导消费者做出更明智的购车决策。创意内容在数字化营销中扮演着重要角色。汽车品牌Y创造了一系列富有创意和互动性的数字内容，以吸引年轻一代消费者。其中，虚拟现实应用成为亮点，消费者可以在虚拟环境中感受汽车的驾驶体验，这种情感连接有助于提前建立购车决策。

为确保数字化营销策略的一致性，汽车品牌Y将其融入多个平台，包括社交媒体、官方网站和移动应用。通过跨平台整合，品牌在不同渠道上传递一致的信息，提升了消费者对品牌的认知度和信任感。

此外，汽车品牌Y还注重数据安全和隐私保护。在数据收集和个性化营销过程中，他们采取了严格的数据加密和隐私政策，确保消费者数据的安全，并明确告知数据使用方式。

数字化转型带来了显著的成果。首先，品牌认知度大幅提升。通过数字化营销策略，汽车品牌Y在消费者中建立起热门品牌的形象，提升了品牌知名度和影响力。其次，销售额实现了增长。个性化营销和创意内容吸引了消费者参与，提高了购车意愿，从而促进了销售额的增加。最后，客户满意度提升。数字化转型使汽车品牌Y更好地了解消费者需求，为他们提供更符合期望的产品和服务，提高了客户的满意度。

然而，这个案例也带来了一些启示和教训。首先，品牌要深刻认识数据的价值，并将其转化为有意义的行动。数据分析为市场策略提供了强有力的支持。其次，个性化营销需要平衡数据驱动和隐私保护。品牌应确保在推动个性化营销的同时，尊重消费者的隐私权。再次，跨平台整合要适应不同平台的特点。不同平台上的受众和互动方式各不相同，品牌需要根据特点进行调整。最后，创意内容要与品牌核心价值一致。创意内容虽然能吸引关注，但也应与品牌价值相契合，避免误导消费者。

总之，汽车品牌 Y 通过数字化转型引领的创新营销策略，成功应对市场挑战，提升了品牌认知、销售额和客户满意度。这个案例强调了数字化在现代市场中的重要性，以及如何通过数据驱动的方式来改善客户体验和提升业绩。然而，也要认识到数字化营销并非一劳永逸，需要不断地适应变化的消费者需求和技术趋势。

思政点睛

案例强调数据安全和隐私保护，体现了对消费者数据安全和隐私权的尊重；注重消费者体验和满意度，体现了品牌对消费者需求的关注和满足；倡导创新驱动和持续发展，体现了品牌持续创新、持续发展的企业责任感；提倡平衡发展和长远发展，体现了在追求发展的同时注重长远发展和可持续发展的责任感及使命感。

思考：

1.数字化转型如何平衡个性化营销与消费者隐私保护之间的关系？

2.数字化转型后，品牌如何持续保持创新，及与用户互动的动力？

实训设计

实训要求：

学生按班级分组（每组5~8人），前往大型零售商进行消费者行为的市场调查。调查内容包括设计调查问卷，采访10~20名消费者，了解其年龄、消费金额、购买商品类型、每月消费次数等信息。同时，将调查过程录制成小段视频，将调查结果和数据分析整理制作成PPT，在课堂上进行分享。通过实地调查与数据分析，培养学生的市场调研能力和团队合作意识。

实训目标：通过实地市场调查，了解消费者行为及其影响因素，培养学生的市场调研和分析能力，以及团队合作和沟通能力。

实训目的：通过实地市场调查，学生的市场调研和数据分析能力得到了提升。学生在团队合作中培养了沟通、协作和分工合作的技能。通过PPT分享，学生展示了对调查结果的深刻理解和分析能力。

实训内容：

（1）团队组建与调查主题确定。

根据班级人数，将学生分为若干个小组，每组5~8人。确定市场调查的主题为“消费者行为分析”，旨在探究不同消费者群体的购买习惯、偏好及消费频次。

（2）调查问卷设计。

每个小组设计一份调查问卷，包括消费者的基本信息（如年龄段）、消费金额、购买商品类型、每月消费次数等内容。确保问卷设计合理、简洁明了，并具备一定的开放性问题，以获取更丰富的数据。

（3）市场调查实施。

各小组前往大型零售商，进行实地市场调查。随机采访10~20名消费者，记录他们的回答，并确保问卷填写的准确性和完整性。

（4）调查过程记录。

在市场调查过程中，各小组成员可以使用手机或摄像设备录制小段调查过程的视频片段。视频片段应包括团队成员采访消费者、交流合作的场景，以及在实地环境中的调查情况。

（5）数据整理与分析。

将采集到的调查数据进行整理和归纳，制作数据表格或图表。利用统计学方法对数据进行分析，寻找不同年龄段、消费金额等因素之间的相关性和趋势。

（6）制作PPT与调查分享。

各小组将市场调查的过程和结果整理成PPT，包括调查背景、问卷设计、采访过程、数据分析及相关结论。课堂上，每个小组进行调查分享，展示PPT并播放调查过程的视频片段，介绍数据分析结果和相关洞察。最后形成调研报告（见表6-2）。

表 6-2　市场调研报告

<table>
<tr><td colspan="2">调研小组成员：</td></tr>
<tr><td>调研地点：</td><td>调研时间：</td></tr>
<tr><td colspan="2">1.调研内容和目的：</td></tr>
<tr><td colspan="2">2.调研过程：</td></tr>
<tr><td colspan="2">3.调研数据：</td></tr>
<tr><td colspan="2">4.调研结论：</td></tr>
</table>

模块七 创业团队和股权结构

学习目标

1.了解创业团队的内涵和组建的基本原则，树立正确的创业观。
2.理解创业团队的组建程序。
3.掌握创业团队股权结构的设计，遵纪守法，做一名知规则、知法的创业者。

思政目标

1.建立诚信、责任、创新和合作的团队价值观。
2.培养学生的自律性、目标感和决策能力。
3.学会团队协作和协调，提升自我修养。
4.能够预测和应对潜在的商业风险，具备一定的风险管理能力。

单元一 创业团队概述

一、创业团队的内涵

创业团队是指在创业初期（包括企业成立前和成立早期），由一群才能互补、责任共担、愿为共同的创业目标而奋斗的人所组成的特殊群体。

创业不是一个人就能实现和完成的事，此时就需要有一个后盾，即团队。创业团队必备的四大要素包括：目标、人员、角色分配和创业计划。因而，一个优秀的创业团队需具备以下要素：

（1）目标清晰。高效的团队对于要达到的目标有清晰的了解，并坚信这一目标包含着重大的意义和价值。而且，这一目标的重要性还激励着团队成员把个人目标升华到团队目标中去。

（2）技能互补。高效的团队是由一群有能力的人组成的。他们具备实现理想目标所必需的技术和能力，而且相互之间有良好合作的个性品质，从而能够出色完成任务。

（3）沟通良好。成员之间通过畅通的渠道交换信息，互相之间能迅速、准确地了解一致的想法和情感。管理层与团队成员之间健康的信息反馈，有助于管理者指导团队成员行动，消除误解。

（4）承诺一致。团队成员对群体具有认同感，将自己看作该群体的一员。承诺一致的表现是对团队目标的奉献精神，愿意为实现目标而调动和发挥自己的最大潜能。

（5）恰当领导。高绩效团队领导者往往扮演的是教练和后盾的角色，他们对团队提供指导和支持，但并不试图去控制它，他们鼓舞团队成员的自信心，帮助他们更充分地了解并激发自己的潜能。

（6）相互信任。团队成员之间相互作用、直接接触，彼此相互影响，形成一种默契、关心和信赖，不论何时，不论需要什么样的支持，成员之间都相互给予，彼此协作，共同完成团队的目标。

创业团队不同于一般的社会团体，这是一种为了实现创业而形成的集体，具有其特殊性。好的创业团队可以更快地走上成功的道路。

二、创业团队组建的基本原则

（一）目标明确合理原则

创业团队的目标必须明确，这样才能使团队成员清楚地认识到共同的奋斗方向是什么。与此同时，目标也必须是合理的、切实可行的，从而真正起到激励的作用。

（二）互补原则

创业者之所以寻求团队合作，其目的就在于弥补创业目标与自身能力间的差距。只有当团队成员相互间在知识、技能、经验等方面实现互补时，才有可能通过相互协作发挥出“1+1>2”的协同效应。

（三）精简高效原则

为了减少创业期的运作成本、最大比例地分享成果，创业团队人员构成应在保证企业能高效运作的前提下尽量精简。

（四）动态开放原则

创业过程是一个充满了不确定性的过程，团队中可能因为能力、观念等多种原因不断有人离开，同时也有人不断要求加入。因此，在组建创业团队时，应注意保持团队的动态性和开放性，使真正完美匹配的人员能被吸纳到创业团队中来。

三、团队创建的必要性

现在很多的创业者都选择了团队合作，以进一步使项目在市场中快速运营。那么创业团队的必要性都有哪些呢？

（一）取长补短，优势互补

一个人不可能什么都擅长，选择团队合作可以将每一个人的优势展现出来，只要分工明确就可以将所有的事情变得更加简单轻松。

（二）团队力量更加强大

各行各业的竞争都非常激烈，选择团队合作能够集中所有人的力量。

（三）团队合作提高个人能力

团队合作可以了解个人的不足。一个人的力量是有限的，个人也没有精力和时间去管理好市场。而选择团队合作则能很好地发挥个人实力，也可以通过别人来了解个人的优缺点。

（四）享受团队带来的成果

大家都知道创业是非常艰苦的，尤其是个人创业时，则更孤单。这时如果选择团队合作，就能够得到更多的支持。当创业者感到迷茫的时候，有了团队的支持就能够获得更多的成果。

（五）凝聚力强大

在创业的前期能够拥有很好的团队，能让创业者少走弯路，也可以帮助创业者分担更多的压力，帮助创业者出谋划策。

创业团队对于经营者或者企业来说有非常大的影响，在现实当中有些企业也会主动寻找合作伙伴来共同发展。

单元二 创业团队的组建程序及影响因素

一、创业团队的组建程序

创业团队的组建是一个相当复杂的过程，不同类型的创业项目所需的团队不一样，创建步骤也不完全相同。概括来讲，大致的组建程序如下：

（一）明确创业目标

创业团队的总目标就是要通过完成创业阶段的技术、市场、规划、组织、管理等各项工作，实现企业从无到有、从起步到成熟。总目标确定之后，为了推动团队最终实现创业目标，再将总目标加以分解，设定若干可行的、阶段性的子目标。

（二）制订创业计划

在确定了阶段性子目标以及总目标之后，紧接着就要研究如何实现这些目标，这就需要制订周密的创业计划。创业计划是在对创业目标进行具体分解的基础上，以团队为整体来考虑的计划。创业计划确定了在不同的创业阶段需要完成的阶段性任务，通过逐步实现这些阶段性目标来最终实现创业目标。

（三）招募合适的人员

招募合适的人员是组建创业团队最关键的一步。关于创业团队成员的招募，主要应考虑两个方面：一是考虑互补性，即考虑其能否与其他成员在能力或技术上形成互补。这种互补性既有助于强化团队成员间彼此的合作，又能保证整个团队的战斗力，更好地发挥团队的作用。一般而言，创业团队至少需要管理、技术和营销 3 个方面的人才。只有 3 个方面的人才形成良好的沟通协作关系后，创业团队才可能实现稳定高效。二是考虑适度规模。适度的团队规模是保证团队高效运转的重要条件。团队成员太少则无法实现团队的功能和优势，而过多又可能会产生交流障碍，甚至可能在团队中分裂成许多较小的团体，进而大大削弱团队的凝聚力。一般认为，创业团队的规模控制在 2～12 人最佳。

（四）职权划分

为了保证团队成员执行创业计划、顺利开展各项工作，必须预先在团队内部进行职权的划分。创业团队的职权划分就是根据执行创业计划的需要，具体确定每个团队成员所要担负的职责以及相应所享有的权限。团队成员间职权的划分必须明确，既要避免职权的重叠和交叉，也要避免无人承担造成工作上的疏漏。此外，创业过程中，面临的创业环境是动态复杂的，不断会出现新的问题，团队成员可能不断更换，因此创业团队成员的职权也应根据需要不断地进行调整。

（五）构建创业团队制度体系

创业团队制度体系体现了创业团队对成员的控制和激励能力，主要包括团队的各种约束制度和各种激励制度。一方面，创业团队通过各种约束制度（主要包括纪律条例、组织条例、财务条例、保密条例等）指导其成员避免做出不利于团队发展的行为，实现对其行为进行有效的约束，保证团队的稳定秩序。另一方面，创业团队要实现高效运作，则要具备有效的激励机制（主要包括利益分配方案、奖惩制度、考核标准、激励措施等），使团队成员才能看到随着创业目标的实现，其自身利益将会得到怎样的改变，从而达到充分调动成员的积极性，最大限度发挥团队成员作用的目的。要实现有效的激励首先必须把成员的收益模式界定清楚，尤其是关于股权、奖惩等与团队成员利益密切相关的事宜。需要注意的是，创业团队的制度体系应以规范化的书面形式确定下来，以免产生不必要的混乱。

（六）团队的调整融合

完美组合的创业团队并非创业一开始就能建立起来，大多在企业创立一定时间以后会随着企业的发展而逐步形成。随着团队的运作，团队组建时人员匹配、制度设计、职权划分等方面的不合理之处会逐渐暴露出来，这时就需要对团队进行调整融合。由于问题的暴露需要一个过程，所以团队调整融合也是一个动态持续的过程。在完成了前面的工作步骤之后，团队调整融合工作专门针对运行中出现的问题不断对前面的步骤进行调整直至满足实践需要为止。在进行团队调整融合的过程中，最为重要的是要保证团队成员间经常有效的沟通与协调，培养强化团队精神，提升团队士气。

二、创业团队组建的主要影响因素

创业团队的组建受到诸多因素的影响，这些因素相互作用，共同影响组建过程并进一步影响团队建成后的运行效率。

（一）创业者

创业者的能力和思想意识从根本上决定了是否要组建创业团队以及团队组建的时间表以及由哪些人组成团队。创业者只有在意识到组建团队可以弥补自身能力与创业目标之间存在的差距，才会考虑是否需要组建创业团队，以及对什么时候需要引进什么样的人员才能与自己形成互补做出准确判断。

（二）商机

不同类型的商机需要不同的创业团队。创业者应根据创业者与商机间的匹配程度，决定是否要组建团队以及何时、如何组建团队。

（三）团队目标与价值观

共同的价值观、统一的目标是组建创业团队的前提，团队成员若不认可团队目标，就难以全心全意为此目标的实现而与其他团队成员相互合作、共同奋斗。而不同的价值观将直接导致团队成员在创业过程中脱离团队，进而削弱创业团队作用的发挥。没有一致的目标和共同的价值观，创业团队即便组建起来，也无法有效发挥协同作用，以致战斗力弱。

（四）团队成员

团队成员的能力总和决定了创业团队整体能力和发展潜力。创业团队成员的才能互补是组建创业团队的必要条件。而团队成员间的互信是形成团队的基础。如缺乏互信，将直接导致团队成员间协作障碍出现。

（五）外部环境

创业团队的生存和发展直接受到制度性环境、基础设施服务、经济环境、社会环境、市场环境、资源环境等多种外部要素的影响。这些外部环境要素从宏观上间接地影响创业团队组建类型。

单元三 创业团队的类型及组建方式

一、创业团队的类型

创业团队投资是一种创业性投资活动。创业团队投资因投资时机、投资对象选择，以及资本额的大小、对投资收益的期望值等原因而具有较高的风险，因而对于这类投资活动采取何种组织形式，对于投资者本身及其成效具有重要影响。一般而言，创业团队在创业投资时可采用的组织形式主要有公司制、合伙制两种。两种形式各有其特点。

（一）公司制

创业投资采用公司制形式，即设立有限责任公司或股份有限公司，运用公司的运作机制及形式进行创业投资。采用公司制的优势主要体现在以下几个方面：一是能有效集中资金进行投资活动；二是公司以自有资本进行投资有利于控制风险；三是对于投资收益公司可以根据自身发展，做必要扣除和提留后再进行分配；四是随着公司的快速发展，可以申请对公司进行改制上市，使投资者的股份可以公开转让，而以套现资金用于循环投资。

（二）合伙制

合伙制是指依法在中国境内设立的由各合伙人订立合伙协议，共同出资、合伙经营、共享收益、共担风险，并对合伙企业债务承担无限连带责任的营利性的经营组织。创业团队投资采取合伙制，有利于将创业投资中的激励机制与约束机制有机结合起来。

合伙人执行合伙企业事务，由全体合伙人共同执行合伙企业事务、委托一名或数名合伙人执行合伙企业事务两种形式。全体合伙人共同执行合伙企业事务是指按照合伙协议的约定，各个合伙人都直接参与经营，处理合伙企业的事务，对外代表合伙企业。委托一名或数名合伙人执行合伙企业事务是指由合伙协议约定或全体合伙人决定一名或数名合伙人处理合伙企业的事务，对外代表合伙企业。

二、团队组合方式

（一）服务型模式

服务型模式的创业团队通常自我管理组织，领导者不需要过多干涉团队的日常工作，而是通过协助团队扫清障碍、提供指导建议等方式来支持团队发展。这种模式有助于培养集体意识，公司架构更扁平，个人成长和发展的机会更多。然而，这种模式存在缺乏中央协调、缺乏明确方向、难以实现“求同存异”等风险。领导者必须扮演教练的角色，为团队的成长创造环境。

（二）促进型模式

常见的创业团队组合方式有促进型和协作型两种。促进型模式下的领导者主要通过促进沟通对话来达成共识，提出不同的看法，从而增强团队凝聚力。这种模式有利于团队成员之间的沟通和合作，同时也能够提供更多的观点和想法。然而，随着时间的推移，决策数量可能会减少，需要更长的、更频繁的会议，最终可能会导致谈话只是“纸上谈兵”。因此，领导者需要像一个管弦乐队的指挥，熟练地指挥团队，并引导谈话，最终做出明确的决定。

（三）代理型模式

代理型模式是一种常见的创业团队组合方式。在某些时候，领导者需要花更多的时间与客户会面或巡回宣讲，以致缺乏与团队的交流。代理型团队模式非常有效，领导者可以授权特定团队成员来负责管理日常工作。代理型团队的优点是内向型领导者的变通方案，为团队成员提供发展机会，领导者可以在其他领域创造价值。然而，代理型团队的复杂职权变动、断层式领导以及领导者的某些行为可能会损害团队的发展。领导者需要扮演授权者的角色，专门授权某个团队成员作为运营代理人，并重点关注相关的重要决策。

（四）导向型模式

导向型团队模式是一种由领导者设立愿景，团队成员自行推动决策的方式。这种模式让人联想到军队，主要特点是限制对战略决策的投入，同时依赖高执行力的“军官”来处理实际事务的执行。导向型团队模式的优点是高效决策，适用于紧急时刻，最低程度的混乱和分歧。然而，这种模式存在一定风险，可能会削弱团队成员的权力，并且导致专横的行为。因此，在创业团队中，领导者应该谨慎地选择和实施这种模式，以确保团队的稳定和高效运作。

（五）轮辐式模式

轮辐式模式是一种常见的创业团队组合方式。在这种模式下，每个最佳搭档都直接向领导汇报，每个人都可以直接通过与领导者对话的方式做出决策。团队会议更多的是关注工作分配和运营协调。这种模式的优点是更接近领导者，更快的决策过程，事实源头清晰，无混乱管理。然而，这种模式存在决策孤立、协调水平低、缺乏视角、敷衍跟进等风险。领导者必须扮演神经中枢的角色，将彼此的对话连接在一起，同时团结团队力量，鼓励他们参与决策。

（六）平等主义型模式

平等主义型团队模式是一种完全不存在职场等级制度的管理模式。团队成员必须平起平坐，地位没有高低之分。这种模式被认为是团队管理的未来趋势，因为它能够实现团队成员的平等参与，增强团队的凝聚力，并共同承担风险。然而，这种模式存在决策保守、领导角色混乱和没有明确的优先决策人的风险。领导者需要通过巧妙而轻松的技巧影响团队决策，并为决策建立清晰的规范。

（七）同学组建

同学组建是一种常见的创业团队组合方式。通过同学间的友情、信任和默契的优势，可以快速组建一个稳定团队，提高团队效率。此外，成员之间的沟通和合作相对容易，团队文化和价值观也比较一致。同学组建的优势在于可以利用同学之间的合作和互动，充分发挥团队的力量，实现共同的目标。

（八）行业组建

行业组建是一种常见的创业团队组合方式，是由在同一行业内的专家、从业者组成的团队。这种组建方式因成员之间具有相同的业务背景和技能特长，所以可以更好地应对行业变化和习惯，提高团队适应能力。通过行业组建，创业者可以借助同行业的专业知识和经验，快速获取市场信息和竞争对手，从而更好地规划和执行创业团队的工作。

（九）跨界组建

常见的创业团队组合方式包括创业团队、创业孵化器、创业加速器等。其中，跨界组建是指由不同行业领域的人员组成的团队，成员可以使用不同领域的知识和技能，更具有创新性和创造性，可以更好地发挥成员间的协同优势。在现代社会，跨界组建已经成为一种常见的创业方式，可以帮助创业者更好地应对市场需求和竞争压力，实现创业梦想。

（十）专业化组建

专业化组建是一种常见的创业团队组合方式，它由不同职业人士组成，如新媒体行业需要编码、撰稿、宣传等不同专业的人士，可以组合成一个“多面手”团队，向投资人展示整合不同职业优势的能力。这种方式可以帮助创业者在创业过程中更好地发挥自己的专业优势，提高创业效率和成功率。同时，专业化组建还可以帮助创业者更好地理解市场和行业动态，从而更好地制定创业策略和决策。

三、设计组织结构

以小微企业为例，由于小微企业人员较少，工作关系比较简单，所以组织结构也相对简单。过于复杂的组织结构不但在小微企业不适用，反而会增加企业运营成本。

小微企业最常见的组织结构是直线式，即把企业的人员按照工作责任分配到若干部门，并在每个部门设立一个领导岗位，然后明确各部门之间的关系（见图 7-1）。在这种组织结构中，企业内部从上到下实行垂直领导，下属部门只接受一个上级的领导，部门领导对所属部门的一切问题负责。另外，结合企业的实际情况，可以设计不同的组织结构。一般来说，设计组织结构时应注意两个方面：一是企业内部部门和岗位的设置；二是部门和岗位之间的关系。可以按照以下步骤来设计企业组织结构：

（1）弄清企业内部有哪些工作职责，应该划分成哪些部门，设置哪些岗位。

（2）明确各部门和岗位之间的关系，是从属关系还是并列关系，并考虑属于并列关系的部门和岗位之间如何进行协调、配合。

（3）明确各部门和岗位的工作职责。

（4）考虑各部门和岗位应该设置哪些人员，设置多少。

良好的组织结构可以帮助企业在人员有限的情况下保持较高的团队执行力和战斗力。

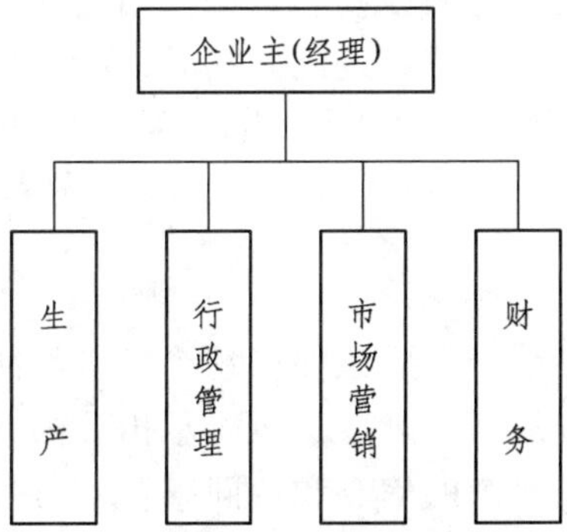

图 7-1　小微企业组织结构

单元四 创业团队的股权结构设计

一、股权分配的定义

股权分配，是指人们根据公司章程中规定的有关条款，以股份形式分配投资者的资金，从而划定股东及其股份权益之间的比例关系，即确定投资者投入的资金量和份额之间的关系。股权分配需要参与者间协商并签署。股权分配也可采取期权形式，即在签订聘用合同时规定，在任职若干年后，经营者可按约定时的价格购买若干本公司的股票。如果企业经营者能在此期间扩大企业业绩，从而使股票价格上升，就有可能从中得到相当可观的差价收入。

二、股权分配的意义

（1）股权分配具有重要的经济意义。股权分配，即将股权权益进行合理分配，可以改善投资者的经济状况，有助于促进资源优化配置。

（2）股权分配具有企业治理的意义。股权分配又称股份分配，是双方签署的一项协议，也是关系企业治理结构和运营状况的根本。该分配方案能够满足双方当事人的期望，从而有效改善企业治理结构。

（3）股权分配为股东权益添加价值。股权分配可以增加企业发展的投资者的财富，而且可以为股东权益带来更多利润，可以让股东拥有更高的社会地位。

三、股权分配的原则

股权分配的原则是指在股权分配过程中，应该遵循的基本原则。股权分配的 5 大原则是公平原则、效率原则、稳定原则、透明原则和合法原则。在股权分配过程中，应该遵循这些原则，以保证股东的权益和公司的可持续发展。同时，股权分配也要考虑企业财务、税务等方面的安排，制定实施方案适合当前经济市场情况，强调税务优惠措施，减免企业财务费用，提高股东分红等有利于企业发展的政策。

（一）公平原则

公平原则是指在股权分配过程中，应该保证每个股东都能够获得公平的股权份额。公平的股权分配应该基于股东的投资额、贡献度、风险承担等因素进行考虑。公平的股权分配可以有效地维护股东的权益，增强股东的信心和认同感。

（二）效率原则

效率原则是指在股权分配过程中，应该优先考虑公司的经营效率和利润最大化。股权分配应该基于公司的经营状况、市场需求、竞争环境等因素进行考虑。效率的股权分配可以有效地提高公司的竞争力和盈利能力。

（三）稳定原则

稳定原则是指在股权分配过程中，应该保持股东结构的稳定性。股权分配应该基于股东的长期投资意愿和战略目标进行考虑。稳定的股权分配可以有效地维护公司的稳定性和可持续发展。

（四）透明原则

透明原则是指在股权分配过程中，应该保持信息的透明度和公开性。股权分配应该基于公开透明的信息披露和决策程序进行考虑。透明的股权分配可以有效地提高股东的信任度和公司的声誉。

（五）合法原则

合法原则是指在股权分配过程中，应该遵守法律法规和公司章程的规定。股权分配应该基于合法合规的原则进行考虑。合法的股权分配可以有效地避免公司的法律风险和经济损失。

根据国家关于股份分配的法律法规，企业的股权分配原则逐渐形成。例如，联合投资的股份比例不得超过企业总股本的70%，企业经营性最多融资的股份比例不得超过企业总股本的60%，对外投资股份比例不得超过总股本的50%等。

股权分配要参照章程和合同规定，投资者可以通过投资情况来选择股权分配比例，而企业也有权在合同等议定的范围内，决定股权分配的比例。两者都应充分考虑个人特征、经济利益、价值观和个人需求，并尊重彼此的意见，总的股份分配比例要具有实际意义。

四、股权结构设计

从管理意义上讲，股东权利在公司治理中可概括为3类：①所有权；②收益权（分红权）；③控制权。从中可以看出，所有权延伸出来的权利，表现最为重要的是控制权和分红权。数据显示，50%~60%的国内企业存活不到3年，是因为企业开始步入盈利期，各大利益分配不当导致。股权分配是利益体之间的博弈。一旦创始人团队没有合理分配股权，企业也就难以存活。

（一）公司股权的顶层设计

根据4C理论，创始人、合伙人、核心员工、投资人4个维度为企业的重点，承载着企业的愿景、资源、资金、人力贡献，因此创业团队要从这4个维度来设计股权（见图7-2）。

创始人：创立企业的基础者，创始人清楚最关键的是掌握企业控制权，来给企业灌输自己的血液。创始人当然拥有较大的股权。

合伙人：创业伊始会拉一帮人创业，有人提供技术、有人提供资金、有人提供资源。这样企业一开始时就能搭建框架正常运转，合伙人为创始人的左膀右臂，当然需要一部分股权来激励（8%~15%）。

投资人：在企业需要融资的时候参与起来。为了使资本孕育资本，投资人一般要签订对赌条款，股权占的比例较小。

核心员工：员工的目的就是为了挣钱，加上股东身份的认同感。人才对企业来讲至关重要，企业需要预留 10%~25%的股权留住他们，以吸引更多的人才。考虑人才价值型企业越来越多，这时核心员工的预留比例会增加。

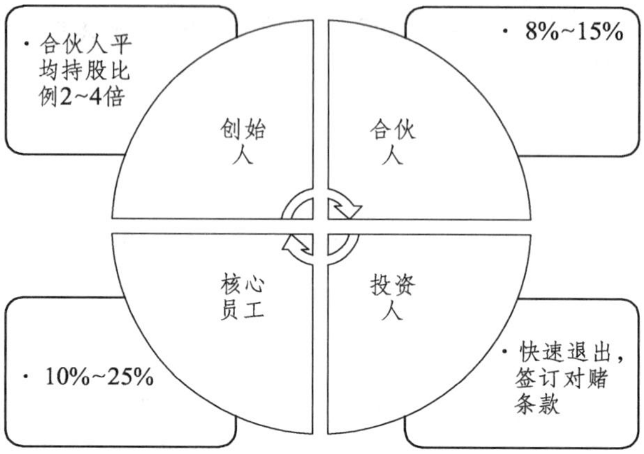

图 7-2　4C 理论分配股权比例图

（二）公司股权的架构设计

1.横向架构

横向架构即以不同股权类型为基础，可分为一元股权结构、二元股权结构和多元股权结构。

一元股权结构：一元股权架构情形，主要是同股同权下的设置。同股同权是《中华人民共和国公司法》规定的股权临界点，即 66.7%，51%，33.4%。

二元股权结构：二元股权结构情形，主要是同股不同权下的设置，国外较普遍适用该架构，国内上市的企业不适用。比如创始人只有 1%的股权，就算企业上市 99%的股权分出去了，只要签订了投票委任书，决策权与控制权仍掌握在自己手里。

可见，二元股权结构就是将企业控制权与股权比例分离开来。

多元股权结构：根据 4C 理论将股东分为创始人、合伙人、核心员工、投资人，分别授予股权。股权包括：①创始人股；②出资股；③岗位贡献股；④资源贡献股；⑤合伙人团队股；⑥其他。

2.纵向架构

纵向架构即以不同持股形式为基础，主要有 3 种形式：直接持股、间接持股（大股东代持）和设立持股平台持股。

直接持股：进行工商登记的部分是各自持有的全部股权，直接登记部分的股权是指各自已经成熟的股权+未成熟的股权。

大股东代持：表示该部分股权仍然登记在大股东名下，股权不显名。该部分是指未成熟部分股权。

持股平台：设立一个有限合伙，创始人作为有限合伙的普通合伙人，被激励对象作为有限合伙人。基于有限合伙的特殊性，普通合伙人是法定的绝对控制人。这种方式比较稳定，且纳税成本相对低，是目前股权激励时采用最多的方式之一。

（三）公司股权架构的时间维度设计

不同时期的企业应该做不同的股权结构设计。世间万物都要遵循自然发展规律，同样，企业在不同发展阶段的股权设计也需要尊重自然规律，根据要素的调整而调整股权结构。

1.初创阶段股权结构（见图 7-3）

初创企业的成员主要是创始人及创始合伙人，创始人需将股权控制在 67%或 51%以上，以免股权稀释过快。

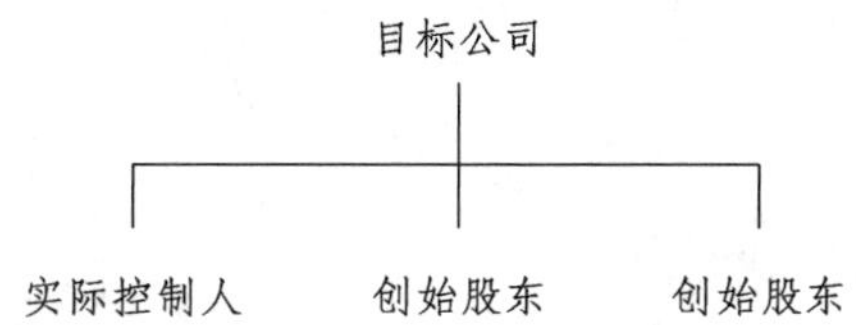

图 7-3　初创阶段股权结构图

2.中期阶段股权激励架构、融资控制架构（见图 7-4）

企业在发展阶段时，投资人看到企业有前景自然愿意加入，而企业要想扩大规模也必须依靠资本。因此，此时设立持股平台，吸引投资人以及激励优秀人才的需求出现。此时的持股平台可以是有限责任公司，也可以是有限合伙企业。

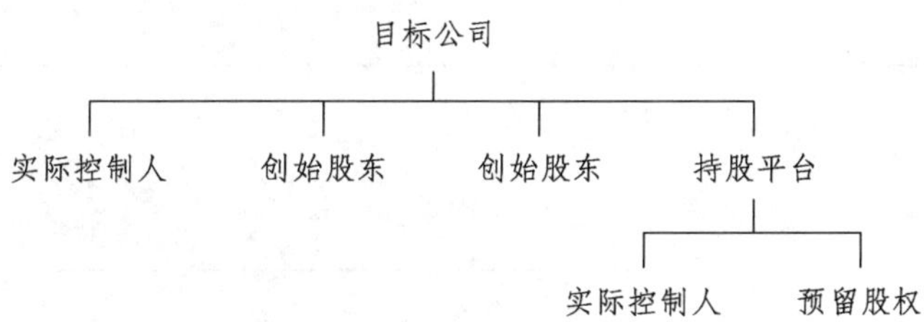

图 7-4　发展阶段股权结构图

3.成熟阶段股权结构（见图 7-5）

企业成熟期的架构已成熟，且相对复杂，不管股权被稀释了多少，创始人都可以通过多层级的持股平台设计，作为普通合伙人来控制有限合伙人，或者通过协议的方式来留住控制权。

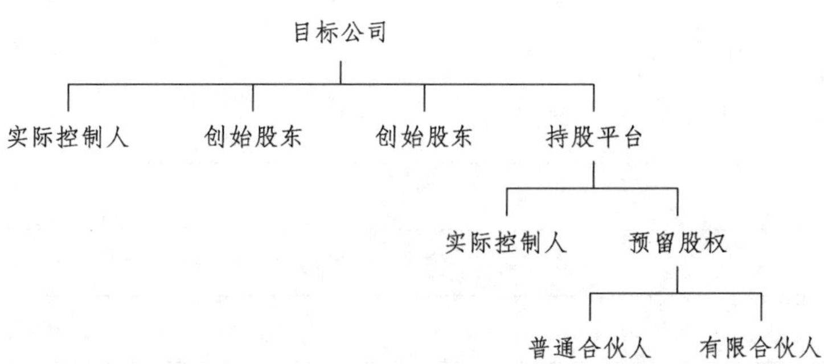

图 7-5　成熟阶段股权结构图

知识小结

本章主要阐述了创业团队组建的基本原则、组建程序及股权结构的设计。组建创业团队需要注意目标的设定、人员的安排、角色的分配和计划的实施，遵循目标一致、精简高效等原则，将团队的组建程序和要素相结合，选择团队组建的类型和方式并设计出自己团队的组织结构，有必要的情况下，创业者还需按照公司股权分配的原则进行团队的股权结构设计，以完成创业团队的建设。

巩固提高

1.什么是创业团队？它的内涵是什么？

2.创业团队组建的基本原则有哪些？

3.创业团队创建的影响因素有哪些？

4.组织设计结构需要注意哪些问题？

案例分析

张三作为发起人，与李四、王五合伙组建了A公司。3个人之所以能够走到一起，是因为各自不同的资源。

（1）张三具备管理经验及资金资源，曾任职企业高管，做新公司操盘手总经理，并投资30万元。

（2）李四具备运营经验，且带来了2位资深员工，组建了一支成熟的全职运营团队。但由于3个人均很年轻，资金积累少，共投资10万元。

（3）王五具备资金资源，是张三的好友，基于对张三的了解与信任，同意出资60万元，且不参与公司的经营管理。

3人创业时就简单地按照资金资源计算股份，则王五占比最高。具体的股权分配如表7-1所示。

表7-1　股权分配

股东	定位	参与方式	投资额	投资入股占股比例
张三	操盘手	出钱+出力	30万元	30%
李四	运营团队	出钱+出力	10万元	10%
王五	出资方	出钱	60万元	60%
合计			100万元	100%

思政点睛

公司进行股权分配时应公平，应该根据每个人的贡献和投入比例来分配股权；同时股权分配应该具有激励作用，让员工感到自己的利益和公司的发展紧密相连；公司还应该在股权分配过程中保持透明度，让员工了解整个过程的合理性和公平性。

思考：

1.阅读上述案例思考，A 公司按投资比例分配股权是否合理？

2.如果你是张三，在进行股权分配时还应考虑哪些因素？

实训设计

1.设计出你的企业的组织结构图。

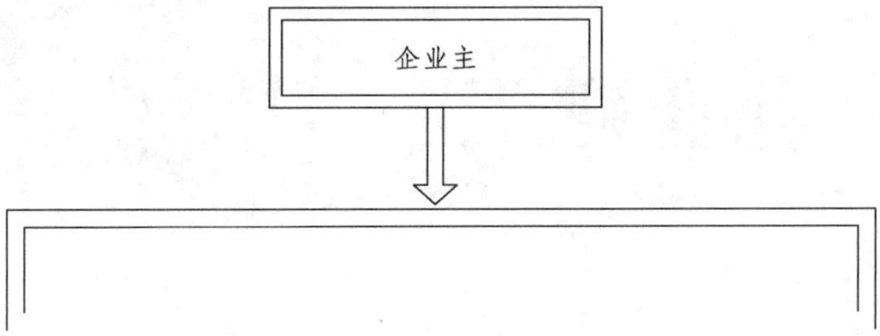

2.如果你的公司需要股权分配，请拟定股份合作协议（填写企业关于股份合作的要点）（见表 7-2）。

表 7-2　合作协议

协议内容	合伙人			
企业计划注册资金				
出资方式				
出资数额				
股权份额及利润分配				
利润数额与亏损承担				
分工、权限和责任				
违约责任				
转股、退股及增值				
协议变更和中止				
其他条款				

模块八 创业融资

学习目标

1.掌握创业融资的概念以及创业融资的重要性。

2.掌握创业企业融资的途径以及创业融资方式的选择。

3.理解创业企业现金流的重要性，并根据融资情况预测创业企业资金。

4.掌握估值方法，并运用估值法对相应的企业进行估值分析。

5.帮助学生正确选择融资手段，以使创业企业健康发展与成长。

思政目标

结合金融工作的重要原则，深化学生对于金融方式服务于经济社会发展的重要性的认识，树立“君子爱财取之有道”的金钱观，不断努力奋斗。

单元一 创业融资概述

一、创业融资的概念及重要性

（一）创业融资的概念

融资是指货币资金的融通。狭义上讲，融资是企业资金筹集的行为与过程，即企业根据当前经营现状及未来发展需要，通过一定的渠道、采用一定的方法、付出一定的代价向资金持有者筹集资金的经济行为。广义上讲，融资既包括资金的融入，也包括资金的融出，即企业通过一定的方式，在金融市场筹措资金或贷放资金的行为。

创业融资则是创业背景下的资金筹措行为和过程。具体而言，创业融资是创业企业为实现创业目标，满足企业生存和发展需求，通过多方渠道，采取不同策略筹集所需资金的经济行为。创业企业在不同的发展阶段有不同的资金需求，因而需要根据企业发展路径，结合创业计划以及企业发展战略，合理制订资金需求计划和创业融资方案。

（二）创业融资的重要性

绝大多数创业企业存在资源匮乏的先天劣势，其中资金不足是困扰创业企业发展的重要因素。创业实践表明，创业最艰难的地方是缺乏资金，建立新企业最关键的环节是筹集资金。在创业企业的建立和发展过程中，大多数创业者都认为最有价值的帮助是资金上的支持。创业融资对创业企业的生产和发展具有重要意义，主要表现在以下 4 个方面。

1.有利于满足企业日常运营的现金流需求

自建立之日起，创业企业就需要持续的现金流以确保正常运营。创业融资能够为企业开展正常生产和管理活动，如生产、办公设备的购置与维护，员工的雇佣与培训，市场的推广与巩固等提供持续的资金支持。

更为重要的是，在竞争激烈的环境下开展创业活动，如同逆水行舟，不进则退。创业企业需要不断开发和扩大市场范围，以实现持续发展壮大。随着市场范围的持续扩大，创业企业需要不断增加现金流以更好地服务持续增加的顾客群体。在市场范围不断扩大和顾客群体产生更多收益之前，创业企业必须先持续投入资金以确保生产运营和市场产出。

从持续投资以产生效益到从市场中赚取收益之间的时间滞延造成了创业企业的现金流问题。如果创业企业亏损经营，负的实时现金流（通常按月计算）就是企业的烧钱率。烧钱率反映创业企业在达到盈利前花费资金的速度。尽管负的现金流在企业发展早期是合理的，但如果超过一定的承受范围，就会引起资金链断裂，导致企业倒闭和创业失败。因此，创业企业在完全盈利之前，通常会采取不断融资的方式，以持续补充企业生存和发展对现金流的需求。

2.有利于满足企业建立和扩张的资产投资需求

创业企业的资本投资不仅发生在创业初期，也存在于创业企业的快速成长期。创业企业在建立初期，需要大量资金购买机器设备、兴建厂房和办公场所，以及用于其他固定资产投入。由于创业企业的类型不同，企业的初始资产投入水平存在较大差异；同时，许多企业可以通过租赁厂房或利用联盟伙伴的资源来延迟或减少这些开销。但是，绝大部分创业企业的建立都需要最低限度的资产投入，如购买电脑、办公桌等办公基础设备。因此，需要创业融资为新企业的建立提供必要的资金支持。

同时，随着创业企业的持续发展，创业企业需要扩大运营规模以满足扩张的市场需求，或需要实现专业化的资产投入以应对竞争形势，进而会产生更大的资产投资需求。创业融资能够为企业在面临内外部环境变化而产生新投资需求时（如购置更加先进的生产设备、建立更加人性化的办公场所等）提供资金支持。

3.有利于满足企业开发产品的持续研发投入需求

创业企业特别是投资于技术型产品的创业企业需要筹集资金，以支付漫长的产品开发周期所需的前期成本。统计数据显示，在电子游戏行业，研发一款大型个人电脑（PC）游戏，开发团队一般在 100 人以上，开发周期一般在 2~4 年甚至更长，整个开发周期的资金投入一般不低于 2 000 万元。可见，漫长的产品开发周期在许多行业中真实存在。创业企业若没有持续的资金投入，可能无法看到新产品面市就会因资金链断裂而濒临倒闭和破产。

4.有利于满足企业应对突发状况的备用资金需求

与成熟的大型企业相比，创业企业在资源、经验和能力等多方面都较为欠缺，导致其抗风险能力较差。然而，绝大多数创业企业恰恰处在高度动荡的市场环境之中，可能遭遇突如其来的组织变故和外部冲击。“留有余钱”，即在资金使用上留有余地以备不时之需，一直是创业企业资金管理的重要法则，也是创业融资的重要价值所在。

创业企业通过合理选择融资渠道和融资方式，能够降低资金使用成本，提升资金配置水平，为企业应对突发状况提供资金保障，从而将财务风险控制在一定范围内，为企业植入“健康基因”以确保企业可持续发展。

二、股权融资与债券融资

融资是企业筹集资金的行为与过程，是对企业资产进行调整的财务活动。企业根据自身经营状况以及未来经营发展的需要，通过一定的渠道和方法向投资者和债权人筹集资金，以满足正常生产经营、对外投资以及调整资本结构的需要。企业的融资方式可分为两大类，即股权融资和债权融资。

（一）股权融资

股权融资是指企业股东愿意出售企业部分股权，通过发行股票的方式进行融资。通过股权融资获取的具有投资性质的资金不需要还本付息，但出资方享有对企业的控制权，能够参与企业重大决策并承担相应风险，根据企业实际经营情况分享利润与增长。股权融资的特点可以总结为 3 点：长期性、不可逆性、无负担性。这些特点决定了股权融资用途的广泛性，换言之，股权融资既可以充实企业的营运资金，也可以用于企业的投资活动。

股权融资方式主要有股权质押、股权转让、增资扩股和私募股权 4 种。股权质押是指企业股东将自己的股权作为质押标的物出质给银行或其他金融机构，从而为债务提供担保，获取资金的融资方式。股权转让是指企业股东按照相关法律法规将手中部分股份转让给他人，使他人成为企业股东的民事法律行为。增资扩股是指企业根据自身发展需要，向社会募集股份、发行股票，提高企业资本金的融资方式。私募股权融资是指通过私募基金对企业进行的权益性投资，主要是以股权转让、增资扩股等方式定向引进新股东，从而获取资金的股权融资行为。

（二）债券融资

债权融资是企业通过举债进行融资的一种途径。通过债权融资方式获得的资金属于借款性质的资金，企业需要在借款到期日向债权人偿还本金以及承担资金的利息，与所得利润无关。债权融资能够提高企业股权资金的回报率，具有财务杠杆作用。与股权融资相比，债权融资一般不会引发企业控制权问题。因此，债权融资的作用主要是解决企业营运资金短缺的问题，而非用于资本开支。

债权融资主要包括银行贷款、发行债券、信用担保以及融资租赁等。企业可以向国内外银行申请贷款，这也是企业最主要的融资渠道。发行债券进行融资是企业向投资者发行约定在一定期限内还本付息的有价证券，以达到获取资金的目的。其中，双方是债权债务关系，债券持有人不参与企业的经营管理，但有权按期收回约定的本息。信用担保介于商业银行与企业之间，是信誉证明和资产责任保证结合的中介服务活动。融资租赁兼具金融与贸易双重职能，这一方式实质上转移了与资产所有权有关的大部分风险和报酬，对提高企业的融资效益有明显作用。债权融资与股权融资的区别如表 8-1 所示。

表 8-1　债权融资与股权融资的比较

指标	债权型融资方式	股权型融资方式
本金	到期归还本金	永久性资本，保证企业最低的资金需要
资金成本	事先约定固定的利息，资金成本相对较低	根据企业经营情况变动，自己成本相对较高
风险水平	低分险	高风险
企业控制权	无，企业控制权得到保护	按比例或约定享有，分散企业控制权
资金使用限制	限制条款较少	限制条款较多

资料来源：邓汉慧.创业基础[M].北京：北京大学出版社，2016：255.

（三）融资方式选择策略

根据优序融资理论，企业在融资策略选择方面可以遵循先“内部融资”后“外部融资”的顺序。企业首选内部资金，如留存的税后利润；在内部融资不足需进行外部融资时，可以先选择低风险类型的债务融资，后选择发行新的股票。这样更能提高资金使用效率，强化财务杠杆的作用。

当然，企业应当充分考虑外部环境宏观经济政策的变化，并根据自身的经营及财务状况，选择适合当下发展的融资方式。创业企业的融资不仅是筹集创业的启动资金，还包括整个创业过程中所有的融资活动。因此，选择融资策略时，需要结合创业所处阶段、创业企业特征、融资成本以及对控制权的态度等多方面的因素进行综合考量，从而选择出适合企业不同发展阶段的融资策略，促进创业企业更好地发展。

三、不同创业阶段的融资需求

创业企业在不同发展阶段的融资需求不尽相同，主要有种子期、创建期、发展期和成熟期。

（一）种子期

种子期，又称机会阶段，此时所需资金不多，融资可以来自创业者及其团队的自有积累资金，或者亲朋好友的投资，也有可能来自企业外部的天使投资，这些都被称为“种子资金”。同时，创业者还可以向政府寻求资助。

（二）创建期

研发阶段和启动阶段属于企业的创建期。当研发投入过高且耗时过长时，种子资金对新创企业的支撑将难以为继。创建期的融资被称为“启动资金”。对于传统行业的新创企业而言，这部分资金主要用于产品研发与试生产；对于新兴互联网行业的新创企业而言，这部分资金则主要用于产品的推广和进一步研发。在创建期，企业收入并不稳定，因此从银行贷款的可能性较小，创业者需要向天使投资、风险投资等投资者进行权益融资。

（三）发展期

早期成长阶段和快速成长阶段属于企业的发展期。这一时期企业已基本解决“吃饱”（即生存）问题，开始考虑如何“吃好”（即盈利）问题。发展期需要大量资金，用于进一步开发和销售。此时创业企业拥有较为稳定的客户和供应商，信用记录亦佳，取得贷款较为容易。同时，此阶段企业飞速发展，往往会增资扩股，为上市做准备。

（四）成熟期

在成熟（或退出）阶段，创业企业收入、现金流和利润稳定，通常已经上市，如果需要扩大规模，创业企业能够从多种融资渠道获得资金。

单元二 创业融资渠道

一、自助融资

“创业者自身、家庭和朋友”的融资被称为自助融资，是指创业企业不需要依赖投资者对机会价值或企业价值的评估判断的融资。其中，“创业者自身”的融资不仅包括创业者个人的储蓄和财产，还包括负债能力。创业者的负债能力是用其当前的工作和拥有的可以用于清偿债务的资产的市场价值来衡量的。例如，“最大化”信用卡借贷，以及二次抵押自己的房屋等手段，都体现了创业者的负债能力。

清华大学经济管理学院中国创业研究中心和清华大学启迪创新研究院联合发布的《全球创业观察 2015/2016 中国报告》显示，中国创业者的资金来源包括家庭、银行、朋友、风险投资、众筹等，处于第一位的来源是家庭，比例约 69%，其次是银行和朋友。家庭投资创业者往往受到亲情、血缘关系的驱使。朋友对创业者在资金上的支持往往不是建立在对创业者创业机会的价值评估上，而是因为相信创业者，对其摆脱困境的能力有一定的把握。

在国内外众多创业案例中，依靠自助融资起步的创业者不可胜数。例如，1975 年比尔·盖茨和保罗·艾伦在宿舍开始创业，之后搬至阿尔伯克基一家酒店的房间，以微薄的自助融资创建起微软帝国。2020 年，微软的总收入已超 1 430 亿美元。然而，知名企业家靠自助融资发家致富的案例毕竟还是少数，较多的以自助融资起步的创业项目最终依然逃不过夭折的命运。究其原因，自助融资体量相对较小，也难让创业者在决策中保持理性。

二、天使投资人

1978 年，“天使投资者”这个概念被正式提出，起初是源于纽约百老汇的演出捐助，以此来形容百老汇演出的富有资助者，他们为创作演出进行了高风险的投资。此后这一概念逐渐演变。在中国，天使投资案例也不胜枚举。有成功的，例如 2000 年软银投资 2 000 万美元获得了阿里巴巴约 30%的股份。此后，阿里巴巴不断发展壮大并成功上市，软银持有的股份市值达数百亿美元。

天使投资也存在风险，例如小米创始人雷军曾领投凡客诚品 1 亿美元。凡客诚品经过 8

年 7 轮融资，融资总额超 6.2 亿美元，投资方包括联创策源、IDG 资本、赛富投资基金、启明创投、中信产业基金、淡马锡等，最高估值达 50 亿美元。然而由于盲目扩张、库存危机、资金链断裂、上市折戟等一系列挫折，凡客诚品后来一蹶不振，也未能给投资者带来相应的回报。

如今，天使投资是指具有一定净财富的个人或者机构对具有巨大发展潜力的创业企业进行的早期直接投资。天使投资是一种自发而又分散的民间投资方式，随着不断发展和演化，目前已被普遍认为是权益资本投资的一种形式。天使投资的整个过程逐渐规范化和标准化。

一般而言，天使投资是指对潜在高风险和高收益创业项目或创业企业进行的早期投资。

天使投资是个体化或非组织化的创业融资渠道，是创业企业建立和发展过程中最早介入的外部资金，主要有 3 个来源：①已经取得成功的创业人士；②传统意义上的富翁；③大型跨国公司或高科技企业的高级职业经理人。他们既拥有富余的资金，又具有一定的专业知识或行业经验；他们不仅希望在自己熟悉或感兴趣的领域进行投资并获得超额回报，还希望以自己的资金和经验帮助更多具有创业精神和创业能力的人实现创业梦想。此外，随着我国创新创业发展战略的逐步深入，政府或高校在一定范围内也扮演着天使投资人的角色。

创业企业通过天使投资渠道实现创业融资，具有 3 方面的优势：第一，天使投资人大多具有丰富的行业和管理经验或比较成功的创业经验，因而天使投资不仅能提供创业资金，还能为创业企业提供专业知识和社会资源方面的支持。第二，天使投资因其个体化和非组织化特征，投资程序简单，资金在短期内便可到位。第三，天使投资更看重创业企业的发展潜力，以及创业者或创业团队成员的专业知识和职业素养、创业热情和诚信水平、过往创业经历或行业履历等无形资产或因素，因而成为缺乏有形资产的创业企业的最佳融资渠道。

【案例 8-1】

三分钟打动投资人

陈宏是汉能投资集团董事长兼 CEO，在由《创业家》期刊主办的创业沙龙上，他讲述了在短时间内打动投资人的沟通技巧：

前阵子我担任了一个创业比赛的评委。第二名有两个团队，分数一模一样。为了区分出第二名和第三名，我们让两个创业者分别做了一分钟的简报。简报做完双方的得票是 5∶0，5 个评委都将票投给同一个人。为什么？因为赢的那个人会表达，一分钟之内把自己的激情、梦想讲得很感人。

创业者要在 5 分钟内敲定几百万美元。5 分钟确实有点儿夸张，但是在很短的时间内打动投资人，让他们有兴趣继续看你的企业，这是属实的。我过去在硅谷创业。我的公司在美国上市前，为了 30 分钟的演讲，我就专门请顾问对我进行了好几天训练。30 分钟演讲，15 分钟问答，问完以后投资人就走了，都记不住你长什么样子。这拨人在几天之后就要下单，决定要不要买你公司的股票。如果你讲不清楚，拿不到足够的认购订单，公司就上不了市。

沟通是一门功夫，我认识周鸿祎十几年了，他做 3721 网络实名插件时也讲不清楚，但现在锻炼出来了。有时非常好的工程师做出了非常好的东西，但就是讲不出自己的好处和优势，这是很吃亏的。你融资融得好，公司可能就活下来、就成功了，否则可能就死掉了。

资料来源：胡彩苹. 陈宏：三分钟打动投资人[J]. 创业家，2013（2）：94-97.

三、风险投资

风险投资（Venture Capital，VC）的含义包括 3 个方面：其一，以参股方式投资具有高成长潜质的未上市创业企业。其二，积极参与创业企业的经营管理，以降低投资风险。其三，不经营具体产品，而是把整个创业企业当作主要经营对象。风险投资的类型涵盖独立风险投资、公司风险投资、银行风险投资、政府风险投资和风险投资机构的内部部门。风险投资业务过程包括选择投资项目、签署投资协议、投后管理与退出。

风险投资对标的公司具有一定的选择标准。风险投资会关注创业者及其团队的经验、背景等，如教育背景、管理经历、技术水平、行业经验，以及创业企业的产品和服务、业务可行性、财务预期等。此外，风险投资与创业企业之间的匹配程度和社会关系，也是投资的关键影响因素。风险投资与创业企业的匹配程度是指在学科背景、思维方式和技术创新能力等方面的相似性以及在资源和技术运用上的互补性，而双方关系反映在诸如种族、地域的共同背景和相互信任关系上。

风险投资者在投后管理上将为创业企业提供增值服务，并发挥监督作用，助力企业成长。风险投资者通常具有丰富的商业投资经验和管理诀窍，能够为创业企业提供战略决策建议。其技术背景和专业经营管理基础知识雄厚，拥有较为详尽的市场、技术和用户信息，在识别市场商业机会方面处于优势地位，能够协助企业优化投资行为。凭借强有力的资源整合与覆盖能力，风险投资者能够动用其关系网络，为创业企业争取重要的核心资源。风险投资主要的增值服务包括战略指导、决策协助和人际关系扩展服务等，具体表现为提供战略分析与咨询、支持创业企业后续轮次的融资、帮助招聘人才和拓宽供应商及客户渠道。但与此同时，由于投资者与企业之间存在信息不对称，创业企业可能产生侵害投资人利益的动机，如利用资源进行机会主义操纵。因此，风险投资者会通过引入监督活动以及奖励与惩戒制度，实现对创业企业的经营行为进行监控的目的。

风险投资需要通过从企业的成功退出来实现投资回报。风险投资有多种退出途径，包括创业企业清算、回购、被收购和 IPO 等。其中，IPO 是普遍认可的风险投资退出的最佳方式。在退出时机的选择方面，行业不确定性越低，风险投资越倾向选择退出。另外，当风险投资对创业企业的投资轮次较少时，倘若创业企业财务表现欠佳，那么风险投资者停止追加投资的可能性更大。

风险投资既不是“吸血鬼”，也不是“活雷锋”。为实现资本收益最大化，风险投资者会运用自身的资源通过投后管理助力创业企业发展。但是，风险投资对创业企业具有一定的预期，符合条件的创业企业才有机会获得投资。当实现了投资增值目标，风险投资往往会及时退出，以寻找新一轮投资机遇，而并非给予创业企业长期的提携与支持。

四、首次公开募股

首次公开募股（IPO）是将公司的全部资本进行等额划分，通常以股票的形式向社会公众发行，经批准后上市流通，股东认购缴纳股款，形成公司权益资本的一种筹资方式。按股票面值筹集的资金成为注册资本（股本），超过面值的溢价部分则成为资本公积。

股票是公司股份的法定形式，是股份有限公司签发的证明股东按其所持股份享有权利和承担义务的凭证。股份有限公司把公司资本划分为每股金额相等的等额股份，以便最大限度地吸引社会公众投资者投资入股。此外，股票根据不同的分类标准可以分为普通股股票和优先股股票、记名股票和无记名股票、面额股票和无面额股票、纸质股票和无纸化股票等。

创业企业要想成功上市，首先，需要合理分析企业上市融资的可行性，一般从实际控制人的主观意愿，企业所属行业的特征与成长性，企业业务模式、业务规模和行业地位等多个方面进行考量。与此同时，企业需要考虑其与证券市场的匹配性，选择合适的板块上市。这是一项非常专业的判断，通常需要专业投资银行的帮助。其次，企业需要把握合适的时机上市。一般而言，企业所在行业正处于上升周期、企业自身正处于高速发展期是较好的上市时机。因为处于成长期的企业更易受到市场投资者的追捧。最后，企业要做好充分的上市准备，如聘请券商、律师事务所、会计师事务所等中介机构对内进行尽职调查，对业务、资产、财务等进行梳理，找出自身存在的问题，并进行整改，以符合上市条件。

通过资本市场即“上市”获得资金，既是大部分创业企业发展的重大阶段目标，也是创业企业获得大量资本、实现长足发展的资本运作路径。目前，创业板和科创板是创业企业通过资本市场获得融资的重要渠道。

（一）创业板上市融资

创业板市场是指专门协助具备高成长性的新兴创新企业特别是高科技企业筹资并进行资本运作的证券交易市场，它着眼于创业，与集中了大型成熟上市公司的主板市场不同，是一个前瞻性资本市场，注重创业企业的发展前景与增长潜力。设立创业板主要是为创新型和高成长型创业企业提供融资平台，助其发展和拓展业务。例如，美国的纳斯达克（NASDAQ），英国的 AIM （Alternative Investment Market）、日本的佳斯达克（JASDAQ）、新加坡的凯利板（CATALIST）等都是全球知名的创业企业融资平台。

中国的创业板市场于 2009 年 10 月 23 日正式开板，首批 28 家企业在创业板市场挂牌上市。截至 2019 年 10 月 23 日，创业板开板 10 周年之际，创业板上市企业数量已达 775 家，总市值超过 5.6 万亿元，流通市值超过 3.6 万亿元，已成为创业企业非常重要的融资渠道。2020 年 4 月 27 日，中央全面深化改革委员会第十三次会议审议通过了《创业板改革并试点注册制总体实施方案》。对创业板进行改革并试点注册制是我国深化资本市场改革、完善资本市场基础制度、提升资本市场功能的重要制度性安排，必将使符合创新定位的优质创业企业获得长期资金的青睐。2020 年 8 月 24 日首批创业板注册制企业上市，也就是投资者可以交易创业板注册制股票，首批注册制股票上市后，创业板会实行新的交易规则：前 5 个交易日不设涨跌幅限制，5 个交易日后涨跌幅限制为 20%，设置涨跌 30%、60%两档停牌指标、各停牌 10 分钟，允许投资者在竞价交易收盘后，按照收盘价买卖股票，上市首日即可纳入融资融券标的。

（二）科创板上市融资

科创板是独立于现有主板市场的新设板块。2019 年 7 月 22 日，科创板正式开市，首批 25 家企业挂牌上市。截至 2020 年 7 月 22 日，科创板开市一年内共有 140 家企业挂牌上市，总市值达 27 965.45 亿元，流通市值为 6 786.18 亿元。其中，新一代信息技术和生物医药产业公司合计占比接近 6 成。

根据中国证券监督管理委员会2019年1月28日发布的《关于在上海证券交易所设立科创板并试点注册制的实施意见》，科创板坚持面向世界科技前沿、面向经济主战场、面向国家重大需求，主要服务于符合国家战略、突破关键核心技术、市场认可度高的科技创新企业；重点支持新一代信息技术、高端装备、新材料、新能源、节能环保以及生物医药等高新技术产业和战略性新兴产业，推动互联网、大数据、云计算、人工智能和制造业深度融合，引领中高端消费，推动质量变革、效率变革、动力变革。

科创板根据板块定位和科创企业特点，设置多元包容的上市条件，允许符合科创板定位、尚未盈利或存在累计未弥补亏损的企业在科创板上市，允许符合相关要求的特殊股权结构企业和红筹企业在科创板上市。这为具有较好发展前景和技术优势，但缺乏大量发展资金的优质创业企业提供了新的融资渠道。

五、银行贷款

银行贷款是指银行有偿将资金借贷给资金需求者，并与资金需求者约定还本付息期限的一种经济行为。银行贷款是大多数企业的融资首选，具有4个主要优点：①筹资对象直接明确，资金到位迅速，有利于尽快形成生产能力。②借款利息可在税前列支，有利于降低筹资成本。③筹资过程要接受严格的评估检查，客观上有利于企业降低经营风险，提高管理水平。④在企业息税前利润大于筹资无差别点时，有利于获得财务杠杆收益。

与此同时，它也存在3个主要缺点：①借款具有固定利息负担和固定偿还期限，财务风险较高。②接受借款的同时要接受诸多限制条件，可能会限制企业自主灵活经营。③借款数量要受到企业资本金的规定比例限制，企业不能完全根据需要决定筹资数额。

银行贷款也是创业企业比较常用的、首选的一种融资方式。但从银行角度来看，创业企业借贷并不是银行的首选业务。因为创业企业资产相对较少，抵押品也较少，所以获得银行贷款较难。

当然，一些银行考虑到创业企业的特殊性，也会为创业企业提供独特的银行融资产品。例如，知识产权质押贷款、“创意贷”文化创意企业贷款、存货质押贷款、银保物流通、应收账款质押贷款、融信达和集群联保授信等银行融资创新产品。

六、非银行金融机构贷款

非银行金融机构是指以发行股票和债券、接受信用委托、提供保险等形式筹集资金，并将资金用于长期性投资的金融机构。根据我国法律规定，非银行金融机构包括经中国银保监会批准设立的信托公司、企业集团财务公司、金融租赁公司、汽车金融公司、货币经纪公司、保险公司、典当公司、小额贷款公司，以及境外非银行金融机构驻华代表处等。创业企业为获得创业融资，可以从上述非银行金融机构获得贷款，主要有以下形式：

（一）保单质押贷款

保险公司为增强市场竞争力，拓展服务产品组合，为投保人提供保单质押贷款。保单质押贷款的最高限额不超过累计保单保费的70%，贷款利率按同档次银行贷款利率计算。例如，中国人寿保险公司的国寿千禧理财两全保险产品就具有保单质押贷款功能。只要投保人缴付保费满两年，且保险期已满两年，就可以凭保单以书面形式向保险公司申请质押贷款。

（二）实物质押典当贷款

借款人将具有较高价值的物品（如汽车）抵押在典当行，就能取得一定数额的贷款（一般为质押品价值的 50%～80%）。虽然典当行的贷款费率要高于银行同期贷款利率，但对需要创业融资的创业者或创业企业来说，也是一个非常便捷有效的融资渠道。

（三）小额贷款公司

小额贷款公司是由自然人、企业法人和其他社会组织投资设立，不吸收公众存款，经营小额贷款业务的有限责任公司或股份有限公司。中国人民银行发布的统计数据显示，截至 2020 年 12 月末，全国共有小额贷款公司 7 118 家，贷款余额 8 888 亿元。小额贷款公司坚持小额和分散原则，简化贷款流程，提高放款效率，能够快速有效地解决创业企业急需的资金需求。

【案例 8-2】

如何进行卓有成效的电梯陈述

为成功地吸引潜在投资者或银行家，创业企业的领导者应该准备电梯陈述，这是一种概述商业机会特点的简短且精心组织的陈述。为什么叫电梯陈述？如果一位创业者在大楼 25 层进入运行电梯，并幸运地发现某位潜在投资者也在同一电梯里，这位创业者就得用电梯从 25 层运行到底层的这段时间，设法使投资者对他的商业机会感兴趣。多数电梯陈述的时间长度为 45～120 秒。

精心组织的电梯陈述可在许多场合派上用场。例如，许多大学的创业中心或孵化器会举办将投资者与创业者聚在一起的活动。这些活动经常包括特别安排的社交和茶歇时间，目的在于促进创业者与潜在投资者交流，从而帮助创业者寻找融资。一份 60 秒电梯陈述的实施概要有助于创业者进行卓有成效的电梯陈述。

电梯陈述的逻辑思路如表 8-2 所示。

表 8-2　准备电梯陈述的逻辑思路

电梯陈述是对机会、产品创意、资格和市场的简短描述。设想一下，你走入了某座高楼的电梯，一位潜在投资者恰好也在里面；你用 60 秒钟时间解释你的商业创意……	
第 1 步：描述机会或需要解决的问题	20 秒
第 2 步：描述你的产品或服务如何满足机会或解决问题	20 秒
第 3 步：描述你的资格	10 秒
第 4 步：描述你的市场	10 秒
总计	60 秒

资料来源：布鲁斯 R 巴林格，R 杜安·爱尔兰. 创业管理：成功创建新企业[M]. 3 版. 北京：机械工业出版社，2010.

单元三 创业企业的现金流预测

一、现金流的重要性

2022 年年初，IT 桔子发布了一项调查，整理出 1.5 万家新经济创新创业死亡公司的信息，并对死亡原因进行了梳理。调查数据表明，在 2017—2021 年导致创新创业公司死亡的 5 大因素中，与“钱”相关的占据 3 个，分别是“烧钱”、融资能力不足与现金流断裂。

现金为王，现金流对于创业企业的重要性毋庸置疑。创业风口会催生创业者，也会吸引大量资本的涌入，通过快节奏融资和“砸钱”可能帮助创业企业快速获取胜利，占领市场，也可能使创业企业陷入“烧钱”这种不可持续的运营模式。做好现金流规划能够帮助创业者精准找出公司盈亏平衡点，决定何时需要下一轮融资以及协助公司估值，从而实现可持续发展。

【案例 8-3】

OFO 资金链断裂

OFO 是由北大才子戴威创办的一家共享单车企业，成立于 2014 年，开启了中国无桩单车共享的模式。截至 2017 年 6 月底，OFO 月活跃用户增长到 4 073.5 万人，用户覆盖率高达 51.9%，当之无愧的是共享单车 NO.1。

在 OFO 用户暴增的背后，大家也看到了广大的“钱景”，所以有很多风投机构纷纷押注 OFO。2015 年 3 月，OFO 获得数百万元的天使轮融资；2016 年经历了 Pre-A 轮，A 轮，A+轮，B 轮，B+轮，C 轮，一年累计融资金额超过 1.5 亿美元。

而在 OFO 集中爆发的 2017 年。其融资更疯狂，2017 年他们经历了 3 轮融资，分别是 D 轮 4.5 亿美元，D+轮亿元及以上美元，E 轮 7 亿美元，一年累计融资金额超过 12 亿美元。

在获得巨额融资之后，OFO 也迅速开启扩张的步伐，不仅在国内大量投放自行车，也纷纷进入欧美等国际市场。在最巅峰的时期，OFO 在国内投放了 2 300 万辆共享单车，日订单超过 3 200 万，估值更是高达数百亿元。但是在 OFO 高速发展的背后，其实也隐藏着很多危机，那就是没有明确的盈利模式，而且一直在不断烧钱。

2018 年 8 月，OFO 因为欠供货商上海凤凰 6 815.1 万元货款被对方起诉到法院讨债。之后资金链断裂，在 OFO 持续亏损的情况下，广大用户开始纷纷要求退押金，现金流更加吃紧，从 2018 年 12 月份左右开始，OFO 就开始出现退押金困难。截至 2023 年，仍有约 1 500 万用户的押金没有退还。

可见，现金流对于创业企业的生存和发展至关重要，仅仅依赖于“烧钱”的模式很难实现企业的长足发展。

资料来源：OFO 彻底无法登录，有生之年 1500 万用户押金还能退还吗？[OL]. https://baijiahao.baidu.com/s? id=1758676086498995413&wfr=spider&for=pc.

二、现金流的类型

对于初创企业而言，有 3 类现金流是至关重要的，即经营性现金流（CFO）、融资性现金流（CFF）、投资性现金流（CFI）。现金流规划可以分为 3 步：①确定现金流入，包括经营性、融资性、投资性现金流入；②需要确定现金流出；③将两者求差，构成最简单的现金流预测与规划。

（一）经营性现金流

销售额是经营性现金流中最重要的部分，也是主要的现金流入。创业者在预测初创企业的销售额时，首先，需要通过阅读商业报告、学术文章以及向行业专家了解专业数据等办法，以一定的比例计算了解自身的市场规模。其次，理性预测自身能够占有的市场份额，通过将市场份额与市场规模相乘，能够得出潜在的销售额，这足以成为一个能够成功说服风险投资人的重要筹码。最后，还需要预测占领市场的速度。因为即使商业模式成功，市场份额也是逐步递加的，还要考虑未来竞争者因素，即通过分析市场中最新的参与者达成目标市场份额所用时间、影响其获得市场份额速度的主要变量等，证明自身项目的市场表现与占领市场的速度，从而展现初创企业的竞争力。而经营性现金流出最大的两个项目是办公或经营场所的租金和人力资源成本，这都需要创业者尽可能多地搜集报价，同时理性、准确地预测成本。

（二）融资性现金流

融资性现金流的资金流入主要通过负债和股权的方式体现。负债可以是银行贷款或者从家人、朋友和“傻瓜”处获取资金支持。股权可以是个人持股（创业者的个人资金注入）或者是出让给天使投资人的用以交换投资的股份。负债和股权是创业者从融资中获得现金流入的主要来源。有些现金流可能是在创业初期集中注入的，有些可能是通过不同渠道分散注入的，这取决于初创企业的现金流计划。另外，为了减小不可预见的情况带来的损失，初创企业向风险投资人寻求资金的时候，多预估一些资金用来应急是可以接受的。

融资性现金流的资金流出主要包括利息支出和股息利息。利息支出是很直接的，如果以 5%的利率向银行借款 100 万元，按年支付利息，那么，到年底就欠银行 50 000 元的利息。股息率是创业者和风险投资人协议约定的。在和潜在投资人谈判时，创业者需要了解的问题包括是否需要固定股息，预期的股息率和支付安排，以及应记股息是否可以在公司 IPO 时再予以支付等。

（三）投资性现金流

通常情况下，初创企业在投资活动中获得的现金流入是极少的，除了一些定期存款带来的收益，初创企业通常不会有盈余的现金来收购或者投资到银行债券等项目上。

有些投资性现金流出是以资本支出的形式产生的，资本支出是在购买固定资产或者现有固定资产使用寿命超过应缴税年份而增值时发生的。但初创企业通常会避免采用资本集中型的商业模式，因为这种商业模式需要大量现金，而且风险极大。

三、现金流预测

如何预测现金流？以时间为单位，创业企业的现金流对应 4 条线：①生存线，即维持 6 个月及以上企业运营的现金流；②平稳线，即维持 9 个月及以上企业运营的现金流；③健康线，即维持 12 个月及以上企业运营的现金流；④宽松线，即维持 24 个月及以上企业运营的现金流。相应地，创业企业在进行现金流预测时，通常会与企业的发展战略和商业计划相匹配，以月度、季度、年度为单位进行预测，或者按照产品和服务发展的重要节点来预测现金流。

为了更好地监测和管控现金流，在预测现金流的基础上，企业仍需关注现金流量表并进行现金流预警。现金流量表直接反映了经营性现金流的状况，创业企业虽然在初期很难实现利润的高速增长，但至少要保证现金流的增长。因为这决定了企业能否存活下来。对于现金流入较少、流出较为频繁的企业，建立现金流的预警机制是十分必要的举措。企业可通过设立月度、季度和年度的预警周期管控现金流，当现金流短缺时及时执行预警方案，避免资金链断裂的风险。

（一）启动资金测算

任何企业的开办都需要一定的资金投入，用以购买必需的物质资源，以及支付必要的运营开支，这些费用统称启动资金。一般而言，启动资金涵盖投资资金和流动资金两部分。

投资资金是指建造厂房车间、购买生产设备、配置办公家具和办公用品等固定资产所需投入的费用。创业企业的类型不同，固定资产投资的大小就存在差异。例如，科技型或服务型创业企业的固定资产投入相对较小，而传统生产制造型创业企业的固定资产投资相对较大。

流动资金是指创业企业用于维持日常运营的费用，例如，原材料购买、员工工资、市场推广及广告费用，以及日常办公开销（电话费、水电费、保险、房屋租金等）。流动资金的可变程度较高，其需求大小与创业企业的业务量和发展速度密切相关。

一般而言，投资资金的收回周期较长，需要长期投资；而流动资金可以在单个运营周期内收回，可以运用短期融资渠道解决。因此，要充分估算启动资金的构成、投资资金和流动资金的比例以及数量，为创业融资提供较为准确的资金需求信息。

【案例 8-4】

开办一家咖啡店需要多少启动资金

“小资青年”王阳大学毕业后准备开办一家小型咖啡厅。经过考察，他决定租用学校大门对面一间 200 平方米的门面房来实现创业梦想。以下是他开办咖啡厅的启动资金测算：

（1）房租：每月租金 8 000 元，先预付 6 个月，共计 48 000 元。

（2）店铺装修：普通小型咖啡厅的装修成本为每平方米 500 元。200 平方米需投入装修费约 100 000 元。

（3）营业设备：包括咖啡机、各类饮用器具、桌椅、柜台、电脑、打印机、台灯、电话等，费用大约为 30 000 元。

（4）人员工资：200 平方米的咖啡厅需聘用 1 名咖啡调制师和 2 名服务员。其中咖啡调制师每月工资为 8 000 元，服务员每人每月的工资及保险费平均为 3 000 元，预备 3 个月，共计 42 000 元。

（5）原材料储备：咖啡豆、牛奶等，初步确定为 5 000 元。

（6）固定开支预算：水、电、煤气、通信、卫生管理费、税收等费用，每月预算 2 000 元，预备 3 个月，共计 6 000 元。

（7）其他开支：约 5 000 元。

以上各种费用合计 236 000 元。因此，开设这样一家 200 平方米的小型咖啡厅需要约 236 000 元启动资金。

资料来源：李巍，吴朝彦.创业基础[M].北京：中国人民大学出版，2022：190.

（二）营业收入以及利润测算

营业收入是指企业在从事产品销售、劳务提供以及让渡资产使用权等经营业务过程中形成的经济利益总流入。对创业企业营业收入的测算，是制订财务计划与编制预计财务报表的基础，也是估算运营资金的第一步。

在进行营业收入测算时，创业企业应基于市场研究和对行业现状的分析，综合各类专家的意见（如同行业企业负责人、销售人员等），并运用定量分析方法（如时间序列分析法），预测业务量和市场售价，进而估算营业收入。同时，根据业务量和市场开拓情况对营业支出及一般管理费用进行估算，主要包括市场推广费、广告费、办公开支、工资等。

在明确营业收入和支出的基础上，创业企业需要编制预计利润表。利润表是用来反映创业企业在某一会计期间经营成果的财务报表，根据会计等式“营业收入–营业支出=利润”计算。预计利润表应按营业利润、利润总额、净利润的顺序编制。创业企业在编制预计利润表时，应根据测算营业收入时预计的业务量对营业成本进行估算，根据预设营销组合情况对营销费用（渠道、广告等费用）进行测算，根据预计业务规模和企业发展战略对管理费用进行测算，根据预计采用的融资渠道和融资方式对财务费用进行测算，根据行业税费标准对可能发生的营业税费进行测算。最后根据上述营业收入和营业支出测算结果，创业企业可以对每个会计期间的预计利润进行测算。

需要注意的是，创业企业在起步阶段的市场开拓是从零开始的，市场推广成本相当高；营业收入与推动营业收入增长所付出的成本一般不成比例。因此，创业第一年的全部经营费用都要按月估计，每一笔支出都不可遗漏。在预估第二年及第三年的经营成本时，应该首先关注那些长期保持稳定的支出。如果第二年或第三年销售量的预估比较明确，则可以根据营业百分比法，即根据预估净营业额按固定百分比计算折旧、库存、租金、保险费、利息等项目的数值。一般来说，创业企业在实现收支平衡之前，预计利润表均应该按月编制。

（三）编制预计资产负债表

资产负债表是总体反映创业企业在某一特定时期的全部资产、负债和所有者权益状况的报表，根据“资产=负债+所有者权益”这一会计基本等式来编制。资产负债表依据流动资产和非流动资产、流动负债和非流动负债大类列示，是一张时点的、静态的会计报表。

创业企业在编制预计资产负债表时，应根据测算的营业收入（包括货币资金和应收款项）确定收入，根据材料或产品的进、销、存情况计算存货情况，根据投资资本估算时确定的非流动资金数额和选择采用的折旧政策计算固定资产的期末价值，根据行业状况以及企业拟采用的信用政策确定应付款项，根据营业收入估算应缴税费，根据预计利润表中的利润金额确定每期的所有者权益。

根据以上数据便可以基本确定需要的外部资金数额，即融资需求。需要特别说明的是，融资需求的确定不是一个简单的财务预算问题，而是一个将现实与未来综合考虑的决策过程，需要在财务数据的基础上，全面考察企业经营环境、市场状况、创业计划以及内外部资源条件等因素。

四、融资节奏

现金流预测与企业的融资节奏和融资绩效密不可分。在进行项目现金流规划时，创业者需要做到三点：首先，尽可能多地搜集报价，在现金流预测中使用最高的报价更为保守；其次，做好实地调查，翔实、准确的数据能够帮助创业者做出更加科学的预测；最后，时刻检查自身的预测是否合理。关于融资时间及融资金额，创业企业主要可以从以下 3 方面进行考量。

第一，企业现金流。根据现金流预测的结果，当资金只能维持企业 6 个月正常运营时必须要启动融资，一是考虑到融资周期一般为 2 ~ 4 个月，企业需要保证在该阶段内有足够的现金流；二是如果启动融资过晚，创业企业在溢价和条款上都会处于弱势和被动。此时，创业企业可根据年度现金流预测确定预期融资规模。

第二，企业发展周期。企业的快速增长期，或产品和业务发展的里程碑，都是企业理想的融资节点。创业者无须等到企业进入平稳期或者产品完全成熟、有稳定的现金流后再寻求融资，那反而会导致企业错过融资的窗口期。只要产品、技术或商业模式得到一定的市场验证，企业进入下一个里程碑节点，就可以开启融资。一般企业持续 2 ~ 3 月的快速增长并且在融资后有望持续增长对于投资人而言是一个积极的信号，可以加快投资人的决策。此时，创业企业需要根据下一阶段的业务发展需要提出融资需求。

第三，产业及资本市场状况。新兴产业的高速发展离不开政策的支持，产业政策可以被视为资本市场的风向标，对投资人的投资偏好有显著的影响。当产业整体处于向上态势时，资本往往也会涌入该产业，是处于“风口”的创业企业比较理想的融资节点。除了在“资本热”的时候融资，创业企业也需要警惕资本寒冬。在寒冬到来前融得一笔资金能够帮助企业抵御风险，从而在寒冬中更好地生存下来。

【案例 8-5】

Facebook 和字节跳动的融资节奏

Facebook 的融资历程如下：

2004 年 2 月，Facebook 上线；

2004 年 9 月，获得 50 万美元的天使投资，估值 500 万美元；

2005 年 5 月，获得 1 270 万美元的 A 轮投资，估值 1 亿美元；

2006 年 4 月，获得 2 500 万美元的 B 轮投资，估值 5.25 亿美元；

2007 年 10 月，获得 2.4 亿美元的 C 轮投资，估值 150 亿美元；

2009 年 5 月，获得 2 亿美元的 D 轮投资，总估值 100 亿美元；

2010 年 6 月，获得 1.2 亿美元投资，总估值 240 亿美元；

2011 年 1 月，获得 5 亿美元投资，总估值 500 亿美元。

2012 年，Facebook 上市。

字节跳动成立于 2012 年 3 月 9 日；

2012 年 3 月 9 日，获得数百万元人民币来自源码资本曹毅与天使投资人刘峻、周子敬的天使轮投资；

2012 年 7 月 1 日，获得 SIG 海纳亚洲创投基金 100 万美元的 A 轮融资；

2013 年 9 月 1 日，获得 DST Global、奇虎 360 的 1000 万美元 B 轮融资；

2014 年 6 月 1 日，获得红杉资本中国、新浪微博基金、顺为资本 1 亿美元的 C 轮融资，股份占比达到 20%，公司估值达到 5 亿美元；

2016 年 12 月 30 日，获得红杉资本中国、建银国际 10 亿美元的 D 轮融资，股份占比达到 9%，公司估值达到 110 亿美元；

2017 年 8 月 1 日，获得 General Atlantic （泛大西洋投资）20 亿美元的 E 轮融资，股份占比达到 9%，公司估值达到 222.22 亿美元；

2017 年 12 月 1 日，获得战略投资，但是未披露具体金额与投资人；

2018 年 10 月 20 日，获得软银愿景基金、KKR、春华资本、云峰基金、General Atlantic（泛大西洋投资） 40 亿美元的 Pre-IPO 融资，股份占比达到 5%，公司估值达到 750 亿美元；

2020 年 3 月 30 日，字节跳动获得 Tiger Global Management（老虎环球基金）的战略投资，未披露具体金额与股份占比，公司估值达到 1 000 亿美元。

资料来源：财经布谷. 字节跳动融资过程是怎样的？[EB/0L]. 2022-11-13，https://zhidao.baidu.com/question/882706735503838812.html .

单元四　创业企业估值

一、估值的内涵

（一）估值是对企业过去经营业绩的评估分析

估值是风险投资协议中的核心环节。在决定投资一家初创企业时，首先需要对企业价值进行合理的预估。对投资项目进行准确的估值，既是投资盈利的保证，更是控制投资风险的关键。初创企业作为被评估的对象，其内在价值受经营业绩、经营战略和未来盈利能力等多种因素的影响。

企业过往的经营业绩能够反映出企业经营状况的优劣，是企业价值的重要决定因素。例如利用公司过去的盈利可以计算盈利增长率，根据公司已有的资本回报率和营运成本可以估计当年的风险系数和营运资本。因此，企业过去的经营业绩是投资方估值的重要依据之一。

以市盈率估值法为例，市盈率估值法中最重要的考察指标是净利润。这需要找出企业在相当长的时间段（至少 5 年）内历史最低、最高和居中三档的平均净利润作为参数与行业市盈率相乘，从而得到较为合理的企业估值。

（二）估值是企业未来收益的预测回报收益

估值不仅是面向过去的，更是面向未来的，投资方对企业未来收益的预测也是估值环节所要考虑的重要维度。假设一家企业过去发展状况良好，但行业正在走下坡路，仅仅依靠过去的经营业绩对企业进行估值对于投资方来说显然是不公平的；若一家企业过去负盈利，而行业正处于腾飞阶段，仅仅依靠过去的业绩估值也是不合理的。

美国经济学家埃尔文·费雪站在估值是未来收益的角度提出著名的折现值价值理论，其核心观点是企业价值是企业所能带来的未来现金流量。此后，将未来现金流折成现值求得资产内在价值的现金流量法，成为受主流认可的价值评估策略。

二、传统估值方法

传统估值方法主要有成本法、收益法（包括经济增加值法、现金流贴现法）、市场法（包括市盈率估值法、市净率估值法、市销率估值法等）。它们是会计学领域常用的经典估值方法，不同的估值方法有不同的适用场景。

（一）成本法

成本法又称重置成本法，是一种资产价值法。重置成本法是以资产负债表作为估值的基础，按照现行市价重新购置一个全新状态的评估对象，把所需的全部成本减去评估对象的所有折旧之后的差额作为被评估企业现实价值的一种评估方法。

重置成本法的基本公式为：

$$评估价值=重置成本-折旧$$

其中，重置成本是指按照购买现在相同或者相似资产所需支付的现金或现金等价物的金额计量资产，会计中的折旧是资产价值的下降，包括实体性折旧、功能性折旧和经济性折旧。实体性折旧以有形资产为主，如办公设备、厂房等；功能性折旧以无形资产为主，如企业的商标、声誉等；经济性折旧是指外部性折旧，如政策变化、环境恶化等。

运用重置成本法，实际是将企业整体资产化整为零，对各项资产分别进行评定估算。重置成本法要求被评估资产必须能够“重置”，适用于可复制、可再生、可重新建造和购买，是具有有形损耗和无形损耗特点的资产。

创业投资企业初期难以有现金流入，因此，重置成本法将企业资产和预计效益分开，仅从成本角度出发，即计算重新建立这个企业需要多少资金投入，这是初创企业的最佳计量方法。但是重置成本的评估缺乏客观性，对于创始人、创业团队和技术等稀缺性资源，难以找到相似的资产，对于企业价值的评估需要风险投资人的主观判断。

对于能源、基建、零售等重资产行业而言，重置成本法有较强的适用性。

（二）收益法

收益法又称折现法、内含价值法，是指将评估对象持续经营期间内每年（每月）获得的预期收益，用适当的贴现率折现得到在评估基准日的现值之和，以此估算资产价值的评估方法。收益法的核心是未来预期收益，因此有以下 3 点要求：一是评估对象未来年度的收益现金流可预测；二是收益对应承担的风险可预测和量化；三是评估对象未来获得收益的期限可预测和判断。只有在收益、风险、期限都可以预测和判断时，才能采用收益法评估企业。

收益法根据不同的收益口径，衍生出两种方法，分别是经济增加值法（EVA 法）和现金流贴现法（DCF 法）。

1.经济增加值法（EVA 法）

经济增加值（Economic Value Added，EVA）法指同一时间区间内，用企业调整后的税后净营业利润扣除债务资本和股东权益资本的成本之和，可以用来衡量股东的价值创造。当 EVA >0 时，企业为股东创造了价值，增加了财富；反之，当 EVA<0 时，表明企业损失了资本，消耗了股东资产。

EVA 的计算公式如下：

$$\text{EVA=NOPAT-TC}\times\text{WACC}$$

式中，NOPAT 是调整后的税后净营业利润；TC 是总资本，即股东权益资本和债务资本之和；WACC 是加权资本成本。利用经济增加值法进行估值的基本公式如下：

$$V=\text{BVE}_t+\sum\frac{\text{EVA}_t}{(1+\text{WACC})^t}$$

式中，V 是目标公司价值；BVE_t 是初始投资资本；WACC 是加权平均资本；$\sum\frac{\text{EVA}_t}{(1+\text{WACC})^t}$ 是未来 EVA 的现值。

【例 8-1】某公司初始投资资本为 500 万元，预计未来每年产生税后净营业利润 100 万元。每年资本投入为零，资本成本为 10%，请运用经济增加值法计算公司估值。

EVA=100-500×10%=50（万元）

V=500＋50/（1+10%）=545.45（万元）

2.现金流贴现法（DCF 法）

现金流贴现（Discounted Cash Flow，DCF）法可分为 3 种模型，分别是自由现金流模型（FCFF 模型）、股权自由现金流模型（FCFE 模型）和股利贴现模型（DDM 模型）。

现金流贴现法的基本模型是：

$$P_0=\sum\frac{D_t}{(1+k)^t}$$

式中，P_0 是评估所有对象未来收益的现值；D_t 是未来各期的现金流；k 是贴现率。

这里主要介绍自由现金流模型（FCFF 模型）。自由现金流（Free Cash Flow for the Firm）模型是由美国学者阿尔弗雷德·拉巴波特提出的，是指用企业自由现金流对公司估值的一种方式。自由现金流是企业产生的、在满足再投资需求之后剩余的、不影响公司持续发展前提下可供企业资本供应者或各种利益要求人（股东、债权人）分配的现金，即可供股东与债权人分配的最大现金额。具体计算方式为：

自由现金流=税后净经营利润–追加营运资本–固定资产及其他资产投资+折旧等非现金支出

这意味着预测公司未来的自由现金流需要预测公司从当年度开始未来 3~5 年的资产负债表和利润表，要求预测者充分了解公司所处的宏观经济、行业结构以及公司经营状况和业绩等信息。

使用自由现金流模型估值的计算公式为：

$$V=\text{BVE}_t+\sum\frac{\text{EVA}_t}{(1+\text{WACC})^t}$$

式中，$FCFF_t$ 是公司的自由现金流；WACC 是公司的加权平均资本。

【案例 8-6】

自由现金流模型在同方股份并购晶源电子中的运用

汤姆·科普兰阐述了自由现金流的计算方法：自由现金流量等于企业的税后净营业利润（即公司不包括利息收支的营业利润扣除实付所得税税金之后的数额）加上折旧及摊销等非现金支出，再减去营运资本的追加和物业厂房设备及其他资产方面的投资，是公司产生的税后现金流量总额，可以提供给公司资本的所有供应者包括债权人和股东。

以同方股份并购晶源电子为例，分析晶源电子的历史绩效，得到如表 8-3 所示(税率 15%)的预测情况。

表 8-3　晶源电子的历史业绩情况

业绩	第一年	第二年	第三年	第四年	第五年
营业收入/元	314 494 566.5	367 329 653.6	429 041 035.4	501 119 929.4	585 308 077.5
营业收入增长率	16.8%	16.8%	16.8%	16.8%	16.8%
息税前利润/元	56 294 527.4	65 752 008	76 798 345.34	89 700 467.36	104 770 145.9
税前利润率	17.9%	17.9%	17.9%	17.9%	17.9%
折旧/元	131 078.194	131 078.194	131 078.194	131 078.194	131 078.194
资本性支出/元	−63 886 896.48	−96 641 031.7	−134 897 862	−179 581 839	−231 772 724
边际固定资本投资率	−4.31%	−4.31%	−4.31%	−4.31%	−4.31%
营运资本变动/元	192 703 314.5	225 077 471.3	262 890 486.5	307 056 088.2	358 641 511.1
边际营运资本投资率	4.26%	4.26%	4.26%	4.26%	4.26%
自由现金流量/元	50 112 124.28	58 530 961.16	68 364 162.63	79 849 341.95	93 264 031.4

贴现率采用加权平均资本成本（WACC）模型计算，公式为：

$$WACC=(E/V)\times R_e+(D/V)\times R_d\times(1-TC)$$

式中，E 为公司股本的市场价值；D 为公司债务的市场价值；V 为企业的市场价值；T 为企业税率；R_e 为股本成本，是投资者的必要收益率；R_d 为债务成本。具体计算过程如下：

首先根据资本资产定价模型 $R_e=R_f+\beta(R_m-R_f)$ 求出股本成本 R_e；R_f 为市场无风险收益率，选用凭证式国债 5 年期票面利率 5.53%；β 系数为风险系数，以沪深 300 指数的收益率作为市场平均收益率，对晶源电子股票和沪深 300 指数的历史数据进行线性回归分析 $Y=\alpha+\beta X$（其中，Y 为晶源电子的股票收益率，X 为沪深 300 平均收益率），计算出晶源电子股票的 β

系数。取 2005 年 7 月至 2009 年 3 月晶源电子股票和沪深 300 指数每个月开市第一日的收盘价为回归分析的基础数据，用 Excel 计算回归结果如下：Y=0.020 78＋0.711 577X，所以 β=0.711 577。R_m 是市场投资组合的期望报酬率，用上证指数近 10 年的平均收益率作为市场的期望报酬率，取 1998 年 12 月 31 日至 2008 年 12 月 31 日每年最后一个交易日的收盘指数作为基础数据，得出市场期望报酬率 R_m=18.1%。将数据代入，可得 R_e=5.53%+0.711577×(18.1%−5.53%) =14.47%。

分析晶源电子的财务报告后可知，企业没有长期贷款。为便于计算债务成本 R_d，以中国人民银行 2008 年对工商企业的短期贷款利率 5.31%作为税前债务成本 R_d，故税后债务成本 =R_d（1−TC）=5.31%×（1−15%）=4.5%。经计算晶源电子资本结构中债务权重 17.5%，所有者权益权重 82.5%。将数据代入公式，可知：WACC=14.47%×82.5%＋5.31%（1−15%）×17.5%=12.73%。

计算出当期贴现率为 12.73%后，采用两阶段增长模型估值，公式为：

$$V=\sum_{n=1}^{t}\frac{\mathrm{EVA}_t}{(1+\mathrm{WACC})^t}+\frac{\mathrm{TV}}{(1+\mathrm{WACC})^t}$$

其中，等式右边第一部分为第一阶段，用 V_1 表示；第二部分为后续期，TV 代表终值。FCFF（自由现金流量）=EBIT（息税前利润）−Taxation（税款）＋Depreciation & Amortization（折旧和摊销）−Changes in Working Capital（营运资本变动）−CapitalExpenditure（资本性支出）。结合上表数据，可以计算出 V。

$$V=\sum_{n=1}^{t}\frac{\mathrm{EVA}_t}{(1+\mathrm{WACC})^t}=\sum_{n=1}^{5}\frac{\mathrm{FCFF}_n}{(1+12.73\%)^5}=2.389\ 055\ 02\text{（亿元）}$$

假设第六年及以后企业进入稳定增长阶段，增长率与宏观经济增长率保持一致，保守预计 7%左右，所以“后续期”终值 TV=93264031.4×（1+7%）/（12.73%−7%）=17.415 796 44（亿元），故公司总价值：V=2.389 055 02＋17.415 796 44/（1+12.73%）^{5}=11.955 394 86（亿元）。除去债务价值，权益价值为 11.098 122 50 亿元，因同方股份收购晶源电子 25%股份，故收购价值为：11.098 122 50×25%=2.774 530 62（亿元）。这与显示的 2.75 亿元总金额较为接近。

资料来源：刘桂荣，黄朴．基于自由现金流的并购企业价值模型及应用[J]．财会通讯，2011 （21）：127-129，161.

（三）市场法

市场法主要基于有效市场理论，通过获取可比公司的财务指标，确定被评估公司的价值，是一种相对价值法。根据选取财务指标的不同，主要分为可比企业法、市盈率估值法、市净率估值法、市销率估值法、PEG 估值法等。

1.可比企业法

挑选与目标公司同行业或可参照的上市公司或非上市公司，以同类公司的股价与财务数据或公开的投资估值为依据，计算主要财务比率，然后用这些比率作为市场价格乘数来推断目标公司的价值。创业公司一般在融资时会对标行业龙头公司的各项指标进行投资预测，这实际上就是可比企业法。这种方法简单直观，但要准确套用还需要综合考虑许多不确定因素。

【案例 8-7】

亨迪药业上市定价

亨迪药业在上市发行前对其发行价格进行公告，其内容如下：按照中国证监会《上市公司行业分类指引》，亨迪药业为医药制造业，最近一个月静态平均市盈率为 38.24 倍（截至 2021 年 12 月 7 日），上市发行价格 25.80 元/股对应的 2020 年扣除非常性损益前后孰低的净利润摊薄后市盈率为 36.84 倍，低于中证指数有限公司 2021 年 12 月 7 日发布的行业最近一个月静态平均市盈率，但仍存在未来发行人股价下跌给投资者带来损失的风险。截至 2021 年 12 月 7 日（T-3 日），可比上市公司估值水平如下，提请投资者关注投资风险，审慎研判发行定价的合理性，理性做出投资决策。表 8-4 是同行业其他药企市盈率情况。

表 8-4　同行业其他药企市盈率

证券代码	证券简称	2020 年扣非前 EPS（元/股）	2020 年扣非后 EPS（元/股）	T-3 日股票收盘价（元/股）	对应的静态市盈率（扣非前）	对应的静态市盈率（扣非后）
830946	森萱医药	0.336 3	0.307 6	6.97	20.73	22.66
603229	奥翔药业	0.302 5	0.298 0	36.70	121.32	123.16
300363	博腾股份	0.596 3	0.529 7	90.42	151.65	170.69
000739	普洛药业	0.693 0	0.586 5	38.15	55.05	65.05
603456	九洲药业	0.457 1	0.387 1	57.01	124.72	147.26
603539	美诺华	1.118 9	0.538 3	33.22	29.69	61.71
证券代码	证券简称	2020 年扣非前 EPS（元/股）	2020 年扣非后 EPS（元/股）	T-3 日股票收盘价（元/股）	对应的静态市盈率（扣非前）	对应的静态市盈率（扣非后）
300702	天宇股份	1.917 0	1.701 8	42.49	22.17	24.97
300636	同和药业	0.340 3	0.326 8	17.68	51.96	54.11
000756	新华制药	0.517 8	0.463 5	10.59	20.45	22.85
002399	海普瑞	0.698 0	0.403 5	15.87	22.74	39.33
均值		—	—	—	62.05	73.18

数据来源：根据晶源年报整理。

思考：

查阅资料，分析亨迪药业的发行价格是否合理？估值是否合理？并说明理由。

2．市盈率估值法

市盈率是普通股每股市价与每股收益的比值，反映上市公司股票的市场价值与企业内在价值的关系，也反映投资者愿意为每股收益支付的价格倍数。对投资者来说，市盈率越低，每股净利润与每股价格越接近，投资回收期越短，投资风险越小；反之，市盈率越高，投资回收期越长，投资风险也越大。

市盈率估值法的公式为：

被评估公司的公司价值=可比公司的平均市盈率×被评估公司的净利润

采用市盈率估值法时，通常选取具有可比性的上市公司或公司所属行业的平均市盈率，然后根据公司预计的盈余初步测算公司的价值，最后根据估值公司与可比公司或行业平均水平的差异予以调整。

3.市净率估值法

市净率是每股股价与每股净资产的比值，反映上市公司投资者为每股净资产支付的价格倍数。对投资者来说，市净率越低，每股净资产与每股价格越接近，市场越看好，投资风险越小；反之，市净率越高，市场越不看好，投资风险越大。

市净率估值法的计算公式为：

被评估公司的公司价值=可比公司的平均市净率×被评估公司的净资产

市净率估值法适用于资金投入大的重资产行业，如制造业、房地产业、金融业等。以科技研发为主的创业企业，主要资产是科研技术、技术人员，净资产非常少，使用市净率估值法无法准确对这一类企业进行估值。

4.市销率估值法

市销率是每股价格与每股销售收入的比值，反映投资者愿意为每股销售收入支付的价格倍数。对投资者来说，市销率与投资价值有关，市销率越低，每股销售收入与每股价格越接近，投资价值越大，投资风险越小；反之，市销率越高，投资价值越小，投资风险越大。

市销率估值法的公式为：

被评估公司的公司价值=可比公司的平均市销率×被评估公司的销售收入

市销率估值法比较简单直观，操作性强，特别适用于大消费、电商等行业中市场销售稳定增长的企业。

5.PEG 估值法

PEG 即市盈增长比率，是在市盈率（PE）的基础上演化而来的，是市盈率相对盈利增长比率，计算公式如下：

$$PEG = PE/100G$$

式中，PE 是公司的市盈率；G 是公司的每年盈利增长率的预测值。

PEG 可以用来观测投资的安全性和成长性，一方面可以通过市盈率分析企业当前经营状况，另一方面可以根据年盈利增长率对企业未来一段时间的发展状况进行分析和预测。PEG 大小与股票价格是否合理相关，一般认为：当 PEG=1 时，表明股票价格合理，企业未来业绩变现的成长性得到充分反映；当 PEG＞1 时，表明股票价格存在被高估的可能性，或者市场认为公司未来有高成长性；当 PEG＜1 时，表明股票价格可能被低估，即市场认为公司未来的成长性低于预期。

用 PEG 评估公司价值的基本思路是，首先确定企业的预期增长值，其次确定股票的每股收益，再根据选取的行业确定可比基准 PEG 系数，最后推算出企业价值。PEG 估值法的公式为：

$$被评估公司的公司价值=增长率\times净利润\times可比基准\ PEG$$

三、创业企业估值方法

在目前披露的独角兽企业中，互联网科技类企业占比最大，因为这类企业技术更新迭代迅速，商业模式新，且发展前期多采取加大资金投入的方法争夺用户数量，出现负盈利的情况。前期的巨大亏损无法准确反映企业价值，传统的估值方法在新的领域表现出严重的“水土不服”。为解决创业企业估值问题，涌现出 Odlyzko 定律、Berkus 法、风险因子求和法、计分卡估值法、第一芝加哥法、风险投资法等新兴的估值方法。

（一）Odlyzko 定律

1973 年，以太网的发明者罗伯特·梅特卡夫提出梅特卡夫原则，即

$$V=K\times N^2$$

式中，V 表示网络的潜在价值与理论价值；K 表示价值系数，指互联网公司将用户数量转化为盈利能力的系数，受商业模式、用户黏性、活跃度等因素的影响；N 表示用户数量或用户节点。

梅特卡夫原则由新科技的推广速度决定，网络的价值与用户数量成正比，且当用户超过一定数量后将呈现指数增长。在此基础上，明尼苏达大学教授安德鲁·奥德里兹科等提出 Odlyzko 定律：

$$V=K\times N\times \ln N$$

式中，V 表示企业价值；N 表示活跃用户数量；K 表示单个用户收入贡献量。

【案例 8-8】

Odlyzko 定律在字节跳动估值中的应用

2019 年 7 月，字节跳动旗下产品全球人数总月活跃用户超过 15 亿人。广告收入是字节跳动商业化的主要营收方式。字节跳动的广告收益体现了其用户流量的变现能力。相关财务数据显示，2019 年字节跳动广告收入占比 85.7%，达 1 200 亿元。

由于单个用户收入贡献量与活跃用户人数的乘积可以用营业收入近似替代，因此 Odlyzko 定律中的 $K\times N$ 约等于字节跳动 2019 年的核心业务收入 1 200 亿元。计算可得，2019 年年末字节跳动的企业价值 $V=1\ 200\times\ln 15\approx 25\ 354$（亿元）。

资料来源：胡灵颖. 梅特卡夫法则在互联网独角兽企业估值中的运用：以字节跳动为例[J]. 商展经济，2022（3）：115-117.

（二）Berkus 法

Berkus 法是由商业天使投资人戴夫·博克斯设计的面向初创企业的估值方法，无须分析预计的财务状况，前提是该初创企业在 5 年内的收入有可能达到 2 000 万美元。

根据该方法，在没有收入之前，初创企业的估值不应超过 200 万美元。但是初创企业如果在成立早期存在以下几种情况，如有健全的想法、原型、质量管理团队、战略关系以及产品推出或销售等，则可以给企业带来增值效应。具体增值金额如表 8-5 所示。

表 8-5　Berkus 法估值增值效应

存在的情况	最高增值金额/万美元
健全的想法（基本价值）	300
原型（降低技术风险）	500
质量管理团队（降低执行风险）	300
战略关系（降低市场风险）	200
产品推出或销售（降低生产风险）	100

（三）第一芝加哥法

第一芝加哥法根据 3 种情况下的企业估值评估企业价值，每种情况的估值采用现金流贴现法，总估值是每种情况估值的加权平均值。该方法有以下 4 个步骤：①为企业定义不同的未来场景，包括最佳情况、一般情况、最坏情况，并且为每种场景设置财务预测（包括收益、现金流），最坏情况相当于投资资本全部损失。②需要在退出时确定撤资价格，将目标企业与同一行业中的其他企业比较估值，通常采用以市场为导向的市场倍数如息税前利润、收入等。③确定所需回报并计算每个场景的估值。④估计不同场景的可能性并计算加权平均值。

【案例 8-9】

第一芝加哥法在估值中的应用

A 公司预计未来在最坏情况下估值 10 万元，可能性 20%；一般情况下估值 70 万元，可能性 70%；最佳情况下估值 300 万元，可能性 10%。如何给出 A 公司的最终估值，基于表 8-6 运用第一芝加哥法进行计算。

表 8-6　估值情况

场景	估值/万元	可能性	最终估值/万元
最坏情况	10	20%	81
一般情况	70	70%	
最佳情况	300	10%	

（四）风险投资法

风险投资法把对公司的评估分为投资前估值和投资后估值，投资者的股份比例等于投资额与投资后估值的比值。

采用风险投资法对企业进行估值有以下 4 个步骤：

（1）估计目标公司价值的终值。终值指投资者投资一定时间后退出时公司的价值。公司的终值常用传统的乘数法（可比企业法）进行估计。

（2）将公司价值的终值折现成现值，投资者一般用目标回报率作为贴现率。这个贴现率一般比传统的资本加权平均成本（WACC）高很多。

（3）计算投资者股份比例，用拟投资额与折现终值的比值来确定投资者为获得要求的回报率应得的股份比例。

（4）计算投资者的股份数量与股价。根据公司被投资前的股份数量和投资人股份比例的乘积，确定向投资人新增发的股份数量，并最终确定每股价格。

【案例 8-10】

风险投资法在创业企业估值中的应用

第一步：X 公司在 A 轮寻求 800 万美元融资。

第二步：预计到第 5 年，X 公司的销售额将增长到 1 亿美元，利润将增长到 1 000 万美元。

第三步：风险投资公司希望在第 5 年退出以将资金返还给其有限合伙人。

第四步：与 X 公司类似公司的市盈率为 10 倍，这意味着预期的退出价值为 1 亿美元（1 000 万美元×10）。

第五步：贴现率即风险投资公司的目标回报率为 30%。贴现率通常只是股权成本，因为初创公司资本结构中的债务几乎为零。

然后将 30%的贴现率代入现金流贴现法的公式：

投资后估值=1 亿美元/（$1+30\%$）^{5}=2700（万美元）

投资前估值=投资后估值−初始投资金额=2 700−800 =1 900（万美元）

投资人股份比例=初始投资金额/投资后估值=800/700≈30%

风险投资着眼于未来，风险投资法运用乘数法和现金流贴现法估值的思想，并在此基础上进行改进，将投资与回报、定价与股份比例融入估值，更贴近实际情况，适用于高风险、中长期、面向未来、有高度不确定性的风险投资。风险投资法使用非常高的贴现率，一般为40%~75%，早期的风险投资人甚至采用 100%的贴现率。使用高贴现率主要有以下原因：

第一，公司的不确定性大，风险高，高贴现率反映高风险。

第二，风险投资人通过投资获得的公司股权流动性很差，需要较高的贴现率补偿流动性。股权离退出阶段越远，流动性越差，投资人选取的贴现率也越高。

第三，投资人不仅为公司提供资金，还提供先进的管理模式，指导和帮助公司发展等。这些增值服务是有价值的，需要用高贴现率进行补偿。

第四，投资人往往认为创业者的预期过于乐观，需要用高贴现率来调整过高的预期。

知识小结

本章主要阐述了创业过程中所面临的融资情况，主要介绍了创业融资的概念以及创业融资在创业中的重要性，并介绍了创业融资的途径以及创业融资方式的选择，同时也介绍了创业过程中不同阶段如何进行估值，最终实现融资和估值结合，树立正确的创业企业健康发展与成长创业意识。

巩固提高

1.创业融资的含义是什么？它与一般企业融资有什么区别？

2.举例说明创业企业融资的困境及成因。

3.创业融资的渠道有哪些？它们各自的优点和缺点是什么？

4.创业企业估值的难点是什么？适用于创业企业的估值模型有哪些？

5.影响创业企业估值的因素有哪些？请选择一家独角兽企业，尝试分析其不同融资阶段估值的依据。

案例分析

李想的理想

2020 年 7 月 30 日晚，李想创立的理想汽车在纳斯达克挂牌上市，理想汽车成为继蔚来之后，第二家在美国上市的中国新能源车企。公司在首次公开募股和同时进行的私募中的总筹资额为 14.7 亿美元，估值超 97 亿美元。这是自 2018 年 3 月爱奇艺在纳斯达克进行的 24 亿美元 IPO 以来，中国在美国最大的一宗 IPO。

一、估值暴涨路径

根据公开数据，理想汽车是李想在 2015 年 7 月创立的新能源汽车公司，公司稍早前被命名为“车和家”，注册资本约 7.3 亿元，李想本人出资约 43 370.565 万元。

2016 年 5 月，车和家（理想汽车前身）宣布 A 轮融资金额约 7.8 亿元，由利欧股份领投，源码资本、常州武进产业基金、明势资本等机构跟投，此时公司估值为 30 亿元。

2017 年 9 月，理想汽车完成 A＋轮融资，融资金额为 6.2 亿元，由利欧股份以自有资金 1 亿元领投，梅花创投、源码资本、明势资本等机构跟投。此外，还包括创始人李想在内的 12 名投资人共同出资。此次融资以后，利欧股份总共持有理想汽车 9.995%的股权，李想在该轮融资后的持股降至 37.73%。

2017 年 10 月，理想汽车完成 Pre-B 轮融资，融资金额达数千万元，由 Star VC 领投，中金甲子、山行资本等机构跟投。

2018 年 3 月，理想汽车完成 B 轮融资，融资金额为 30 亿元，由经纬中国和首钢基金旗下新能源基金领投，老股东银泰集团、源码资本、蓝驰创投、明势资本、泛城资本等机构跟投。加上此前的天使轮和 A 轮融资，理想汽车成立两年半以来累计获得融资 57.55 亿元。

2019 年 8 月，理想汽车宣布完成 5.3 亿美元 C 轮融资。本轮融资由美团创始人王兴个人以近 3 亿美元领投，经纬中国、字节跳动等机构跟投，李想个人投资近 1 亿美元，此时公司估值约为 29.3 亿美元。

2020 年 6 月，理想汽车完成 D 轮融资，融资金额为 5.5 亿美元，其中美团领投 5 亿美元，李想个人跟投剩余 5 000 万美元中的 3 000 万美元，此时公司估值为 40.5 亿美元。

2020 年 7 月 25 日，理想汽车获得了 3.8 亿美元的战略融资，其中，美团点评投资 3 亿美元，字节跳动投资 3 000 万美元，王兴个人再次投资理想汽车 3 000 万美元，KevinSunny 作为理想汽车的老股东投资 2 000 万美元。此次融资以后，美团在理想汽车中持有的股份增至 16.1%。

2020 年 7 月 30 日，理想汽车 IPO 上市，开盘价为 15.5 美元，较发行价 11.5 美元上涨 34.78%。截至 7 月 30 日收盘，理想汽车市值已接近 140 亿美元，达 139.17 亿美元。IPO 后李想持股 21%，美团创始人王兴个人持股 7.9%，美团旗下 Inspired Elite 持股 16.1%。

根据以上数据，理想汽车从 2015 年创立之后每年都有大额融资，并且花费 5 年时间成功上市，在汽车行业站稳脚跟。与很多创业企业相比，理想汽车是成功的，毕竟大部分创业企业由于内外部原因都没获得成功，像理想汽车这样通过融资获得资金支持并且在几年时间内上市的创业企业并不多。

二、连续创业者的反思与进化

理想汽车是李想的第三次创业。草根出身的他在 1999 年创办泡泡网（数码电子与消费网站），24 岁时身家过亿，当年是几百家媒体的拥趸。二次创业他用 3 年时间让汽车之家超越成立 8 年的易车，他为的就是争第一（第一次创业的泡泡网始终是“千年老三”）。

然而，前期坐火箭般顺利、绝对称得上“连续成功创业者”的李想，要在学霸和技术精英云集的互联网战场成为资本宠儿，也并非那么容易。做理想汽车时他见了百家机构，大多吃了闭门羹，在张颖“找熟人”的提议下，理想汽车在 C 轮融资时迎来王兴和张一鸣。如果第一次创业是“互联网为他而生”，那后两次创业他已习惯了“后来者”的身份。他把创业看作游戏，打完小 Boss，希望打更大的 Boss。说话简单直白的他多次表达过内心的渴望：千亿美元公司。做过收入几十亿元、利润 10 多亿元、市值超 100 亿元的公司（虽然汽车之家后期已退出），其他领域的战场尚满足不了他内心的欲望。李想表示，“第三次创业，要在后面加一个零”。

经过前两次创业，李想充分意识到了现金流的重要性。融资不在第一梯队对李想来说一直是个坎儿，而把控自己“孩子”的经营及销售状况早已成为他的基因，原因之一是他吃过亏。"当初汽车之家发展得越好，现金流越差。因为我们做的是广告业务，广告有 3 个月的账期。汽车厂商遇到了经济危机，拖着广告费，我们的现金流很难受。" 2020 年的前 4 个月，理想 ONE 销量 7 000 辆，占据所谓"插电式混动汽车"细分行业销量榜第 9 位，而真正让大家看起来不揪心的，应该还是理想汽车"3 月份的现金流为正"。

资料来源：机构投资者评论.李想的理想 [EB/0L]. 2020-09-25，https://www.sohu.com/a/420848532_120866873.

思政点睛

我国正处在工业化和城镇化的快速发展阶段，经济的快速发展将进一步增大资源消耗的强度，日益加剧的能源供求矛盾已经成为制约国民经济和社会发展的重要因素。《新能源的发展前景计划》明确了 2050 年可再生能源将成为能源供应的主体力量，在电力消费中的比重有望达到 80%。中国新能源发展前景广阔，以清洁、可再生和可持续为特点的新能源逐渐成为全球能源供给结构的重要组成部分。在此背景下，各企业在快速发展过程中不断进行融资，为新能源企业发展提供了充足的现金流，为企业发展提供了坚实基础。新能源汽车行业形成了比亚迪、理想、小鹏、宁德时代等优秀企业，光伏行业形成了阳光电源、隆基绿能等代表企业，以给社会带来更多益处。

思考：

1.在理想汽车的成长过程中，主要依赖的融资渠道和融资方式有哪些？为什么要这样选择？

____

____

____

____

____

____

2.从理想汽车估值暴涨的过程看，风险投资与创业企业成长之间存在怎样的互动关系？

____

____

____

____

____

____

3.从李想吃投资机构的闭门羹到受到资本市场的青睐，谈谈创业企业怎样才能有效突破融资困境。

实训设计

实训要求：

1.根据你的创业企业，预测未来 3 年的营业收入和净利润，并收集同行业内 5 家上市企业的财务数据，运用 PE 估值对自己的企业进行估值。完成表 8-7，可以适当增减内容。

表 8-7　企业估值

年份	202×+1 年	202×+2 年	202×+3 年
营业收入			
营业收入同比增长率			
净利润			
净利润同比增长率			

运用复利计算公司 3 年的营业收入复合增长率：

3 年的净利润复合增长率：

202×年同行业上市企业的相关数据：

企业名称	PE（TTM）	净利润	市值

PE 估算过程：

如果你要拿出 10%的股权进行融资，获得的融资金额是多少？

2.结合你的创业企业，对启动创业项目的现金收支预算进行估计，完成表 8-8。

表 8-8　收支预算估计

项目	行次	第 1 月	第 2 月	第 3 月
一、期初现金余额	1			
二、现金流入	2			
1.营业收入	3			
其中现金：现金收入	4			
应收账款	5			
预收账款	6			
2.融资收入	7			
其中：银行贷款	8			
其他融资收入	9			
3.投资资金收入	10			
4.其他现金收入	11			
现金收入合计	12			
三、现金支出	13			
1.支付工资及奖金	14			
2.采购存货等	15			
现金采购	16			
应付账款	17			

续表

项目	行次	第 1 月	第 2 月	第 3 月
预付账款	18			
3.支付租金、物业费、水电费	19			
4.销售费用	20			
5.利息手续费	21			
6.归还借款	22			
7.其他现金支出	23			
现金支出合计	24			
四、现金净流量	25			
五、期末现金余额	26			

注：第 1 行“期初现金余额”填写的就是目前企业可动用的现金、银行存款，及其现金等价物。

根据预算表以及模块五实训中销售收入预测，结合行业的净利润率，估算企业可以在几个月后达到盈亏平衡？

3.电影《中国合伙人》讲述了三兄弟创业的过程，农村出身的“土鳖”成东青参加了 3 次高考才进入燕京大学，毕业后申请签证多次被拒，留在燕大任教，却又因故被除名，在一无所有的背景下开办补习班；王阳、孟晓骏的加入催生了“新梦想”学校，3 人凭借各自资源和共同的努力，让新梦想空前成功，但在企业发展过程中，也面临着激烈的冲突。除了他们拼搏合作的精神，影片中关于创业资源的整合与利用、企业发展与融资战略等方面也值得创业者借鉴与思考。

查阅资料，并观看《中国合伙人》，结合新东方的发展历程，思考以下问题：

（1）创业者如何创造性开发并利用资源？

（2）成东青和孟晓骏因为企业进一步的发展及融资策略而产生了激烈的冲突。分别站在两者的角度，谈谈企业发展战略、面临的发展阶段与融资选择，并分析融资选择的利弊。

（3）遵循以上思路，在网上搜集3个以上的创业企业，思考其在创业初期及创业过程中的资源状况、资源的整合利用策略以及企业不同运作阶段的筹资策略，形成分析报告。

模块九 拟写企业计划书

学习目标

1.了解创业计划书的基本格式和规范，树立正确的创业经营计划观。

2.掌握创业计划书的组成部分、撰写的基本技巧，能够写一份满足社会需要的创业计划书。

思政目标

1.明确目标意识，提高自身对时间的把控力，把有限的精力投入到学习中。

2.制订长期计划，编写创业计划书，以更好地规划自己的未来，为社会做出贡献。

单元一 创业计划书的目的和用途

不少创业者创业时并没有一份规范的、详细的创业计划书，有时计划或筹划或许只是在头脑中，非正式的计划可能比正式的计划还有效。那么，为什么还要撰写正式的创业计划呢？

创业计划是一份全面说明创业构想以及如何实施创业构想的文件，是描述所要创立什么企业以及将成为什么的构思。

一、创业计划的目的

撰写创业计划有两个主要原因：迫使创业者系统思考创业，向其他个人或组织介绍创业项目。

首先，撰写创业计划可以迫使创业者系统地思考新创企业的各个要素，在创立企业之前梳理自己的思路，迫使创业团队一起努力工作，全力以赴地解决创业过程中的各类细节问题。许多人都会有这样的感受，自认为想清楚了，写出来不一定清楚；觉得写清楚了，讲给别人听别人不一定清楚。创业也是这样，一旦将计划写到纸上，那些希望改变世界的想法就会变得实实在在且冲突不断。计划本身远不如形成这个文件的过程重要。所以，即使并不试图去创业，也应准备一份商业计划。当创业者决定把自己的创业想法或技术通过创办企业实现商业化后，一般都会进入编写创业计划的工作阶段。

其次，创业计划是企业的推销性文本，可以为企业向潜在的投资者、供应商、重要的职位候选人和其他人介绍创业项目、新创企业提供一种方法。这与宣传手册、公司介绍、网站等的作用是相似的。

在实践中，创业者会更加重视创业计划的推销目的，结果往往是为了获得一份漂亮的创业计划书而撰写创业计划。这是本末倒置的行为，也容易产生欺骗。这样做即使能够融到资金，也难以很好地利用资金，以致创业失利。创业面临着大量不确定性，内外部环境可能经常发生快速变化，不能因为变化而不制订或不需要计划。相反，越是处于快速变化的环境，越需要认真计划，越需要依据客观事实周密分析。当然，也要注意计划的弹性，避免僵化、刻板的计划。

撰写创业计划不能保证创业一定成功，但的确可以提高成功的概率。创业就如一个不熟悉且充满风险的旅程，创业计划更像是一个路线图，当然这个路线图必须是正确的。

二、创业计划的用途

创业计划的一个主要用途是募集外部资金。创业活动起始于创意而不是资源，这也是其与传统商业活动的最大区别。正因为此，某人拥有了创意后并决定要成为一名创业者，却不具备相应的资源，也就成为一种常态。因此，撰写一份简明易懂，又能够准确表述市场潜在价值和创业激情的创业计划十分必要。这是外部投资者，尤其是风险投资了解这一项目的第一途径。实际情况是，现在越来越多的大学或其他社会团体主办的商业孵化机构要求获选企业撰写创业计划。如小餐馆、女性服装专卖店、私人教育培训等项目，利用创业计划来募集亲戚朋友等的外部资金，也是一个好办法。

另一种用途是向潜在员工、现有员工、资助组织、服务商等传播企业的愿景和使命。创业计划重在研究和介绍如何把具有可行性的市场机会转换成盈利的产品和服务，包括产品开发、营销和企业发展战略的各个层面的计划。这样，在企业创办前，通过撰写创业计划向准员工及相关组织传达企业的经营理念和发展思路，是一种有益的做法。

为了实现这些目标，创业者在撰写创业计划的过程中，就需要认真、全面地处理许多复杂问题。这些问题围绕如何把创意和愿景转化为现实的过程而展开，如产品如何生产，产品以何种价格出售，产品如何营销以及销售给哪些人，企业如何与现存的及潜在的竞争对手展开竞争，需要何种融资，来源何处，资金如何使用，这些事情由谁负责，等等。可见，对创业者来说，认真准备一份论证合理的创业计划，是一次很好地了解、学习市场的机会，对于确定业务概念、提出企业发展目标有很大的帮助。

总体来看，创业计划的主要用途包括：①寻求外部投资；②确保整个团队（包括新的、潜在的成员）明确组织目标；③厘清业务概念、近期目标和所提议的战略。

越是精心准备的创业计划，越能说明新企业尽力想完成什么目标，以及达到这些目标将如何去做。创业计划是一种书面文件，它解释了创业者的愿景，以及愿景如何被转变为一家盈利的、可行的企业。这些信息正是风险投资者和其他可能支持新企业的人所要搜寻的。因而，创业者撰写创业计划，不仅仅是为了说服别人给他们的新企业投资，也是为了让自己更清晰地了解进一步前进的最佳方式。

为了有序、简洁、具有说服力地解决以上提到的创业发展问题，准备一份有效的商业计划并不是一蹴而就的事情，这个工作往往需要花费 200~300 小时。如果把工作只留在晚上和周末来做，这一过程将持续 3~12 个月。创业计划的撰写尤其需要清晰明确，论之有据。比如，为了筛选创业机会和想法，只要指出某新产品的目标市场规模在 3 000 万~6 000 万元，市场成长率在 10%左右就可以了。但是，编写创业计划时对市场的了解应更加细化，需要说明 10%的市场成长率的持续时间，明确说明实际成长率是多少，并解释该成长率的形成原因。

另外，市场的快速变化，也会使创业计划相关信息的获取表现为一种动态过程。因为无法预知创业企业将如何发展，人们在做计划时会受到一定的限制。对于新技术和市场的开发，这一问题尤为突出。实际上，这时创业者的计划只是使企业先创办起来，再利用从实际经营过程中收集的信息，来修改他们的计划：先制订一个基本的、简单的创业计划，然后开办企业，接着获得来自创建、经营企业的实际信息，并依据这些信息去修改创业计划，必要时也可使用这些信息来获取融资支持。

单元二 如何撰写创业计划书

一、编制创业计划的基本要求

创业计划形成了相对固定的格式、规范，同时也形成了广为采用的基本内容框架。

（一）创业计划的基本结构

1.创业计划的一般格式及编写规范

（1）创业计划应按照如下顺序及格式来编排。

①封面页（包括公司名称、地址以及主要联系人姓名、联系方式等）；

②目录表（概括创业计划的各主要部分）；

③概要及计划书的各个主要部分（每个部分都应清楚地列示标题并要易于识别）；

④附录（如详细的财务计划、公司创建人和核心员工的完整简历，附在正文后面，经常分开单独装订）。

（2）一份有效的创业计划，应该尽可能地简短明了。创业计划一般不超过 50 页，而且要越短越好。创业计划的主要目标是，以清楚的方式解答新技术或产品开发的相关问题。而且，那些阅读创业计划的人，工作繁忙并且经验丰富，很清楚如何识别创业计划所涉及的核心问题。

应该说，整个创业计划看上去像一份规范的商业文件，而不应使用太过艳丽的图例，或过分夸张的文学描述。创业计划是创业者留给风险投资家、银行家，以及其他有可能给予创业企业支持的人的第一印象，应该以认真、严谨的态度来编写，同时要睿智地展示创业企业的价值和优势。

2.创业计划的基本要素

创业计划的主要内容随撰写人不同或是行业不同而有很大差异。尽管如此，人们普遍认为，创业计划必须包含一些基本部分，以便投资人及其他相关人员了解企业的关键问题。

（1）新产品或服务的基本价值是什么？即为什么这是一个有价值的创业机会？

（2）新产品或服务要卖给谁？

（3）如何开发、生产、销售新产品或服务？应对现存和未来竞争的总体计划是什么？

（4）创业者是谁？他们拥有经营企业所需的知识、经验和技能吗？

（5）如果创业计划是为了筹资，那么需要筹集多少资金，需要何种融资方式，资金如何使用，创业者和投资人如何实现投资收益呢？

这些问题都是投资人最感兴趣的核心问题，也是创业者在创业过程中必须直面的问题。一份精心准备的创业计划要回答所有问题，而且要以有序、简明、具有说服力的方式来回答。要知道，风险投资人每年要看成百上千份的创业计划，但绝大多数创业计划在几分钟之内，就被那些经验丰富的风险投资人给拒绝了。创业者要尽全力做好这些最重要的事情，以确保自己的创业计划能得到风险投资人眷顾。

（二）创业计划的核心内容

撰写创业计划时应如何组织上文提到的关键问题相关的所有信息呢？对此，目前还没有一个通用的内容结构。可以说，创业计划各主要部分的顺序安排及其具体内容，应该由创意的性质，以及创业者想在计划中传达的信息来决定。这里提供一个被许多创业计划采用的基本框架，其具有较强的逻辑性。

（1）执行摘要：应对新企业的总体情况做出简短、清楚、具有说服力的概括。

执行摘要是一种简短而热情洋溢的陈述，被比拟为“电梯推销”，即要求在很短的时间内激起别人的兴趣，并使他们的兴趣足够浓厚以至想知道更多的信息。也就是说，摘要应该对上述所有列出的关键问题给予简短回答，即说明解决了哪些未被解决的问题，或者机会的优势在哪，以及本企业为什么可能成功。篇幅一般控制在1~2页。

撰写执行摘要这一部分内容要求非常仔细和深思熟虑，其中每句话甚至每个词不仅要传达丰富的信息，也要传递创业者的兴奋与激情；既要介绍足够多的信息以对新企业有一个清晰的图景，又要十分简洁。优秀的执行摘要能在第一时间吸引住别人的眼球，而粗糙的执行摘要一般很难简洁地说明企业的价值。

（2）愿景、使命与价值观：陈述创业的动机，企业要做什么，以及所期望的宏伟蓝图。

创业过程中要面对大量的不确定性，要克服很多困难，要得到多方面的支持和帮助，利益相关者会关心具体的创业项目和团队，也会关心创业者的理想和抱负，关心企业能做出什么样的经济和社会贡献。愿景和使命是创业者的内在动力，会反映出企业的价值观，对企业文化的形成也会起到决定性的作用。

愿景指企业长期的发展方向、目标、自我设定的社会责任和义务，明确界定公司在未来是什么样子，其“样子”的描述主要是从企业对社会的影响力、贡献力、在市场或行业中的排位（如世界500强）、与企业关联群体（客户、股东、员工、环境）之间的经济关系等方面来表述的。愿景由愿和景组成，“愿”是发自内心的愿望；“景”是实现组织方向和目标时的状态，愿由景生。愿景是蓝图，是方向，甚至可以说是“信仰”。

使命是指企业在社会经济发展中所应担当的角色和责任，是指企业的根本性质和存在的理由，说明企业的经营领域、经营思想，为企业目标的确立与战略的制定提供依据。使命更多的是责任。

企业价值观指企业在长期的生产经营活动中逐渐形成的、组织成员或群体成员分享的同一价值观念。价值观是企业文化的精髓，表现为企业对企业宗旨、企业精神、经营理念、人员价值等的价值判断，是解决企业在发展中如何处理内外矛盾的一系列准则，如企业对市场、对客户、对员工等的看法或态度，是表明企业如何生存的主张。企业常常通过谚语、口号、隐喻或其他形式的语言向企业成员传递这些价值观念。

（3）新创意及产品的形成背景和预期目标：描述创意和产品能解决的核心问题、给顾客带来的价值以及预期能实现的目标。

这部分内容应该解释新产品提供了什么，即它为什么是独特和有价值的，将来是否具有产生利润的潜力。经常需要讨论企业所在行业的环境，正因为是这些环境条件显示出创业者现在正努力开发的创意的条件。比如，某创业者开发了一种新材料，比当前市面上出售的任何材料都更加环保和实惠。那么就需要回答，这种材料为什么是有用的，在当前低碳经济时期，为什么市场空间大？谁想要使用这种新材料？是家庭装饰，还是其他什么商业用途？如果创业者的创意是一种用于制造家用地毯的低碳新材料，那么就应该具体说明它的独特性，让准投资者相信投资这种产品会得到潜在收益。

在这一部分，还应该包括企业的基本情况信息，即企业的法律形式、当前的所有权结构、目前的财务状况等。毕竟，没有人愿意向一个存在所有权纠纷或过高企业管理费用的企业投资。

本部分也应该说明，企业希望完成什么目标？回到前面所描述的地毯用新材料的例子。本部分应该阐明，这种材料是对所有地毯普遍适用，还是只对某些种类的地毯适用（如家用），以及使用新材料将带来哪些利益。在这种情况下，这些潜在收益应该与企业成功所获财务收益一起被提及。

（4）市场营销分析：描述谁打算使用或购买企业的产品或服务，顾客为什么想使用或购买它。

这部分内容应该包括：

①解释企业解决了什么问题，或者实现了哪些未被满足的需求。比如设计一种供老年人使用的简单手机，有较大的按键，而且有直播键可拨给其他人。很明显，清晰和简洁并不是不好，但根据经验，投资者更偏好具体化。

②说明存在适宜的目标市场。这不同于行业介绍，而是本企业预期选择的目标市场。就上面的例子而言，只表述手机的市场规模是不充分的，还应该包括老人对手机的特有需求、社会老龄化情况等。

③说明现实顾客很可能花钱购买这种产品或服务。

④设定基本的销售预期。多数情况下，创业计划应该说明潜在的销售收入，这取决于详细的财务预算、竞争者分析，以及获取潜在顾客的相关信息。

创业计划的这部分内容应该表明，创业者已经为他们的产品或服务认真地调查过潜在市场，并且有证据显示，当这种产品上市时，会有消费者或其他企业打算购买它。当然，市场预期具有不确性，甚至没有人确切地知道，消费者如何对新产品做出反应。但创业者至少应该尽最大努力来查明人们为什么想购买或使用他们的产品。如果创业计划只是假定新产品或服务非常好，人们会排着长队竞相购买它，那么，对经验丰富的投资者来说，并不能吸引他来投资。

（5）竞争者、竞争环境和竞争优势分析：描述现有竞争与如何应对竞争的信息、定价以及其他相关事项（这部分内容有时是单独分开描述的，有时也包含在市场营销部分）。

一般地，这一部分应提供如下内容：

①通过识别当前竞争者、潜在进入者和评价竞争强度，来构建竞争优势。

②通过解释新产品和技术的竞争地位与当前市场动态的匹配性，来展示管理团队的能力和知识。

在这一过程中，存在两方面的挑战。一是创业计划必须说明企业在潜在顾客并未真正买单的情况下，如何有效竞争；二是在现有企业用现有产品构筑竞争屏障的情况下，如何参与竞争。说明此类机会足以创造近期或长期优势的核心特征。

总之，基于上部分的市场分析，这一部分需要说明本企业与现有解决方案存在哪些差异。如果本行业存在大量的竞争者，可以运用简单的列表比较产品和技术之间的不同。但是，分析必须是客观的，包括准确评价企业的技术和运营能力与不足；否则，对关键的竞争者和竞争技术进行简要描述更能说明问题。

（6）开发、生产和选址：描述产品或服务所处的开发阶段，如何开始实际生产并提供产品或服务，以及有关企业坐落于何地的信息。如果企业运营的有关信息对于理解企业做什么以及它为什么有巨大的经济潜力来说是重要因素的话，那么它也可能被包含在本部分内容之中。

在任何有效的创业计划中，创业者必须认真解决的另一问题是产品开发和生产。企业的产品或服务处于该过程的哪个阶段：仍处于待开发阶段，还是已被充分开发，正准备生产？如果正准备生产，那么预期成本以及制造产品或提供服务的时间表是什么？

有时新产品的开发过程可能需要数月时间和可观的费用。对于这些问题，企业进展得越深入，对潜在投资者就越有吸引力。这不仅是因为企业的发展已经跨越了最初的开办阶段，而且还因为这表明企业的运营方式有效率并且合理。如果企业的每件事都处于合理状态，可以确保企业快速向前发展。当然，只有时间才能具体回答这些问题。不管怎样，投资者一般都会在企业的创业计划中寻找有关这些问题的信息，如果此类信息没有被包括在创业计划中，或因范围太宽泛而没有信息价值，那么投资者将失去投资该企业的热情。

另外，如果企业的选址对于企业的生存和竞争有重要影响，那么就应该提供相关信息。比如，对于餐饮等服务行业来说，选址就很重要。

（7）管理团队：描述企业管理团队的经验、技能和知识，有关当前所有权的信息也应包含在这个部分。

管理团队描述包括团队能力的优势与不足。研究指出，许多投资人一般首先阅读创业计划的这一部分。甚至有投资人说，宁愿投资具有二流创意的一流团队，也不愿投资于具有一流创意的二流团队。尽管这有些夸张，风险投资人和其他投资人实际上要关注许多不同问题，但上述陈述也有一定的真实性。实际上，投资人所说的意思是，创业企业中能干的、有经验的、上进心强的高层管理人员对于企业的成功极其重要。也就是说，管理团队是影响投资决策的首要因素。

具体来说，本部分应该包括以下内容：

①确定高层管理者和核心顾问。这部分内容应该包括相关人员的简要经历及其证明。

在很多情况下，要以附录的形式提供 1~2 页的个人简历。

②识别管理团队能力的不足。这部分内容应该包括企业是否希望通过增加新员工来弥补这些不足的有关信息。

③确定董事会成员（如果有的话），并提供相关个人背景。

④确定积极支持企业发展的顾问。

尤其需要指出的是，对大多数技术型创业企业来说，这一部分是对现实状况的直接描述。它的管理团队一般由创建者和一两个顾问构成，有时还包括第一批员工。这样做没有实质性的错误，但是需要注意的是，技术型企业的优秀高层管理团队的特征应该是：具备先前（最好是成功）创业经验，专职工作，具备处理特定行业市场和顾客事务的经验。

（8）财务部分：提供有关公司当前财务状况的信息，并预期未来需求、收入和其他财务指标，以及所需资金数量，这些资金什么时候需要，它们要被如何使用，现金流、盈亏平衡分析等。

创业计划的财务部分应该为潜在投资者提供一份清晰的规划蓝图，即新企业将如何使用它已经拥有的、持续经营所得的以及投资者所提供的资源，向财务目标迈进。

首先，财务部分应该提供新企业拥有的资产和负债等方面的估价。这些信息概括在预编资产负债表中，以表明未来不同时期的公司财务状况。在最初的 3 年内，这些信息应按半年进行预期。预编资产负债表可以显示权益负债率、营运资金、存货周转率和其他财务指标是否在可接受限度内，还可以证明对企业的初始和未来投资是不是合理。

其次，用预编收入表说明基于损益的预期运营成果。这张预编收入表记录销售额、销货成本、费用、利润或亏损，并应该认真考虑销售预测、生产成本、广告成本、分销和储存成本与管理费用。简而言之，它应该提供运营结果的合理规划。

再次，现金流量表也应按未来一定年限来编制，以表明预期现金流入流出的数量和时间量安排。通过突出某一特定时期的预期销售额和资本费用，这种现金流预测强调了进一步融资的需求和时机，以及对营运资金的需求。

最后，盈亏平衡分析表明所有成本所需要的销售水平。这应该包括随生产量变化的成本（如制造、劳动力、原材料、销售额等），以及不随生产量变化的成本（如利息、工资、租金等）。

多数情况下，开发以上财务数据报表能帮助管理者思考影响销售和成本的关键要素。需要指出的是，对于多数早期发展阶段的企业来说，详细的资金预算也许比形式上的财务计划更有价值，因为它们揭露了业务发展的现金需要（对于处于研发阶段的业务来说，现金需要取决于关键事件），而不是预测业务的营利性（这也许是极度乐观的）。由于现金流分析更多反映的是现金周期的波动（取决于销售及其运营），而不是开发周期的波动（取决于研发及其运营），所以现金流分析对于早期发展阶段的企业并不是很适用。另外，现金流分析还可能造成对现金需要的保守估计，因为创业者一般都会低估成本而高估收入。

对种子期高科技新企业来说，更是如此。当一家拥有技术许可和一些初始创意的创业企业在寻求资金支持时，多数投资人不需要也不评价它的用途来说明未来 3 年营业收入的财务计划。此时最重要的财务要素是：做出未来（通常 8~16 个月）实现两三项关键指标的预算，如果业务成功，做出长期潜在的收入。这些数据反映了种子期投资人所关注的核心问题，也就是保证企业存活下来直至创造价值需要多少钱？因承担风险将获得多大的利益回报。

（9）风险因素：讨论企业将面临的各种风险，以及管理团队防范风险所采取的措施和步骤。

创业计划除了预测企业良好发展的一方面，还要充分考虑发展的不利因素，或是新产品开发中容易发生错误的地方，如表 9-1 所示。实质上，当危机真正出现时，承认危机是面对问题并勇敢解决问题的第一步。

表 9-1　创业企业面对的潜在风险

1	不愿向创业企业“俯首称臣”的竞争对手所进行的削价
2	使创业企业产品或服务的吸引力降低或销售减少的不能预见的产业动向
3	由于各种原因没有完成销售计划，所以减少了现金流量
4	超过预期的设计、制造或运输成本
5	产品开发或生产进度安排没能按期完成
6	由于高层管理团队缺乏经验而引起的问题（如缺乏与供应商或顾客进行合同谈判以争取有利条款）
7	在获取零件或原材料方面，比预期的前置时间长
8	获得额外且必需的融资方面发生困难
9	不可预测的政治、经济、社会或技术趋势或发展（如新的政府立法或严重经济萧条的突然降临）

（10）收获或退出：如果企业获得成功，投资者将如何获得收益（如企业何时以何种方式公开上市）。

任何创业企业发展到一定阶段，都存在创业者与投资人的退出及投资回报问题。这一部分需要描述创业者如何被取代，以及投资者退出战略，即他们如何获得资助创业企业所带来的利益。例如，出售业务、与其他企业合并、IPO，或者其他重新募集资金的事件，使所有者和投资人有机会套现先前的投资。

（11）时间表和里程碑：包括有关企业的每个阶段将在何时完成的信息（如开始生产、初次销售、突破盈亏平衡点等）。本部分可以独立列出，在适当的情况下，也可以包含在其他部分中。

创业计划正文的最后部分应该说明：主要活动何时实施、关键里程碑何时达到。从投资者观点看，这个部分表明创业者的确仔细关注了企业的运营，并且已经为企业的未来发展制订了清晰的计划。具体如下：

①新企业的正式组建（如果这还没有发生）；

②完成产品或服务设计；

③完成产品原型；

④雇用最初的员工（销售人员或其他）；

⑤在贸易展览会上做产品展示；

⑥与分销商和供应商达成协议；

⑦进入实际生产；

⑧收到初次订单；

⑨初次销售与交付；

⑩盈利。

当然，这个列表只是创业企业可以包括在创业计划内的众多里程碑的很小部分。重要的是，要选择那些无论是从企业资源还是从所在产业的角度看都有意义的里程碑。

（12）附录：应提供详细的财务信息以及高层管理团队成员的个人简历。

接下来将逐一介绍每一项内容的写作目的，并向初次撰写创业计划的创业者提供一些具体的写作建议。每一份创业计划都是唯一的，关键在于把“故事”讲明白。即认真睿智地描述创新产品的新颖性和价值，以及创业团队的商业化热情。

创业计划的正文应该相对简短，只要提供所有重要信息，许多项目的信息最好包含在单独的附录部分。附录中，典型项目的信息有详细的财务规划以及创建者与高层管理团队其他成员的完整简历等。

需要说明的是，为了节省时间和金钱，成功的创业者会尽量减少在创业计划上的资源投入。睿智的创业者通常对完整性不感兴趣，他们明白，额外分析的回报将很快消失。他们避免使用电子表格软件对盈亏平衡点、资金需求、回收期、净现值进行详细但缺乏远见的分析。在确定有限的分析对象时，创业者必须意识到，即使有更多的研究也无法解决某些关键的不确定因素。比如，深度访谈及调研在预测全新产品需求时的作用往往不大。创业者同样也要避免实施那些自己根本无法依照其结果行动的调研。

二、创业计划的撰写原则与技巧

一份优秀的创业计划的确需要花费创业者很多时间和精力，它是潜在投资人接触创业项目的第一步，因而值得努力去做好。

（一）撰写原则——风险投资家的视角

针对不同的读者对象，创业计划应有所不同。创业计划的一个重要目的是募集风险投资，下面从风险投资家的视角来分析撰写创业计划应注意的问题。

1.创业计划必须一开始就吸引人

风险投资家富有远见又经验丰富，往往迅速做出投资决策，一旦做出决策就很少会出现逆转的情况。这意味着，提供给他们的创业计划必须一开始就吸引他们，并且能一直吸引他们。

创业计划从摘要开始，摘要是创业计划的第一个主要部分，从某种程度上说，也是创业计划最重要的部分。摘要必须能够简洁而又睿智地说明企业的价值（即解决了哪些未被解决的问题，或者机会的优势在哪），以及本企业为什么可能会成功（即独特资源将创造竞争优势）等问题。具体来说，这一部分既能传达创业者高涨的创业热情，又能充分展现新企业创业的价值以及有效整合开发创意的创业团队。

2.管理团队和市场机会的价值是两项关键的投资要素

调查表明，风险投资者和天使投资人都认为管理团队和与市场机会是两项关键的投资目标。这并不是说产品特征、财务预期不重要，而是在评审创业计划的过程中，投资人注重对各种要素间的复杂作用关系进行考察。有时候，甚至在对产品和技术本身进行评价之前，由于管理团队或市场机会存在明显问题，因而停止某项投资交易是很有可能的。

也就是说，归根结底，创意的质量以及整合创意的人或人们的素养才是至关重要的。如果创意不合理或没有什么经济上的潜力，那么不管创业计划从表面来看写得多精彩、多有说服力，有经验的投资者都会立刻识别出它。所以，在决定投入大量时间和精力，去准备一份令人印象深刻的创业计划之前，创业者首先必须获得有关创意的反馈。如果创意本身的价值不大，创业者应立即停下来，因为继续下去基本上是在浪费时间。同样重要的是，本创意及其开发必须与创业者或团队的追求和能力相匹配。

3.创业计划要体现真实性

创业计划本质上是创业者对如何将创业意愿及创意转化为一种盈利事业的一种规划。不可否认，人们本来就不可能完全预知未来，而且快速变化、不确定性很强的新奇技术和市场预测更加会受到信息获取的限制。事实上，即使创业活动面临很大的不确定性，创业者也应该努力确保创业计划信息的相对真实性。否则，潜在投资人怎么会投资呢？

所谓真实性，是指市场预测必须建立在对目标市场的现有信息进行分析的基础上。当然，现实情况是许多（尽管不是大多数）早期发展阶段的技术型企业最终将定位于完全不同的市场。但是，我们需要把当前能够获得的真实信息记录下来，同时时刻保持对环境变革的警觉。如果目标市场非常不确定，创业者应该直接说明这一不确定性。这就是投资家总是更愿意投资于可靠的、具有竞争力的团队的原因，因为他们能够及时识别正确市场中的正确产品，不管计划书中事先是如何写的。具体来说，创业计划的真实性表现在以下几个方面：

（1）顾客分析的真实性。创业者应尽力根据潜在顾客反馈的信息来撰写创业计划。一家创业企业还没有确定目标顾客，并没有什么。而如果企业从未尝试获取潜在顾客（不管是终端用户、分销商还是中介）的信息反馈，则是不应该的。人们往往把这一过程混淆于“市场研究”。市场研究是指对市场规模大小的分析，而顾客研究则是对真正的顾客需求是什么以及特定的产品或服务能否满足这些需求的分析。

研究认为，创业者应该至少与10位潜在顾客进行沟通，他们或是企业与终端用户之间的个人和组织，这样才能提出相对可信的收入模式。当然，具体访谈人数会因行业不同有所差异（尤其是在行业细分的情况下）。而一般来说，10 位基本上就能够满足了解顾客如何应用新技术的需要。访谈中涉及的问题主要有：

①你们在生产产品或提供服务的过程中，尚未解决的最大问题是什么？

②你们现在使用的技术是否限制性很大？

③如果你们拥有这项新技术，将会如何使用它？

④什么样的技术创新能够满足你们的价值需要？

（2）市场分析的真实性。对一项新颖、具有市场变革意义的新技术来说，进行市场分析存在极大的难度。而创业者又往往相信未经证明的市场，投资者却确信创业者容易对事情过度乐观。持有怀疑态度的投资者从来都不会相信创业者对市场的预测，无论提供多少研究细节。现实性市场分析应该恰当描述市场规模，以帮助投资者个人进行相关决策。

一些公开的市场调研信息以及网络搜索都能够提供这种快速的市场规模评价。例如，我们发现，通过搜索恰当的关键词（××“×亿”），能够很快获取相关行业的统计信息。与行业人士以及顾客就真正的目标市场进行讨论的时候，我们需要集中在目标市场的特征方面，如这种技术的具体应用是什么？能为使用者创造什么价值？依据这些方面的信息，基本可以推断出市场的规模。

（3）竞争者分析的真实性。竞争者分析一般会面临这样的困境：一是现有竞争者不可能与新技术进行竞争；二是由于保密或规避竞争的原因，真正的竞争者不可能很容易地被识别出来。可是，优秀的创业计划既要识别明显的竞争者，又要识别潜在的竞争者。这样做的好处在于：提醒创业者不应该开发存在过度竞争的市场，同时使投资者相信创业者为评估竞争环境做出了相应努力。快速识别竞争者的过程如下：

①在百度或其他网站搜索特定产品或服务关键词。

②利用国家专利数据库搜索相关专利（及其应用）。

③与著名的行业专家进行探讨。

（4）收入计划的真实性。在创业计划中，经常会发现这样的描述：根据××，××市场规模是××元。如果我们能够捕捉到5%的市场，那么我们的年收入将是××亿元。

这种分析一方面忽视了把技术投放市场的定价因素，同时还回避了顾客购买决策是如何做出的，以及为什么5%的顾客会转向接受新技术等重要问题。问题是，如果创业企业的技术比其他现有技术更有优势，那么企业为什么不努力拥有50%或者75%的市场份额呢？

一种更有效的评估需求的方法叫“自下而上”。这种方法首先识别具体的可能接受新奇技术的顾客，叫作“早期接受者”。一些情况下，可以给出基于当前市场评估的价格范围和顾客目标数量。可见，研究顾客（而不是市场研究）是合理信息的起点。建立在潜在顾客信息基础上的收入计划要好于基于市场的分析计划。了解顾客如何购买产品是进行合理收入规划的第一步。

（二）撰写技巧

根据以上撰写原则，为了使创业计划书脱颖而出，并最终获得风险投资的青睐，创业者应认真做到：①确保创意的价值性，并拥有高素质的管理团队；②认真负责、睿智地按适当的商务格式进行编排和准备计划；③执行摘要简洁，论之有据。既要充分描述创业热情又不失规划的真实性。

1.结构体例方面

多年来，创业计划的结构和体例相对固定下来。尽管对此没有硬性规定，但创业者不应单纯为了创新而过于偏离一般结构和格式。同时，又不能直接套用一些创业计划软件包所提供的样板文件。即便这样的确能够使计划变得更加专业化，但是计划必须基于特定市场调研数据和事实来编写，以充分表明创业企业的可预测性以及创业者的激情。

创业计划的体例也需要努力做到更好：一方面，看上去要比较讲究；另一方面，又不能给人浮华浪费的印象。可以采用透明的封面和封底来包装计划书，不要过度使用文字处理工具，如粗体字、斜体字、字体大小和颜色等，否则会使创业计划显得不够专业。而一些体例上的用心却可以显示你的细心。例如，如果企业有设计精美的徽标（Logo），应该把它放在计划书封面页和每一页的眉题上；一些图表颜色与徽标的匹配设计，能充分显示你的用心，也容易吸引人的眼球，给投资人留下深刻印象。

按照上文提到的创业计划一般格式逐项检查，不能有任何遗漏和错误。例如有些创业计划竟然在封面上漏掉了联系方式，缺封面页，或是有明显的排印错误等。这样的小疏漏，会让投资人认为准创业者不负责任，准备不充分，进而影响其投资决策。

2.内容设计与组织方面

根据上文提到的真实性撰写原则，创业计划的内容应是建立在市场调研或其他间接来源的真实数据的基础之上的。因而在编写正文的过程中，可以先组织撰写顾客和市场分析这一部分，再结合企业发展目标编写产品开发以及财务等信息。而在实践中，创业者经常在财务部分花费大量时间，描述详细的财务计划，恰恰忽略了市场调研，这是不可取的。

创业计划的内容撰写体现为一种过程，随着撰写工作的深入，创业者能够获取的新市场、潜在顾客等相关信息越来越多，或是越来越具体，这时创业计划也要做出相应调整。甚至随着掌握的相关信息越来越多，创业者的个人目标和追求也会随之改变，这些都会影响企业所有权方式、销售预期、盈利预期以及融资方式等方面的决策。所以创业计划的内容设计是动态的过程，随时都需要进行调整。因此，在这一过程中，需要以坦诚的态度、开放的心态，不断修改、完善创业计划。

创业计划相关信息的获取有很多方式，如市场调研、行业数据、专家咨询等。根据技术和市场的新颖性，采用的具体方式有差异，针对新市场和技术，没有现成的行业信息，这时就需要花费精力和时间进行市场调研。

另外，内容设计与信息组织过程中需要多考虑准投资人的看法与感受。毕竟创业计划在反映实际情况的同时，还需要说服别人。尤其是高科技企业编写财务计划时要表达一种“有益于投资人”的良好态度，即表明企业理论上具有创造 10 倍回报的潜力。比如，内部投资报酬率分析表明，国外风险投资一般寻求的是 4 ~ 6 年成长为年收入 5 000 万美元的投资机会。因此，许多国外创业计划一般都标明第 5 年的营业收入将达到 5 000 万 ~ 1 亿美元，这就不奇怪了。

创业计划的内容需要尽全力规避不该有的错误，具体如表 9-2 所示。

表 9-2　创业计划不应有的错误及解释

错误	解释
概要太长而且松散，未能说准要点	简明扼要又全面，具体见文中案例
没有清楚回答“人们为什么想购买这种产品”	只说产品有价值，却忽视了潜在顾客的调研
没有对管理团队资格给予清晰的陈述	管理团队的个人简历需用附录具体说明，否则准投资人会认为管理团队没有经验
过于乐观的财务预期	盲目乐观会失去可信度，需根据实际调研做出合理预期
界定的市场规模过于宽泛	企业的市场规模应是目标市场，而不是产业市场

续表

错误	解释
隐藏和回避不足与风险	准投资人会认为计划不够深入
没有清晰回答产品所处的阶段	说明产品开发工作没有真正开展或是不具有合理性
认为没有竞争者	说明缺乏深入、认真的市场调研
任何形式上的错误	排版、语句错误，以及资产负债表的不平衡等

无论创业计划的其他部分有多好，都必须绝对避免这些使创业计划注定被拒绝的错误。哪怕只犯了其中一个错误，都会使从投资者那里获得帮助的可能性降低。

知识小结

本章主要阐述了创业计划书的编写方法。编写创业计划书可以迫使创业者系统地思考新创企业的各个要素，在创立企业之前梳理自己的思路，迫使创业团队一起努力工作，全力以赴地解决创业过程中的各个细节问题。同时，创业计划书也属于企业的推销文本，所以，拟写一份漂亮的创业计划书，是创业者必须要进行的一个项目。通过对创业计划书中各个模块内容的介绍，最后形成一份完整的创业计划书。

巩固提高

1.什么是计划？计划有哪些特点？

2.计划是如何进行分类的？

3.计划过程包括哪些环节和作用？

4.创业计划起始部分的概要为什么如此重要？它的首要目标是什么？

5.撰写创业计划时，如何平衡创业热情与保持分析的真实性？

案例分析

最有价值的一节课

分析美国伯利恒钢铁公司总裁查理斯·舒瓦普曾为如何有效执行计划而烦恼。于是，他向效率专家艾维利请教这样一个问题："对于企业家而言，如何更好地执行计划？"艾维利声称他可以在 10 分钟内就给舒瓦普一个方法，这个方法能将公司的业绩提高 50%。他递给舒瓦普一张白纸，对他说道："请在这张纸上写下你明天要做的 6 件最重要的事。"舒瓦普用了 5 分钟写完后，艾维利接着说："现在请按照每件事情对于你公司利润增长的重要程度，用数字进行排序。"舒瓦普又花了 5 分钟写好后，艾维利对他说："好了，请把这张纸装进口袋，明早把纸条打开看，做第一件最重要的事情。不要看别的，只做第一件。然后一件件地做，直至6件事全部做完为止。”舒瓦普点了点头：“这个方法听起来很好。你收我多少钱？”艾维利答道：“不急，你先回去试验一下。你算一下它能够在多大程度上提高企业的生产效率，就按此给个价吧。”

一个月之后，艾维利收到舒瓦普寄来的一张2.5万美元的支票，还有一封信。信上说：“这是我一生中最有价值的一节课。”

5年后，伯利恒钢铁公司成为当时世界上最大的独立钢铁厂。

资料来源：泰勒.科学管理原理[M].上海：上海译文出版社，2019.

思政点睛

制订计划是实现梦想的关键步骤。通过明确目标、分解任务、制订计划和实施方案，我们可以有条不紊地走向成功。制订计划可以帮助我们更好地安排时间和资源，从而实现我们的目标。只有在做事之前做好充分的计划，才能提高效率、节省时间和精力。对于创业者来说，制订计划可以帮助创业者更好地规划自己的工作和生活，实现个人价值和社会价值的双重提升，培养创业者的社会责任感和担当精神，为社会的进步和发展做出贡献。

思考：

1.计划的重要性体现在哪些方面？

2.如何确认计划中的先后顺序？

实训设计

如果你想成立一家公司，请选择一个行业，以小组为单位进行讨论，并按照下面给出的计划书模板撰写创业计划书。

创业计划书

企 业 名 称 ____________________

创业者姓名 ____________________

日　　　期 ____________________

通 信 地 址 ____________________

邮政编码 ____________________

电　　话 ____________________

电子邮件 ____________________

一、企业概况

选择创业项目的理由：

____

____

____

简述企业愿景：

____

____

____

企业主要经营范围：

____

____

____

企业类型：□制造企业　　□贸易企业　　□服务企业　　□农、林、牧、渔企业
□其他（请说明）

二、创业者个人情况

以往相关经验（包括时间）：

____

____

____

教育背景及所学习的相关课程（包括时间）：

____

____

____

____

____

三、市场评估

目标顾客描述：

____

____

____

____

市场容量或变化趋势：

____

____

____

____

预计市场占有率：

____

____

____

____

竞争对手的主要优势：

1.______________________________

2.______________________________

3.______________________________

4.______________________________

5.______________________________

竞争对手的主要劣势：

1.______

2.______

3.______

4.______

5.______

本企业相对于竞争对手的主要优势：

1.______

2.______

3.______

4.______

5.______

本企业相对于竞争对手的主要劣势：

1.______

2.______

3.______

4.______

5.______

四、市场营销计划

1．产品或服务：

产品或服务	主要特征
（1）	
（2）	
（3）	
（4）	
（5）	

2．价格

产品或服务	预测成本价格	预测销售价格	竞争对手的销售价格
（1）			
（2）			
（3）			
（4）			
（5）			

折扣销售	
赊账销售	

3．地点：

（1）选址细节：

地址	面积（平方米）	租金或建筑成本

（2）选择该地址的主要原因：

____

____

____

____

____

（3）销售方式（选择一项并在左侧的□内画“√”）：

将把产品或服务销售或提供给：□最终消费者　　□零售商　　□批发商

（4）选择该销售方式的原因：

____

____

____

____

____

4．促销：

广告		成本预测	
人员推销		成本预测	
营业推广		成本预测	
公共关系		成本预测	

五、企业组织结构

企业将登记注册成：

□个体工商户　　□个人独资企业

□合伙企业　　□有限责任公司

□其他（请说明）________________

拟定的企业名称：________________

企业成员：________________

职务：________________　薪金/工资（月）：________________

企业或经理：________________

____

员工：________________

____

____

____

____

企业将获得的营业执照、许可证：

类型　　预计费用

____

____

____

____

____

企业承担的其他法律责任（保险、纳税等）：

种类　　预计费用

____

____

____

____

____

____

____

____

股份合作协议

协议内容	合作人			
企业计划注册资金				
出资方式				
出资数额				
股权份额及利润分配				
利润数额与亏损承担				
分工、权限和责任				
违约责任				
转股、退股及增值				
协议变更和中止				
其他条款				

企业组织结构图：

六、投资

1．机器、机械和其他生产设备。

根据企业销售量的预测，假设达到 100%的生产能力，拟购置以下机器、机械和其他生产设备：

项目	数量	单价	金额/元
(1)			
(2)			
(3)			
(4)			
合计			

供应商名称	地址	电话或传真

2. 器具、工具和家具。

根据企业生产经营活动的需要，拟购置以下器具、工具和家具：

项目	数量	单价	金额/元
(1)			
(2)			
(3)			
合计			

3. 交通工具。

根据交通和营销活动的需要，拟购置以下交通工具：

项目	数量	单价	金额/元
(1)			
(2)			
合计			

供应商名称	地址	电话或传真

4．电子设备。

根据企业办公的需要，拟购置以下电子设备：

项目	数量	单价	金额/元
（1）			
（2）			
（3）			
合计			

供应商名称	地址	电话或传真

5．无形资产。

根据企业需要，拟购买以下无形资产：

项目	金额/元	备注
（1）		
（2）		
（3）		
合计		

6．开办费。

根据企业需要，开业前需支付以下费用：

项目	金额/元	备注
（1）		
（2）		
（3）		
合计		

7. 其他投资。

根据企业需要，除固定资产、无形资产、开办费外，还需支付以下费用：

项目	金额/元	备注
(1)		
(2)		
(3)		
合计		

8. 投资概要。

项目	金额/元	月折旧额 / 摊销额/元
房屋、建筑物		
机器、机械和其他生产设备		
器具、工具和家具		
交通工具		
电子设备		
无形资产		
开办费		
其他投资		
合计		

七、流动资金（月）

1. 原材料（或商品）和包装费。

项目	数量	单价	金额/元
(1)			
(2)			
(3)			
(4)			
(5)			
合计			

供应商名称	地址	电话或传真

2．其他经营费用（不包括折旧费和贷款利息）。

项目	金额/元	备注
工资和薪金		
租金		
促销费		
办公用品购置费		
维修费		
保险费		
水电费		
电话费		
其他费用		
合计		

八、销售收入预测

月 / 季 / 年销售情况														合计
（1）	销售数量													
	平均单价													
	月销售额													
（2）	销售数量													
	平均单价													
	月销售额													

续表

月/季/年销售情况														合计
（3）	销售数量													
	平均单价													
	月销售额													
（4）	销售数量													
	平均单价													
	月销售额													
（5）	销售数量													
	平均单价													
	月销售额													
（6）	销售数量													
	平均单价													
	月销售额													
合计	销售总量													
	销售总收入													

注：八、九、十 3 张表格，要求逐月填写 1 年的销售收入预测。如企业投资回收周期较长，可选择按季或年填写。

九、销售与成本计划

月/季/年金额/元														合计
销售	含税销售收入													
	增值税													
	销售净收入													
成本	原材料（列出项目）													
	（1）													
	（2）													
	（3）													

续表

月 / 季 / 年金额 /元														合计
成本	包装费													
	工资和薪金													
	租金													
	促销费													
	保险费													
	维修费													
	水电费													
	电话费													
	宽带费													
	办公用品购置费													
	其他费用													
	折旧和摊销													
	总成本													
附加税费														
利润														
所得税	企业所得税													
	个人所得税													
	其他													
净利润														

注：对于“所得税”项目的填写，有限责任公司填写“企业所得税”，个体工商户、个人独资企业和合伙企业填写“个人所得税”，实行定额征收的企业填写“其他”。

十、现金流量计划

月/季/年金额/元														合计
月初现金（A）														
现金流入现金流出	现金销售收入													
	赊账销售收入													
	贷款													
	企业主（股东）投入													
	现金流入合计（B）													
	现金采购													
	赊账采购													
	包装费													
	工资和薪金													
	租金													
	促销费													
	保险费													
	维修费													
	水电费													
	电话费													
	宽带费													
	办公用品购置费													
	其他费用													
	贷款本息													
	税金													
	投资（列出项目）													
	现金流出合计（C）													
月底现金（A+B−C）														

下篇　工业沙盘

模块十　了解工业沙盘

学习目标

1.了解工业沙盘的概念。
2.了解工业沙盘的重要性。
3.了解工业沙盘模拟课程的内容。

思政目标

1.帮助学生了解市场竞争离不开和谐、共享、共赢，需要在一个良好的环境中运营。
2.让学生在实践中得到锻炼和体悟。

单元一　工业沙盘简介

一、工业沙盘的含义

提到“沙盘”，人们很容易联想到战争年代的军事作战指挥沙盘或房地产开发商销售楼盘时的小区规划布局沙盘。这些沙盘清晰地模拟了真实的地形地貌，使观察者不必亲临现场，也能对所关注的问题（位置）了然于胸，从而运筹帷幄，做出决策。

工业沙盘模拟课程，是通过引领学生进入一个模拟的竞争性行业，由学生分组建立若干模拟公司，围绕形象、直观的沙盘教具，实战演练模拟企业的经营管理与市场竞争，在经历模拟企业的荣辱与成败过程中提高战略管理能力，感悟经营决策真谛。每一年度经营结束后，学生通过对“公司”当年业绩的盘点与总结，反思决策成败，解析战略得失，梳理管理思路，暴露自身误区，并通过多次调整与改进的练习，切实提高综合管理素质。

孔子云：“知之者不如好之者，好之者不如乐之者。”兴趣是学习的动力，也是学好所有知识的关键。工业沙盘模拟正是这样一门寓教于乐的课程，它使受训者身临其境，感受到企业经营者承担的经营风险与责任，感受到市场竞争的精彩与残酷，从而深刻理解和掌握经济管理知识与运作技巧。

二、工业沙盘模拟培训

（一）工业沙盘模拟培训的产生

当前，我们置身于一个急剧变革的时代，所有企业正面临世界经济一体化、信息化的挑战，世界经济的新形势对企业人员的数量和质量提出了新的要求，尤其是经济危机冲击世界经济的今天，组织和个人的生存、发展依赖于建立持久的竞争优势，而持久的竞争优势便是掌握比竞争对手更快、更有效的学习能力。因此，如何培训企业各层次员工，使之符合新时代的要求，是当前企业亟待解决的共同问题。

企业工业沙盘模拟培训源自西方军事上的战争工业沙盘模拟推演。英、美知名商学院和管理咨询机构开发出了企业工业沙盘模拟培训这一新型现代培训模式。沙盘培训一经面世，就以独特、新颖的培训模式和深刻实用的培训效果受到中外企业高级管理人员与培训专家们的青睐。目前，沙盘培训已成为世界 500 强企业中 80%的中高层管理人员经营管理培训的首选课程。

工业沙盘培训是一门集理论与实践于一体的综合性课程。在学习过程中，可以清晰地看到模拟企业的信息流、物流及资金流的流动和相互作用，看到公司管理信息的产生、加工、传递和运用。在课程的模拟训练过程中，无论胜负都会给学生留下深刻的印象，胜利者会有成功的喜悦，失败者则会在遗憾中领悟出企业生产运作的真谛和经营哲理，从而使学生达到巩固知识、积累经验和发挥创新思维的目的。

（二）工业沙盘模拟培训的形式

工业沙盘模拟由学生、竞争规则、竞争策略、收入和支付等基本要素组成。每一轮次由 36~56 名学生组成，每 6~8 名学生成立一个公司，分任总经理、财务部经理、销售部经理、信息部经理、生产部经理、采购部经理，共形成 6 个相互竞争的模拟公司，模拟连续从事 5~8 年的经营活动。每个模拟公司依照竞争规则，做出购买、研发、生产、竞标、广告、培训、销售等经营决策，并用“资产负债表”和“利润表”记录经营结果，计算出经营效率。

每个小组在初始时都拥有相同的资金、设备和固定资产，通过从市场中赢得订单、用现金购买原材料、入库、投入生产、完工交货、从客户手中获得现金、用现金为企业打广告、用现金开发新的产品、用现金支付员工工资及福利、用现金支付国家税收等。当资金短缺时可向银行申请贷款或变卖固定资产。运用相同的资金和相同的规则，通过不同的手段，企业运营之后会产生不一样的结果，最终根据每个企业的利润和资产等结果评出优胜企业。

三、工业沙盘模拟课程训练的步骤

（一）组建模拟公司

学生以小组为单位建立模拟公司，注册公司名称，组建管理团队，参与模拟竞争。小组要根据每个成员的不同特点进行职能分工，选举产生模拟企业的第一届总经理，确立组织愿景和使命目标。

（二）召开经营会议

当学生对模拟企业所处的宏观经济环境和所在行业特性有了基本了解之后，各公司总经理组织召开经营会议，依据公司战略安排，做出本期经营决策，制订各项经营计划，其中包括融资计划、生产计划、固定资产投资计划、采购计划、市场开发计划、市场营销方案等。

（三）经营环境分析

任何企业的战略，都是针对一定的环境条件制定的。沙盘训练课程为模拟企业设置了全维的外部经营环境、内部运营参数和市场竞争规则。进行环境分析的目的就是要努力从近期所发生的重大事件中，找出对企业生存、发展前景具有较大影响的潜在因素，然后科学地预测其发展趋势，发现蕴藏着的有利机会和主要威胁。

（四）制定竞争战略

各“公司”根据自己对未来市场预测和市场调研，本着长期利润最大化的原则，制定并调整企业战略。战略内容包括公司战略（大战略框架）、新产品开发战略、投资战略、新市场进入战略和竞争战略。

（五）职能经理发言

各职能部门经理通过对经营的实质性参与，加深对经营的理解，体会经营短视的危害，树立对未来负责的发展观，从思想深处构建起战略管理意识。

（六）部门沟通交流

通过密集的团队沟通，充分体验交流式反馈的魅力，系统了解企业内部价值链的关系，认识到打破狭隘的部门分割、增强管理者全局意识的重要意义，深刻认识建设积极向上的组织文化的重要性。

（七）年度财务结算

一期经营结束之后，学生自己动手填报财务报表，盘点经营业绩，进行财务分析，通过数字化管理，提高经营管理的科学性和准确性，理解经营结果和经营行为的逻辑关系。

（八）经营业绩汇报

各公司在盘点经营业绩之后，围绕经营结果召开期末总结会议，由总经理进行工作述职，认真反思本期各个经营环节的管理工作和策略安排，以及团队协作和计划执行的情况。总结经验，吸取教训，改进管理，提高学生对市场竞争的把握和对企业系统运营的认识。

（九）教师分析点评

根据各公司期末经营状况，教师对各公司经营中的成败因素深入剖析，提出指导性的改进意见，并针对本期存在的共性问题，进行高屋建瓴的案例分析与讲解。最后，教师按照逐层递进的课程安排，引领学生进行重要知识内容的学习，使以往存在的管理误区得以暴露，管理理念得到梳理与更新，提高洞察市场、理性决策的能力。

单元二　工业沙盘模拟教学价值分析

工业沙盘模拟教学作为一种体验式的教学方式已经迈出了教学方式的创新步伐，在教育领域的应用超越了传统教学和案例教学的范畴。借助工业沙盘模拟，不仅能够增强学员的管理知识和技能，更能全面提升学员的综合素质。这种教学方式不仅融合了理论和实践，同时结合了角色扮演和岗位体验，使学员在参与体验中不仅获取知识，还能够将这些知识转化为实际运用技能。

通过工业沙盘模拟教学，学员能够意识到自身在决策和管理能力方面的不足，并被激发出学习的愿望，积极寻求解决问题的方法。这种学习方式使他们真正掌握了实用的技能和知识。学员不仅能学会全局观和系统观，理解公司领导层的思维方式，更懂得公司管理不仅是管好企业和降低成本，更重要的是要让每个人都有增加业务和利润的意识。

对于企业而言，工业沙盘模拟教学有助于构建积极向上的组织文化，创造出具有共同企业语言和心智模式的团队。通过体验企业的系统运营流程，重新认识企业的经营目标和经营方针；拥有全局观念，突破部门隔阂，促进沟通交流，培养协作精神；同时塑造出复合型管理人才，提高员工执行力，获得持续创新能力。

对于各级管理者而言，工业沙盘模拟教学有助于提高企业中高层管理者的战略思考能力，提高整体经营的效率；对各部门经理而言，它有助于打破部门界限，树立全局意识。工业沙盘模拟教学能够让各部门经理更深刻地认识企业经营的本质，形成对企业整体经营状况的共识，并增进部门间的沟通与合作；对全体员工来说，它不仅是企业全员培训的重要课程，更能通过亲身体验让员工深刻感受市场竞争的激烈和残酷，从而增强员工的归属感和企业凝聚力，提升员工素质，提升公司形象，同时也降低了管理成本，提高了管理效率。

一、实践应用导向

工业沙盘模拟课程重视实践导向的学习，让学员在真实情境下应用所学知识。这种学习方式有助于学员更快速地适应并应用于实际工作中，从而提高工作效率。具体包括以下方面：

（一）战略规划与执行

实际模拟中，学员将参与企业战略规划及执行的过程。他们会面临评估内外部环境、制定战略、预测市场趋势等任务，通过决策模拟实践，将战略理论转化为实际执行方案。

（二）产品开发与创新

在模拟中，学员需进行产品研发决策，并根据市场需求及资源情况灵活调整研发计划。主要包括评估新产品开发、修订研发计划，有必要时可暂停或修改原计划。

（三）生产与供应链管理

学员需要在模拟中进行生产决策，如选择生产能力获取方式（购买或租赁）、设备更新、生产线优化、库存管理等，以最优化产销匹配，提高效率与协调供应链。

（四）市场营销与竞争战略

模拟中学员将面对市场营销决策，如市场开发、新产品定位、竞争策略等。他们需要在激烈竞争的环境中进行模拟，打探竞争对手的情况，并制定适应市场变化的战略。

（五）财务决策与管理

学员需在模拟中进行财务决策，包括投资计划、资金需求预测、成本控制、财务报表分析等。他们将模拟经营，从有限资金中寻求利润增长，扭亏为盈。

（六）团队合作与领导力

在模拟中，学员需要团队合作，并在不同角色中扮演领导者或执行者，促进团队达成共识，以整体利益为导向实现共赢。

二、多方位拓展知识体系

工业沙盘课程内容涵盖了企业管理各方面的知识，从整体战略到团队合作，使学员在实践中获得全面提升。

（一）整体战略方面

（1）评估内部资源与外部环境，制订企业长期和中短期的经营策略。
（2）预测市场趋势，调整既定战略。

（二）产品研发方面

（1）产品研发决策。
（2）修改研发计划，必要时甚至中断原项目计划。

（三）生产方面

（1）选择获取生产能力的方式（购买或租赁）。
（2）设备更新与生产线改良。
（3）全盘生产流程调度决策，匹配市场需求、交货期、产品品种和数量及设备生产等。
（4）库存管理以及产销配合。

（四）市场营销方面

（1）市场开发决策。
（2）新产品开发、产品组合与市场定位决策。
（3）模拟在市场中短兵相接的激烈竞标过程。
（4）打探同行商情，抢攻市场。
（5）建立并维护市场地位，必要时做出退出市场的决策。

（五）财务方面

（1）制订投资计划。
（2）预测企业的长期资金和短期资金的需求，寻求资金来源。
（3）掌握资金的来源与用途，妥善控制成本。
（4）洞悉资金短缺前兆，争取以最佳方式筹措资金。
（5）分析财务报表，掌握报表重点与数据含义。
（6）运用财务指标进行内部诊断，协助 CEO 进行管理决策。
（7）利用有限资金扭亏为盈，并力争创高额利润。
（8）编制财务报表、结算投资报酬和评估决策效益。

（六）团队合作与沟通方面

（1）实地学习如何在立场不同的各部门之间进行沟通协调。
（2）培养不同部门人员的共同价值观与经营理念。
（3）建立以整体利益为导向的团队协作式组织。

三、全面提高学员综合素质

除了上述功能，工业沙盘模拟作为企业经营管理仿真教学系统还可以用于综合素质训练，使学员在以下方面获益。

（一）树立共赢理念

市场竞争是激烈的，也是不可避免的，但竞争并不意味着你死我活。寻求与合作伙伴间的双赢、共赢才是企业发展的长久之道。这就要求企业知彼知己，在市场分析、竞争手分析上做足文章，在竞争中寻求合作，从而获得无限的发展机遇。

（二）全局观念与团队合作

通过工业沙盘模拟对抗课程的学习，每一个角色都要以企业总体最优为出发点，各司其职，相互协作，赢得竞争，实现目标。除了高层管理者外，中层管理者也扮演着关键的角色。他们需要有效地传达战略目标，同时与基层员工合作，将战略转化为实际可行的行动计划。基层员工也是企业成功运营的重要组成部分，他们对于公司的每日运作和服务质量至关重要。所有层级的协作共赢是实现企业目标的基础，每个角色都是船上的一员，只有相互配合，才能使整艘船稳步前行，迎接市场挑战。

（三）保持诚信

诚信是一个企业的立足之本，发展之本。诚信原则在工业沙盘模拟课程中体现为对“游戏规则”的遵守，如市场竞争规则、产能计算规则、生产设备购置以及转产等具体业务的处理。保持诚信是学员立足社会、发展自我的基本素质。

（四）个性与职业定位

每个个体因为拥有不同的个性而存在，这种个性在 ERP 工业沙盘模拟对抗中会显露无遗。在分组对抗中，有的小组轰轰烈烈，有的小组稳扎稳打，还有的小组不知所措。虽然个性特点与胜任角色有一定关联度，但在现实生活中，很多人并不是因为“爱一行”才“干一行”，更多的情况是需要大家“干一行”就“爱一行”。

（五）感悟人生

在残酷的市场与企业经营风险面前，是“轻言放弃”还是“坚持到底”，这不仅是一个企业可能面临的问题，更是在人生中不断需要抉择的问题。经营自己的人生与经营一个企业具有相通性。

工业沙盘模拟课程作为一种创新的教学方式，蕴含着深远的意义和丰富的价值。这种教学方法不仅提供了实践性的学习体验，更为学员的全面发展和职业成长提供了重要支持。它着重关注学员对社会和环境等方面的责任。通过模拟企业运营中的社会问题，学员不仅能更深入地理解企业的社会责任，也能培养自身的社会责任感。

工业沙盘模拟课程的意义和价值不仅在于传授知识，更在于培养学员的综合素质与发展创新能力。它引导学员对职业和社会有更深入的认知，为未来的职业发展和个人成长奠定坚实基础。这种教学方式的价值在于它不仅是知识的传递者，更是学员全面发展的引领者，让学员在实践中吸取经验，培养批判性思维和解决问题的能力。

单元三　工业沙盘模拟教学设计

工业沙盘模拟教学以一套沙盘教具为载体。沙盘教具主要包括盘面等，每个盘面代表各个相互竞争的模拟企业。工业沙盘模拟教学环节可以分为 6 个阶段。

一、组织准备工作

组织准备工作是工业沙盘模拟的首要环节，主要包括以下 3 项内容：

（1）学生分组。每组一般为 5~8 人，这样全部学生可以分为 6~8 个组，组成相互竞争的模拟企业。

（2）每个角色的职能定位。明确企业组织内每个角色的岗位责任，一般分为 CEO、生产总监、运营总监、采购总监、财务总监等主要角色。当人数较多时，还可以适当增加商业间谍、财务助理等辅助角色。

（3）角色互换。在几年的经营过程中，可以进行角色互换，从而体验角色转换后考虑问题的出发点的相应变化，也就是学会换位思考。

特别需要提醒的是：应当诚信和亲力亲为。诚信是企业的生命，是企业生存之本。在企业经营模拟过程中，不要怕犯错误，学习的目的就是发现问题，努力寻求解决问题的手段。在学习过程中，犯的错误越多，收获也就越大。

二、基本情况描述

对企业经营者来说，接手一个企业时，需要对企业有一个基本的了解，包括股东期望、企业目前的财务状况、市场占有率、产品、生产设施、盈利能力等。基本情况描述以企业起始年的两张主要财务报表（资产负债表和利润表）为基本索引，逐项描述企业目前的财务状况和经营成果，并对其他相关方面进行补充说明。

三、市场规则与企业运营规则

企业在一个开放的市场环境中生存，企业之间的竞争需要遵循一定的规则。综合考虑市场竞争及企业运营所涉及的方方面面，简化为以下 7 个方面的约定：

（1）市场划分与市场准入。

（2）销售会议与订单争取。

（3）厂房购买、出售与租赁。

（4）生产线购买、转产与维修、出售。

（5）产品生产。

（6）产品研发与 ISO 认证。

（7）融资贷款与贴现。

四、初始状态

工业沙盘模拟不是从创建企业开始，而是接手一个已经运营了 3 年的企业。虽然已经从基本情况描述中获得了企业运营的基本信息，但还需要把这些枯燥的数字生动地再现到沙盘盘面上，为下一步的企业运营做好铺垫。通过初始状态设定，学生能深刻地感受到财务数据与企业业务的直接相关性，理解财务数据是对企业运营情况的一种总结与提炼，为今后“透过财务看经营”做好观念上的准备。

五、企业经营竞争模拟

企业经营竞争模拟是 ERP 工业沙盘模拟的主体部分，按企业经营年度展开。经营伊始，通过发布市场预测资料，对每个市场及每个产品的总体需求量、单价、发展趋势做出有效预测。每一个企业组织在市场预测的基础上讨论企业战略和业务策略，在 CEO 的领导下按一定程序开展经营，做出所有重要事项的经营决策。决策的结果会从企业经营结果中得到直接体现。

六、现场案例解析

现场案例解析是工业沙盘模拟课程的精华所在。每一年经营下来，企业管理者都要对企业的经营结果进行分析，深刻反思成在哪里？败在哪里？竞争对手情况如何？是否需要对企业战略进行调整？结合课堂整体情况，找出大家普遍困惑的情况，对现场出现的典型案例进行深层剖析，用数字说话，从而让学生感悟管理知识与管理实践之间的差异。

知识小结

本章主要阐述了沙盘的核心概念，突出了沙盘课程在教学、培训和决策支持方面的重要作用。通过本章的学习，我们能够掌握和运用这一模拟企业经营管理过程并解决实际问题的工具。沙盘课程在企业管理领域扮演着关键角色，为企业管理者和员工提供实际学习体验，使我们在模拟情境中实践决策、解决问题，并深刻理解这些决策对企业的影响。沙盘课程的学习不仅能有效提升综合素质和创新能力，还能培养团队合作与沟通技能。通过模拟企业运营的多个方面，我们不仅能获取专业知识，还能更深入地认识社会责任，深刻理解企业管理的本质，同时为我们的职业发展奠定坚实基础，并为个人职业成长和企业可持续发展提供有力支持。

模块十一 工业沙盘实战规则

单元一 规则说明

一、竞赛规则

（一）排名规则

运营结束后，按以下参数进行计分，统计排名：

（1）最后一年所有者权益：最后一年所有者权益为多少，加多少分。例如：资产负债表中最后一年所有者权益为 86，综合评分对应加 86 分，如果所有者权益为负，则减少相应的分数。

（2）厂房：最后一年所剩余的固定资产，按厂房大小进行加分，租赁不加分。新华=+40，上中=+30，法华=+20。

（3）生产线：所有厂区在用的生产线（不考虑折旧，即使折旧计提完毕依然算分），手工线=+5，半自动=+10，全自动+15，柔性=+20。

（4）技术研发：完成一种产品的研发，评分加对应的分数：Crystal=+20，Ruby=+30，Saphire=+40。

（5）ISO 认证：完成 ISO 认证，评分加对应的分数：ISO9000=+15， ISO14000=+30。

（6）市场开拓：完成市场开拓，评分加对应的分数：区域=+10；国内=+20，亚洲=+30，国际=+40。

（7）市场领先：统计每个产品的市场销售额，销售额最高者，每一个产品市场领先加 10 分。

（8）贷款：最后一年，每剩余一笔贷款，扣减相关分数：高利贷 =-20，长贷 =-5，短贷 =-10。

（9）破产注资：在运营过程中因破产（所有者权益为负），导致重新注入资产而重新运营的，每注资一次扣减 30 分。

（10）虚假报表：做假账，一次扣 10 分，上设上限。

（二）比赛规则

中途不允许退赛和故意扰乱比赛，违规者，取消比赛资格。

比赛过程中除允许小组间相互查看盘面情况的时间外，不允许随意查看其他组的经营状况，不允许采取各种方式扰乱其他组的经营现状（如改动盘面），否则直接取消比赛资格。

财务报表必须真实，严禁假账，违规一次，扣除 10 分。

不允许进行以下组间交易：生产线、产品研发技术交易、订单转让、资金拆借、外协加工、来料加工等，违规 1 次，扣除 5 分。

在规定可以查看其他队伍经营状况的时间内，每个队伍不允许遮掩或改变自己的盘面以影响其他队伍查看，违规一次，扣除 5 分。

必须按照操作顺序进行，不能私自修改顺序，裁判监督，发现违规并不听劝阻者，违规一次，扣除 2 分。

每年度末应按时提交报表，超时报表不平，由裁判强行做平，扣除 5 分。

如果发现没有按照经营规则运营，违规一次，扣除 2 分。

原材料、成品等标识必须按照规定位置摆放，不能混用，违规一次，扣除 2 分。

投入广告费用不允许超过盘面现金，违规一次，扣除 2 分。

二、经营规则

（一）订单争取前提

市场开发完毕后，第二年年初才能竞争该市场的订单。

ISO 认证完毕后，第二年年初才能竞争 ISO 的订单。

某产品研发完毕，第二年年初才能竞争该产品的订单。

（二）市场排名规则

（1）广告投入原则：某个产品按广告投入排名（适用于第一年、新产品、新进入的市场）。

（2）投入最大原则：同一市场，两个小组在某个产品的广告投入一样，将按照在该市场的总投入排名，选订单。

特别说明：当年没有广告投入就没有排名（即使上一年排名第一）。

（三）订单发放规则

（1）由教师根据广告单投入，按照排名，统一发放。

（2）每年年初拿一次订单。

（3）年末如果有未按时交货的订单，将影响下一年排名。

（4）广告投入越多，拿订单的机会越多。（前提条件：有剩余订单）

①投入 1M，有获取 1 个订单的可能；

②投入 3M，有获取 2 个订单的可能；

③投入 5M，有获取 3 个订单的可能。

（四）订单交货规则

销售订单：按规定的交货期交货，不能提前交货。

无法按时交货：每延期一季度，罚款订单金额 1/5，在最后交货时从货款扣除；同时取消本年度销售额排名第一的资格，若遇跨年，则直接取消订单。

交货后，按订单上的账期放入应收账款对应季度。

（五）贷款规则

贷款总额：上年所有者权益×2 –（长期贷款＋短期贷款），短期贷款按季度受理，长期贷款年底受理，每年年底办理一次，办理贷款需携带本组报表进行审批（见表 11-1）。

表 11-1　贷款报表

年份	最长贷款期限
1	5
2	4
3	4
4	3
5	2
6	1

高利贷：盘面最高额度 80M，利息 20%，到期还本+利息，最长 4Q。

长期贷款 1 千万（10M）起贷；短期贷款 2 千万（20M）起贷；高利贷 5 百万（5M）起贷。

（六）贴现

贴现即将应收账转为现金，应支付的费用比例。如：拿 4Q 的 6M 应收账款贴现，1M 放入“贴现”，5M 转 1：12，1：10，1：8，1：6 为现金（见表 11-2）。

表 11-2　贴现

1Q	2Q	3Q	4Q
1：12	1：10	1：8	1：6

注：在比赛过程中，贴现与借高利贷可随时进行。还贷款的过程中，若利息不足 1M，则按四舍五入交付利息。

（七）市场开发规则

企业目前在本地市场经营，新市场包括区域、国内、亚洲、国际市场。不同市场投入的费用及时间不同，只有市场投入全部完成后方可争取订单。市场开发规则如表 11-3 所示。

表 11-3　市场开发规则

市场	每年投资额	开拓时间	全部开拓费用
本地	无	无	无
区域	1M	1 年	1M
国内	1M	2 年	2M
亚洲	1M	3 年	3M
国际	1M	4 年	4M

（八）产品研发、ISO 开发规则

产品研发、ISO 开发规则如表 11-4 所示。

表 11-4　产品研发、ISO 开发规则

产品研发	Beryl	Crystal	Ruby	Sapphire
研发时间	无	4Q	6Q	8Q
每季度投资额	无	1M	2M	2M
总投资额	无	4M	12M	16M

质量认证体系	ISO9000	ISO14000
建立时间	1 年	2 年
每年投资额	1M	1M
总投资额	1M	2M

（九）产品结构

产品结构如表 11-5 所示。

表 11-5　产品结构

产品	原材料
Beryl	M1
Crystal	Beryl+M2
Ruby	M2+2×M3
Sapphire	M2+2×M3+M4

注：生产 Crystal，必须先生产出 Beryl，再与 M2 一起装配。如用半自动线生产成本：2（Beryl）+1（M2）+1（加工费）=4M；用手工线生产成本：2（Beryl）+1（M2）+2（加工费）=5M。

（十）原材料采购规则

采购提前期：M1：1Q，M2：1Q，M3：2Q，M4：2Q。

原材料入库的时候计算账期，在途期间不计算账期。一次同时采购入库达到以下量，采用以下应付账期（见表 11-6）。

表 11-6　应付账期

原材料采购量	应付账期
≤4 个	现金
5~8 个	1Q
9~12 个	2Q
13~16 个	3Q
≥17 个	4Q

（十一）生产线建设规则

（1）自行到讲师处领取生产线标识（不须支付现金）。

（2）生产线拿回来之后，按照安装周期进行投资建设。如是半自动线，将现金按安装周期分期放在半自动线上（1Q：5M，　2Q：5M），其中柔性线投资：1~3 期各 6M，第 4 期 7M（见表 11-7）。

（3）安装完成，将现金放入“设备净值”。

（4）生产线不允许小组间相互买卖。

表 11-7　生产线建设规划

生产线	购买价格	安装周期	生产周期	改造周期	改造费用	维护费用
手工线	5M	1Q	3Q	无	无	1M/年
半自动	10M	2Q	2Q	1Q	2M	1M/年
全自动	15M	3Q	1Q	2Q	6M	2M/年
柔性线	25M	4Q	1Q	无	无	2M/年

（十二）生产线改造规则

（1）有在制品的生产线不允许改造。

（2）生产线改造是指产品类型的改变，即将生产某种产品的设备改造成生产另外一种产品的设备（半自动线：原来生产 Beryl，改造成生产 Crystal）；不能更改设备类型（如手工线改造成全自动线）。

（3）手工线和柔性线可随时改变生产产品的类型，不需要进行设备改造。

（4）半自动线和全自动线要变换产品类型时，需进行一定周期的改造，并支付相应的改造费用。

（十三）生产线折旧规则

（1）新购进的生产线安装完成后，计入资产负债表——设备价值。

（2）按 5 年平均计提折旧，设备价值折完后不再计提（见表 11-8）。

（3）生产线建成第一年不计提折旧。

（4）生产线变卖当年需计提折旧（折旧额从建成使用后计算）。

表 11-8 折旧规划

生产线	购置费	第 1 年	第 2 年	第 3 年	第 4 年	第 5 年
手工线	5M	0	1M	1M	1M	1M
半自动	10M	0	2M	2M	2M	2M
自动线	15M	0	3M	3M	3M	3M
柔性线	25M	0	5M	5M	5M	5M

（十四）生产线维护规则

（1）生产线只要投产，则需按年度交纳维护费用。

（2）生产线变卖当年需按年度交纳维护费用。

（3）生产线当年即使没有生产，也要交纳维护费。

（十五）生产线变卖规则

（1）生产线上有在制品不允许变卖。

（2）生产线变卖时，将生产线标识交还给裁判区，生产线净值放入现金，财务记账方式：资产负债表现金增加，设备价值减少（不须记入损益表——营业外净收益）。

（3）最后一年禁止变卖生产设备。

（十六）厂房购买/租用规则

厂房购买/租用规则如表 11-9 所示。

表 11-9 厂房购买/租用规划

厂房	购价	租金	售价（账期）	容量
新华	40M	6M/年	40M（2Q）	4 条生产线
上中	30M	4M/年	30M（1Q）	3 条生产线
法华	15M	2M/年	15M（现金）	1 条生产线

注：厂房可以随时出售，出售后转租，每年交纳租金。不足一年的，按季度计算租金。

（十七）产品加工费用等规则

产品加工费用等规则如表 11-10 所示

表 11-10 产品加工费用规划

产品	手工线加工费	半自动加工费	全自动加工费	柔性线加工费
Beryl	1M	1M	1M	1M
Crystal	2M	1M	1M	1M
Ruby	3M	2M	1M	1M
Sapphire	4M	3M	2M	1M

三、特殊规则处理

（1）组之间禁止进行生产线买卖。
（2）组之间禁止进行订单交易。
（3）组之间禁止进行资金拆借。
（4）财务报表正确的基本判定。
（5）资产负债表：总资产=负债+所有者权益。
（6）上年所有者权益=本年所有者权益–本年净利润。
倒闭的判定：所有者权益≤0。
（7）订单交货。
①按时交货，不能提前。
②延期交货：每延期一季度，罚款订单金额 1/5，在最后交货时从货款扣除；同时取消本年度销售额排名第一的资格，若遇跨年，则直接取消订单。

四、报表主要说明

（一）损益表

销售收入：已经交货的订单金额总计。
成本：已经交货的产品的成本，只考虑直接成本，不考虑间接成本。
财务净损益：利息+贴现。
所得税：如果净利润为负数，所得税为 0。如果开始盈利，则先弥补前 5 年的亏损，亏损弥补完之后，按照剩余的利润缴税。

（二）资产负债表

应交税金：取自损益表中计算的所得税，而不是盘面顶部的税金。
股东资本：在未有注资的情况下，一直不变。
以前年度利润：年初数“净利润”+年初数“以前年度利润”。
在建工程：设备在年末时，处于建设中，还没有使用。

（三）注意事项

1.年初
（1）支付上年税金，需查看是否属实。
（2）投入广告费用时，需关注投入广告费是否超过盘面现金。

2.年中
（1）短期贷款需先还款再借款，不可以新贷偿旧贷，并需注意贷款是否超额。
（2）原材料采购必须先下采购订单，再进行采购；原材料及时入库。
（3）更新生产需严格按照生产周期进行。
（4）投资新生产线需按安装周期分期建设，不可一次性投入马上进行生产。
（5）投入新一批生产需严格按照规则投入加工费。

（6）产品研发投资可暂停。

（7）交货需严格按照订单交货期进行，并将销售额放入对应的应收账期。

3.年末

（1）长期贷款需先还款再借款，不可以新贷偿旧贷，并需注意贷款是否超额。

（2）只要投入生产的设备，均需按规定支付设备维护费，变卖的设备按年度计提维护费。

（3）所有生产线按 5 年平均折旧法计提折旧，折完为止。

（4）市场及 ISO 开拓可暂停。

（5）强行平账的方式：

若资产>负债，则减少现金；

若资产<负债，则在损益表的营业外净收益中填负数。

单元二　市场预测

总体来看，根据企业的实际情况可以比较准确地预计 1~3 年的销售情况（见表 11-11）。但由于市场存在很大的不确定性，4~7 年的预计只能作为一个参考，可能会有很大的变化。

表 11-11　市场预测

分类	销量预测	单价预测
本地	Beryl 是一个成熟的产品，在未来 3 年内本地市场上需求较大，但随着时间的推移，需求可能迅速下降。 Crystal 在本地市场的需求呈上升趋势。 Ruby 和 Sapphire 的需求量不明确。 不管哪种产品，未来可能会要求企业具有 ISO 认证资格	Beryl 的单价逐年下滑，利润空间越来越小。 Ruby 和 Sapphire 随着产品的完善，价格会逐步提高
区域	区域市场的需求量相对本地市场来讲，容量不大，而且对客户的资质要求相对较严格，供应商可能只有具备 ISO 资格认证，包括 ISO9000 和 ISO14000 才可以允许接单	由于对供应商的资格要求较严，竞争的激烈性相对较低，价格普遍比本地市场高
国内	Beryl、Crystal 的需求逐年上升，第 4 年达到顶峰，之后开始下滑。Ruby、Sapphire 需求预计呈上升趋势 同时供应商也可能要求得到 ISO9000 认证	与销售量相类似，Beryl、Crystal 的价格逐年上升，第 4 年达到顶峰，之后开始下滑。Ruby、Sapphire 单价逐年稳步上升
亚洲	所有产品几乎都供不应求	Beryl 在亚洲市场的价格相对于本地市场来说，没有竞争力
国际	Beryl 的需求量非常大，其他产品需求不甚明朗	受各种因素影响，价格变动风险大

市场销量预测如图 11-1 所示。

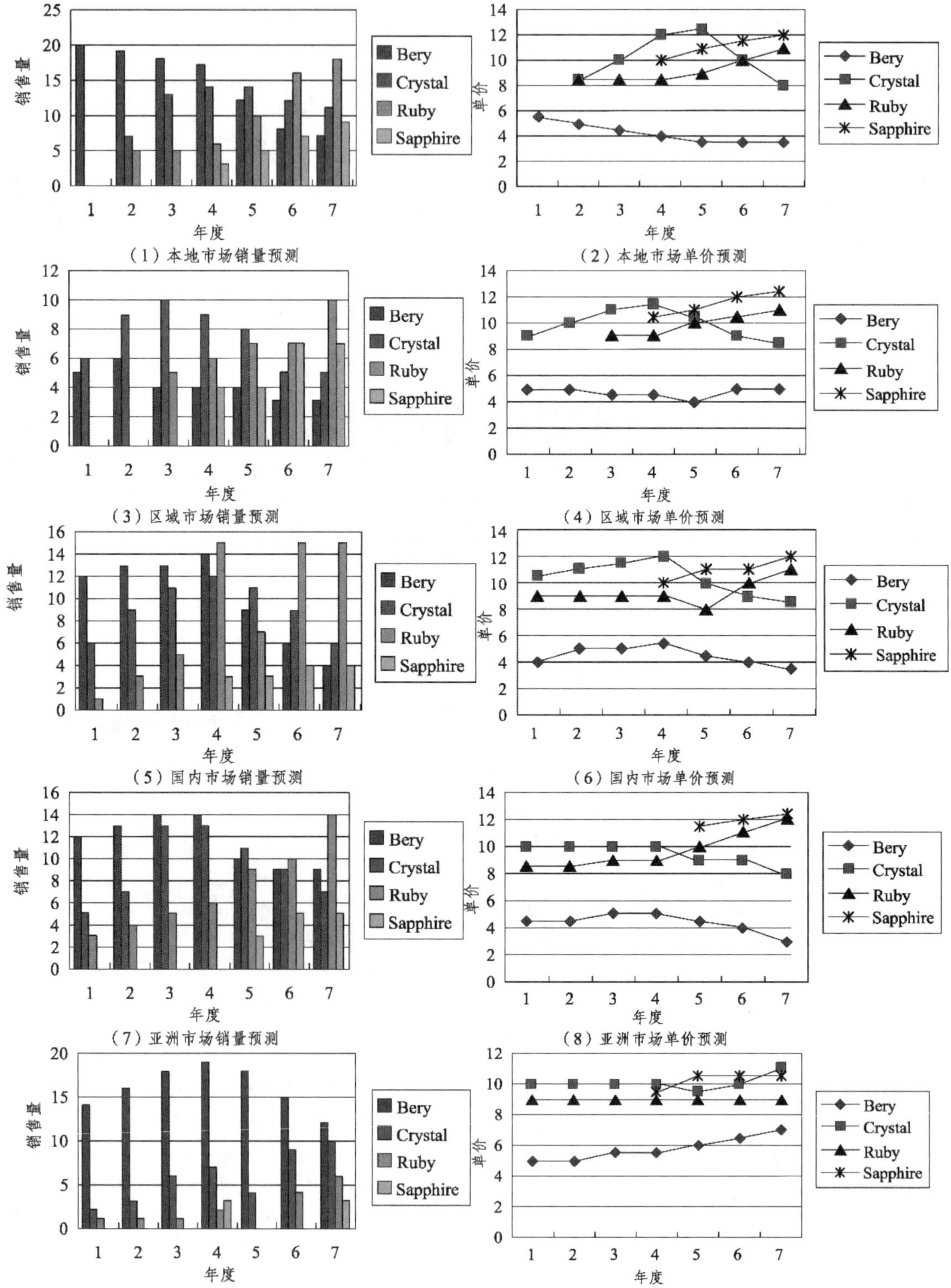

（1）本地市场销量预测　（2）本地市场单价预测

（3）区域市场销量预测　（4）区域市场单价预测

（5）国内市场销量预测　（6）国内市场单价预测

（7）亚洲市场销量预测　（8）亚洲市场单价预测

（9）国际市场销量预测　（10）国际市场单价预测

图 11-1　市场销量预测图

模块十二　工业沙盘实战运营

一、起始年

任务清单：

年初：（根据提示，完成部分打钩）

任务	
（1）支付应付税（根据上年度结果）	□（填现金流量表）
（2）支付广告费	□
（3）登记销售订单	□

每个季度：	一季度	二季度	三季度	四季度
（1）更新短期贷款/还本付息/申请短期贷款	□	□	□	□
（2）更新应付款/归还应付款	□	□	□	□
（3）更新原料订单/原材料入库	□	□	□	□
（4）下原料订单	□	□	□	□
（5）更新生产/完工入库	□	□	□	□
（6）投资新生产线/生产线改造/变卖生产线	□	□	□	□
（7）开始下一批生产	□	□	□	□
（8）产品研发投资	□	□	□	□
（9）更新应收款/应收款收现	□	□	□	□
（10）按订单交货	□	□	□	□
（11）支付行政管理费用（填状态记录表）	□	□	□	□

年末：

（1）更新长期贷款/支付利息/申请长期贷款	□
（2）支付设备维护费	□
（3）支付租金/购买建筑	□
（4）折旧	□
（5）新市场开拓投资　/ISO 资格认证投资	□
（6）关账	□

表 12-1　起始年订单

项目	1	2	3	4	5	6	合计
市场							
产品名称							
账期							
交货期							
单价							
订单数量							
订单销售额							
成本							
毛利							

表 12-2　起始年的现金流量表

项目	1	2	3	4
应收款到期（+）				
变卖生产线（+）				
变卖原料/产品（+）				
变卖/抵押厂房（+）				
短期贷款（+）				
高利贷贷款（+）				
长期贷款（+）				
收入总计				
支付上年应交税				
广告费				
贴现费用				
归还短贷及利息				
归还高利贷及利息				

续表

项目	1	2	3	4
原料采购支付现金				
成品采购支付现金				
设备改造费				
生产线投资				
加工费用				
产品研发				
行政管理费				
长期贷款及利息				
设备维护费				
租金				
购买新建筑				
市场开拓投资				
ISO 认证投资				
其他				
支出总计				
现金余额				

表 12-3　起始年的财务报表

资产负债表　　单位：M

资产	年初数	期末数	负债及所有者权益	年初数	期末数
流动资产：			**负债：**		
现金	44		短期负债	20	
应收账款	14		应付账款	0	
原材料	2		应交税金	3	
产成品	6		长期负债	20	

续表

资产	年初数	期末数	负债及所有者权益	年初数	期末数
在制品	6				
流动资产合计	72		负债合计	43	
固定资产：			**所有者权益：**		
土地建筑净值	40		股东资本	70	
机器设备净值	12		以前年度利润	4	
在建工程	0		当年净利润	7	
固定资产合计	52		**所有者权益合计**	81	
资产总计	124		**权益总计**	124	

表 12-4　综合管理费用明细表（损益表）

项目	金额		项目	去年	今年
行政管理费			一、销售收入	40	
广告费			减：成本	17	
设备维护费			二、毛利	23	
设备改造费			减：综合费用	8	
租金			折旧	4	
产品研发			财务净损益	1	
市场开拓			三、营业利润	10	
ISO 认证			加：营业外净收益	0	
其他			四、利润总额	10	
合计			减：所得税	3	
			五、净利润	7	

表 12-5　状态记录表

填报说明：第____小组第______年

1Q末		2Q末		3Q末		4Q末	
应收款		应收款		应收款		应收款	
帐期	金额	帐期	金额	帐期	金额	帐期	金额
4Q		4Q		4Q		4Q	
3Q		3Q		3Q		3Q	
2Q		2Q		2Q		2Q	
1Q		1Q		1Q		1Q	
现金		现金		现金		现金	
应付款		应付款		应付款		应付款	
帐期	金额	帐期	金额	帐期	金额	帐期	金额
1Q		1Q		1Q		1Q	
2Q		2Q		2Q		2Q	
3Q		3Q		3Q		3Q	
4Q		4Q		4Q		4Q	
短期贷款		短期贷款		短期贷款		短期贷款	
帐期	金额	帐期	金额	帐期	金额	帐期	金额
1Q		1Q		1Q		1Q	
2Q		2Q		2Q		2Q	
3Q		3Q		3Q		3Q	
4Q		4Q		4Q		4Q	
高利贷		高利贷		高利贷		高利贷	
帐期	金额	帐期	金额	帐期	金额	帐期	金额
1Q		1Q		1Q		1Q	
2Q		2Q		2Q		2Q	
3Q		3Q		3Q		3Q	
4Q		4Q		4Q		4Q	
原料订单		原料订单		原料订单		原料订单	
类型	数量，所在提前期	类型	数量，所在提前期	类型	数量，所在提前期	类型	数量，所在提前期
M1		M1		M1		M1	
M2		M2		M2		M2	
M3		M3		M3		M3	
M4		M4		M4		M4	
原料库存		原料库存		原料库存		原料库存	
类型	数量	类型	数量	类型	数量	类型	数量
M1		M1		M1		M1	
M2		M2		M2		M2	
M3		M3		M3		M3	
M4		M4		M4		M4	
在制品状态		在制品状态		在制品状态		在制品状态	
生产线编号，类型	产品，在制状态	生产线编号，类型	产品，在制状态	生产线编号，类型	产品，在制状态	生产线编号，类型	产品，在制状态
生产线1，		生产线1，		生产线1，		生产线1，	
生产线2，		生产线2，		生产线2，		生产线2，	
生产线3，		生产线3，		生产线3，		生产线3，	
生产线4，		生产线4，		生产线4，		生产线4，	
生产线5，		生产线5，		生产线5，		生产线5，	
生产线6，		生产线6，		生产线6，		生产线6，	
生产线7，		生产线7，		生产线7，		生产线7，	
生产线8，		生产线8，		生产线8，		生产线8，	
产成品库存		产成品库存		产成品库存		产成品库存	
产品类型	数量	产品类型	数量	产品类型	数量	产品类型	数量
Beryl		Beryl		Beryl		Beryl	
Crystal		Crystal		Crystal		Crystal	
Ruby		Ruby		Ruby		Ruby	
Sapphire		Sapphire		Sapphire		Sapphire	
生产线新建/改造/搬迁		生产线新建/改造/搬迁		生产线新建/改造/搬迁		生产线新建/改造/搬迁	
生产线编号，类型	新建/改造/搬迁,状态	生产线编号，类型	新建/改造/搬迁,状态	生产线编号，类型	新建/改造/搬迁,状态	生产线编号，类型	新建/改造/搬迁,状态
生产线1，		生产线1，		生产线1，		生产线1，	
生产线2，		生产线2，		生产线2，		生产线2，	
生产线3，		生产线3，		生产线3，		生产线3，	
生产线4，		生产线4，		生产线4，		生产线4，	
生产线5，		生产线5，		生产线5，		生产线5，	
生产线6，		生产线6，		生产线6，		生产线6，	
生产线7，		生产线7，		生产线7，		生产线7，	
生产线8，		生产线8，		生产线8，		生产线8，	
产品研发		产品研发		产品研发		产品研发	
产品类型	状态	产品类型	状态	产品类型	状态	产品类型	状态
Crystal		Crystal		Crystal		Crystal	
Ruby		Ruby		Ruby		Ruby	
Sapphire		Sapphire		Sapphire		Sapphire	

年末	
ISO认证	
类型	状态
ISO9000	
ISO14000	
市场开拓	
类型	状态
区域	
国内	
亚洲	
国际	
长期贷款	
帐期	金额
1Y	
2Y	
3Y	
4Y	
生产线净值	
生产线	净值
生产线1	10
生产线2	
生产线3	
生产线4	
生产线5	
生产线6	
生产线7	
生产线8	
现金	

二、第一年

任务清单：

年初：（根据提示，完成部分打钩）

（1）支付应付税（根据上年度结果）	□（填现金流量表）
（2）支付广告费	□
（3）登记销售订单	□

每个季度：	一季度	二季度	三季度	四季度
（1）更新短期贷款/还本付息/申请短期贷款	□	□	□	□
（2）更新应付款/归还应付款	□	□	□	□
（3）更新原料订单/原材料入库	□	□	□	□
（4）下原料订单	□	□	□	□
（5）更新生产/完工入库	□	□	□	□
（6）投资新生产线/生产线改造/变卖生产线	□	□	□	□
（7）开始下一批生产	□	□	□	□
（8）产品研发投资	□	□	□	□
（9）更新应收款/应收款收现	□	□	□	□
（10）按订单交货	□	□	□	□
（11）支付行政管理费用（填状态记录表）	□	□	□	□

年末：

（1）更新长期贷款/支付利息/申请长期贷款	□
（2）支付设备维护费	□
（3）支付租金/购买建筑	□
（4）折旧	□
（5）新市场开拓投资 /ISO 资格认证投资	□
（6）关账	□

表 12-6 第一年订单

项目	1	2	3	4	5	6	合计
市场							
产品名称							
账期							
交货期							
单价							
订单数量							
订单销售额							
成本							
毛利							

表 12-7　第一年的现金流量表

项目	1	2	3	4
应收款到期（+）				
变卖生产线（+）				
变卖原料/产品（+）				
变卖/抵押厂房（+）				
短期贷款（+）				
高利贷贷款（+）				
长期贷款（+）				
收入总计				
支付上年应交税				
广告费				
贴现费用				
归还短贷及利息				
归还高利贷及利息				
原料采购支付现金				
成品采购支付现金				
设备改造费				
生产线投资				
加工费用				
产品研发				
行政管理费				
长期贷款及利息				
设备维护费				
租金				
购买新建筑				
市场开拓投资				
ISO 认证投资				
其他				
支出总计				
现金余额				

表 12-8　第一年的财务报表

资产负债表　　单位：M

资产	年初数	期末数	负债及所有者权益	年初数	期末数
流动资产：			负债：		
现金			短期负债		
应收账款			应付账款		
原材料			应交税金		
产成品			长期负债		
在制品					
流动资产合计			**负债合计**		
固定资产：			**所有者权益：**		
土地建筑原价			股东资本		
机器设备净值			以前年度利润		
在建工程			当年净利润		
固定资产合计			**所有者权益合计**		
资产总计			**权益总计**		

表 12-9　综合管理费用明细表（损益表）

项目	金额		项目	去年	今年
行政管理费			**一、销售收入**		
广告费			减：成本		
设备维护费			**二、毛利**		
设备改造费			减：综合费用		
租金			折旧		
产品研发			财务净损益		
市场开拓			**三、营业利润**		
ISO 认证			加：营业外净收益		
其他			**四、利润总额**		
合计			减：所得税		
			五、净利润		

表 12-10　状态记录表

填报说明：第　　小组第　　年

1Q末		2Q末		3Q末		4Q末	
应收款		应收款		应收款		应收款	
帐期	金额	帐期	金额	帐期	金额	帐期	金额
4Q		4Q		4Q		4Q	
3Q		3Q		3Q		3Q	
2Q		2Q		2Q		2Q	
1Q		1Q		1Q		1Q	
现金		现金		现金		现金	
应付款		应付款		应付款		应付款	
帐期	金额	帐期	金额	帐期	金额	帐期	金额
1Q		1Q		1Q		1Q	
2Q		2Q		2Q		2Q	
3Q		3Q		3Q		3Q	
4Q		4Q		4Q		4Q	
短期贷款		短期贷款		短期贷款		短期贷款	
帐期	金额	帐期	金额	帐期	金额	帐期	金额
1Q		1Q		1Q		1Q	
2Q		2Q		2Q		2Q	
3Q		3Q		3Q		3Q	
4Q		4Q		4Q		4Q	
高利贷		高利贷		高利贷		高利贷	
帐期	金额	帐期	金额	帐期	金额	帐期	金额
1Q		1Q		1Q		1Q	
2Q		2Q		2Q		2Q	
3Q		3Q		3Q		3Q	
4Q		4Q		4Q		4Q	
原料订单		原料订单		原料订单		原料订单	
类型	数量，所在提前期	类型	数量，所在提前期	类型	数量，所在提前期	类型	数量，所在提前期
M1		M1		M1		M1	
M2		M2		M2		M2	
M3		M3		M3		M3	
M4		M4		M4		M4	
原料库存		原料库存		原料库存		原料库存	
类型	数量	类型	数量	类型	数量	类型	数量
M1		M1		M1		M1	
M2		M2		M2		M2	
M3		M3		M3		M3	
M4		M4		M4		M4	
在制品状态		在制品状态		在制品状态		在制品状态	
生产线编号，类型	产品，在制状态	生产线编号，类型	产品，在制状态	生产线编号，类型	产品，在制状态	生产线编号，类型	产品，在制状态
生产线1，		生产线1，		生产线1，		生产线1，	
生产线2，		生产线2，		生产线2，		生产线2，	
生产线3，		生产线3，		生产线3，		生产线3，	
生产线4，		生产线4，		生产线4，		生产线4，	
生产线5，		生产线5，		生产线5，		生产线5，	
生产线6，		生产线6，		生产线6，		生产线6，	
生产线7，		生产线7，		生产线7，		生产线7，	
生产线8，		生产线8，		生产线8，		生产线8，	
产成品库存		产成品库存		产成品库存		产成品库存	
产品类型	数量	产品类型	数量	产品类型	数量	产品类型	数量
Beryl		Beryl		Beryl		Beryl	
Crystal		Crystal		Crystal		Crystal	
Ruby		Ruby		Ruby		Ruby	
Sapphire		Sapphire		Sapphire		Sapphire	
生产线新建/改造/搬迁		生产线新建/改造/搬迁		生产线新建/改造/搬迁		生产线新建/改造/搬迁	
生产线编号，类型	新建/改造/搬迁,状态	生产线编号，类型	新建/改造/搬迁,状态	生产线编号，类型	新建/改造/搬迁,状态	生产线编号，类型	新建/改造/搬迁,状态
生产线1，		生产线1，		生产线1，		生产线1，	
生产线2，		生产线2，		生产线2，		生产线2，	
生产线3，		生产线3，		生产线3，		生产线3，	
生产线4，		生产线4，		生产线4，		生产线4，	
生产线5，		生产线5，		生产线5，		生产线5，	
生产线6，		生产线6，		生产线6，		生产线6，	
生产线7，		生产线7，		生产线7，		生产线7，	
生产线8，		生产线8，		生产线8，		生产线8，	
产品研发		产品研发		产品研发		产品研发	
产品类型	状态	产品类型	状态	产品类型	状态	产品类型	状态
Crystal		Crystal		Crystal		Crystal	
Ruby		Ruby		Ruby		Ruby	
Sapphire		Sapphire		Sapphire		Sapphire	

年末	
ISO认证	
类型	状态
ISO9000	
ISO14000	
市场开拓	
类型	状态
区域	
国内	
亚洲	
国际	
长期贷款	
帐期	金额
1Y	
2Y	
3Y	
4Y	
生产线净值	
生产线	净值
生产线1	10
生产线2	
生产线3	
生产线4	
生产线5	
生产线6	
生产线7	
生产线8	
现金	

三、第二年

任务清单：

年初：（根据提示，完成部分打钩）

（1）支付应付税（根据上年度结果）	□	（填现金流量表）
（2）支付广告费	□	
（3）登记销售订单	□	

每个季度：	一季度	二季度	三季度	四季度
（1）更新短期贷款/还本付息/申请短期贷款	□	□	□	□
（2）更新应付款/归还应付款	□	□	□	□
（3）更新原料订单/原材料入库	□	□	□	□
（4）下原料订单	□	□	□	□
（5）更新生产/完工入库	□	□	□	□
（6）投资新生产线/生产线改造/变卖生产线	□	□	□	□
（7）开始下一批生产	□	□	□	□
（8）产品研发投资	□	□	□	□
（9）更新应收款/应收款收现	□	□	□	□
（10）按订单交货	□	□	□	□
（11）支付行政管理费用（填状态记录表）	□	□	□	□

年末：

（1）更新长期贷款/支付利息/申请长期贷款	□
（2）支付设备维护费	□
（3）支付租金/购买建筑	□
（4）折旧	□
（5）新市场开拓投资 /ISO 资格认证投资	□
（6）关账	□

表 12-11　第二年订单

项目	1	2	3	4	5	6	合计
市场							
产品名称							
账期							
交货期							
单价							
订单数量							
订单销售额							
成本							
毛利							

表 12-12　第二年的现金流量表

项目	1	2	3	4
应收款到期（+）				
变卖生产线（+）				
变卖原料/产品（+）				
变卖/抵押厂房（+）				
短期贷款（+）				
高利贷贷款（+）				
长期贷款（+）				
收入总计				
支付上年应交税				
广告费				
贴现费用				
归还短贷及利息				
归还高利贷及利息				
原料采购支付现金				
成品采购支付现金				
设备改造费				
生产线投资				
加工费用				
产品研发				
行政管理费				
长期贷款及利息				
设备维护费				
租金				
购买新建筑				
市场开拓投资				
ISO 认证投资				
其他				
支出总计				
现金余额				

表 12-13　第二年的财务报表

资产负债表　　　　　　　　　　　　　　单位：M

资产	年初数	期末数	负债及所有者权益	年初数	期末数
流动资产：			**负债：**		
现金			短期负债		
应收账款			应付账款		
原材料			应交税金		
产成品			长期负债		
在制品					
流动资产合计			**负债合计**		
固定资产：			**所有者权益：**		
土地建筑原价			股东资本		
机器设备净值			以前年度利润		
在建工程			当年净利润		
固定资产合计			**所有者权益合计**		
资产总计			**权益总计**		

表 12-14　综合管理费用明细表（损益表）

项目	金额		项目	去年	今年
行政管理费			**一、销售收入**		
广告费			减：成本		
设备维护费			**二、毛利**		
设备改造费			减：综合费用		
租金			折旧		
产品研发			财务净损益		
市场开拓			**三、营业利润**		
ISO 认证			加：营业外净收益		
其他			**四、利润总额**		
合计			减：所得税		
			五、净利润		

表 12-15 状态记录表

填报说明：第 小组第 年

1Q末		2Q末		3Q末		4Q末	
应收款		应收款		应收款		应收款	
帐期	金额	帐期	金额	帐期	金额	帐期	金额
4Q		4Q		4Q		4Q	
3Q		3Q		3Q		3Q	
2Q		2Q		2Q		2Q	
1Q		1Q		1Q		1Q	
现金		现金		现金		现金	
应付款		应付款		应付款		应付款	
帐期	金额	帐期	金额	帐期	金额	帐期	金额
1Q		1Q		1Q		1Q	
2Q		2Q		2Q		2Q	
3Q		3Q		3Q		3Q	
4Q		4Q		4Q		4Q	
短期贷款		短期贷款		短期贷款		短期贷款	
帐期	金额	帐期	金额	帐期	金额	帐期	金额
1Q		1Q		1Q		1Q	
2Q		2Q		2Q		2Q	
3Q		3Q		3Q		3Q	
4Q		4Q		4Q		4Q	
高利贷		高利贷		高利贷		高利贷	
帐期	金额	帐期	金额	帐期	金额	帐期	金额
1Q		1Q		1Q		1Q	
2Q		2Q		2Q		2Q	
3Q		3Q		3Q		3Q	
4Q		4Q		4Q		4Q	
原料订单		原料订单		原料订单		原料订单	
类型	数量，所在提前期	类型	数量，所在提前期	类型	数量，所在提前期	类型	数量，所在提前期
M1		M1		M1		M1	
M2		M2		M2		M2	
M3		M3		M3		M3	
M4		M4		M4		M4	
原料库存		原料库存		原料库存		原料库存	
类型	数量	类型	数量	类型	数量	类型	数量
M1		M1		M1		M1	
M2		M2		M2		M2	
M3		M3		M3		M3	
M4		M4		M4		M4	
在制品状态		在制品状态		在制品状态		在制品状态	
生产线编号，类型	产品，在制状态	生产线编号，类型	产品，在制状态	生产线编号，类型	产品，在制状态	生产线编号，类型	产品，在制状态
生产线1，		生产线1，		生产线1，		生产线1，	
生产线2，		生产线2，		生产线2，		生产线2，	
生产线3，		生产线3，		生产线3，		生产线3，	
生产线4，		生产线4，		生产线4，		生产线4，	
生产线5，		生产线5，		生产线5，		生产线5，	
生产线6，		生产线6，		生产线6，		生产线6，	
生产线7，		生产线7，		生产线7，		生产线7，	
生产线8，		生产线8，		生产线8，		生产线8，	
产成品库存		产成品库存		产成品库存		产成品库存	
产品类型	数量	产品类型	数量	产品类型	数量	产品类型	数量
Beryl		Beryl		Beryl		Beryl	
Crystal		Crystal		Crystal		Crystal	
Ruby		Ruby		Ruby		Ruby	
Sapphire		Sapphire		Sapphire		Sapphire	
生产线新建/改造/搬迁		生产线新建/改造/搬迁		生产线新建/改造/搬迁		生产线新建/改造/搬迁	
生产线编号，类型	新建/改造/搬迁,状态	生产线编号，类型	新建/改造/搬迁,状态	生产线编号，类型	新建/改造/搬迁,状态	生产线编号，类型	新建/改造/搬迁,状态
生产线1，		生产线1，		生产线1，		生产线1，	
生产线2，		生产线2，		生产线2，		生产线2，	
生产线3，		生产线3，		生产线3，		生产线3，	
生产线4，		生产线4，		生产线4，		生产线4，	
生产线5，		生产线5，		生产线5，		生产线5，	
生产线6，		生产线6，		生产线6，		生产线6，	
生产线7，		生产线7，		生产线7，		生产线7，	
生产线8，		生产线8，		生产线8，		生产线8，	
产品研发		产品研发		产品研发		产品研发	
产品类型	状态	产品类型	状态	产品类型	状态	产品类型	状态
Crystal		Crystal		Crystal		Crystal	
Ruby		Ruby		Ruby		Ruby	
Sapphire		Sapphire		Sapphire		Sapphire	

年末	
ISO认证	
类型	状态
ISO9000	
ISO14000	
市场开拓	
类型	状态
区域	
国内	
亚洲	
国际	
长期贷款	
帐期	金额
1Y	
2Y	
3Y	
4Y	
生产线净值	
生产线	净值
生产线1	10
生产线2	
生产线3	
生产线4	
生产线5	
生产线6	
生产线7	
生产线8	
现金	

四、第三年

任务清单：

年初：（根据提示，完成部分打钩）

（1）支付应付税（根据上年度结果） □（填现金流量表）

（2）支付广告费 □

（3）登记销售订单 □

每个季度：	一季度	二季度	三季度	四季度
（1）更新短期贷款/还本付息/申请短期贷款	□	□	□	□
（2）更新应付款/归还应付款	□	□	□	□
（3）更新原料订单/原材料入库	□	□	□	□
（4）下原料订单	□	□	□	□
（5）更新生产/完工入库	□	□	□	□
（6）投资新生产线/生产线改造/变卖生产线	□	□	□	□
（7）开始下一批生产	□	□	□	□
（8）产品研发投资	□	□	□	□
（9）更新应收款/应收款收现	□	□	□	□
（10）按订单交货	□	□	□	□
（11）支付行政管理费用（填状态记录表）	□	□	□	□

年末：

（1）更新长期贷款/支付利息/申请长期贷款 □

（2）支付设备维护费 □

（3）支付租金/购买建筑 □

（4）折旧 □

（5）新市场开拓投资 /ISO 资格认证投资 □

（6）关账 □

表 12-16　第三年订单

项目	1	2	3	4	5	6	合计
市场							
产品名称							
账期							
交货期							
单价							
订单数量							
订单销售额							
成本							
毛利							

表 12-17　第三年的现金流量表

项目	1	2	3	4
应收款到期（+）				
变卖生产线（+）				
变卖原料/产品（+）				
变卖/抵押厂房（+）				
短期贷款（+）				
高利贷贷款（+）				
长期贷款（+）				
收入总计				
支付上年应交税				
广告费				
贴现费用				
归还短贷及利息				
归还高利贷及利息				
原料采购支付现金				
成品采购支付现金				
设备改造费				
生产线投资				
加工费用				
产品研发				
行政管理费				
长期贷款及利息				
设备维护费				
租金				
购买新建筑				
市场开拓投资				
ISO 认证投资				
其他				
支出总计				
现金余额				

表 12-18 第三年的财务报表

资产负债表 单位：M

资产	年初数	期末数	负债及所有者权益	年初数	期末数
流动资产：			**负债：**		
现金			短期负债		
应收账款			应付账款		
原材料			应交税金		
产成品			长期负债		
在制品					
流动资产合计			**负债合计**		
固定资产：			**所有者权益：**		
土地建筑原价			股东资本		
机器设备净值			以前年度利润		
在建工程			当年净利润		
固定资产合计			**所有者权益合计**		
资产总计			**权益总计**		

表 12-19 综合管理费用明细表（损益表）

项目	金额		项目	去年	今年
行政管理费			**一、销售收入**		
广告费			减：成本		
设备维护费			**二、毛利**		
设备改造费			减：综合费用		
租金			折旧		
产品研发			财务净损益		
市场开拓			**三、营业利润**		
ISO 认证			加：营业外净收益		
其他			**四、利润总额**		
合计			减：所得税		
			五、净利润		

表 12-20　状态记录表

填报说明：第____小组第______年

1Q末		2Q末		3Q末		4Q末	
应收款		**应收款**		**应收款**		**应收款**	
帐期	金额	帐期	金额	帐期	金额	帐期	金额
4Q		4Q		4Q		4Q	
3Q		3Q		3Q		3Q	
2Q		2Q		2Q		2Q	
1Q		1Q		1Q		1Q	
现金		**现金**		**现金**		**现金**	
应付款		**应付款**		**应付款**		**应付款**	
帐期	金额	帐期	金额	帐期	金额	帐期	金额
1Q		1Q		1Q		1Q	
2Q		2Q		2Q		2Q	
3Q		3Q		3Q		3Q	
4Q		4Q		4Q		4Q	
短期贷款		**短期贷款**		**短期贷款**		**短期贷款**	
帐期	金额	帐期	金额	帐期	金额	帐期	金额
1Q		1Q		1Q		1Q	
2Q		2Q		2Q		2Q	
3Q		3Q		3Q		3Q	
4Q		4Q		4Q		4Q	
高利贷		**高利贷**		**高利贷**		**高利贷**	
帐期	金额	帐期	金额	帐期	金额	帐期	金额
1Q		1Q		1Q		1Q	
2Q		2Q		2Q		2Q	
3Q		3Q		3Q		3Q	
4Q		4Q		4Q		4Q	
原料订单		**原料订单**		**原料订单**		**原料订单**	
类型	数量，所在提前期	类型	数量，所在提前期	类型	数量，所在提前期	类型	数量，所在提前期
M1		M1		M1		M1	
M2		M2		M2		M2	
M3		M3		M3		M3	
M4		M4		M4		M4	
原料库存		**原料库存**		**原料库存**		**原料库存**	
类型	数量	类型	数量	类型	数量	类型	数量
M1		M1		M1		M1	
M2		M2		M2		M2	
M3		M3		M3		M3	
M4		M4		M4		M4	
在制品状态		**在制品状态**		**在制品状态**		**在制品状态**	
生产线编号，类型	产品，在制状态	生产线编号，类型	产品，在制状态	生产线编号，类型	产品，在制状态	生产线编号，类型	产品，在制状态
生产线1，		生产线1，		生产线1，		生产线1，	
生产线2，		生产线2，		生产线2，		生产线2，	
生产线3，		生产线3，		生产线3，		生产线3，	
生产线4，		生产线4，		生产线4，		生产线4，	
生产线5，		生产线5，		生产线5，		生产线5，	
生产线6，		生产线6，		生产线6，		生产线6，	
生产线7，		生产线7，		生产线7，		生产线7，	
生产线8，		生产线8，		生产线8，		生产线8，	
产成品库存		**产成品库存**		**产成品库存**		**产成品库存**	
产品类型	数量	产品类型	数量	产品类型	数量	产品类型	数量
Beryl		Beryl		Beryl		Beryl	
Crystal		Crystal		Crystal		Crystal	
Ruby		Ruby		Ruby		Ruby	
Sapphire		Sapphire		Sapphire		Sapphire	
生产线新建/改造/搬迁		**生产线新建/改造/搬迁**		**生产线新建/改造/搬迁**		**生产线新建/改造/搬迁**	
生产线编号，类型	新建/改造/搬迁，状态	生产线编号，类型	新建/改造/搬迁，状态	生产线编号，类型	新建/改造/搬迁，状态	生产线编号，类型	新建/改造/搬迁，状态
生产线1，		生产线1，		生产线1，		生产线1，	
生产线2，		生产线2，		生产线2，		生产线2，	
生产线3，		生产线3，		生产线3，		生产线3，	
生产线4，		生产线4，		生产线4，		生产线4，	
生产线5，		生产线5，		生产线5，		生产线5，	
生产线6，		生产线6，		生产线6，		生产线6，	
生产线7，		生产线7，		生产线7，		生产线7，	
生产线8，		生产线8，		生产线8，		生产线8，	
产品研发		**产品研发**		**产品研发**		**产品研发**	
产品类型	状态	产品类型	状态	产品类型	状态	产品类型	状态
Crystal		Crystal		Crystal		Crystal	
Ruby		Ruby		Ruby		Ruby	
Sapphire		Sapphire		Sapphire		Sapphire	

年末	
ISO认证	
类型	状态
ISO9000	
ISO14000	
市场开拓	
类型	状态
区域	
国内	
亚洲	
国际	
长期贷款	
帐期	金额
1Y	
2Y	
3Y	
4Y	
生产线净值	
生产线	净值
生产线1	10
生产线2	
生产线3	
生产线4	
生产线5	
生产线6	
生产线7	
生产线8	
现金	

五、第四年

任务清单：

年初：（根据提示，完成部分打钩）

（1）支付应付税（根据上年度结果） □（填现金流量表）

（2）支付广告费 □

（3）登记销售订单 □

每个季度：	一季度	二季度	三季度	四季度
（1）更新短期贷款/还本付息/申请短期贷款	□	□	□	□
（2）更新应付款/归还应付款	□	□	□	□
（3）更新原料订单/原材料入库	□	□	□	□
（4）下原料订单	□	□	□	□
（5）更新生产/完工入库	□	□	□	□
（6）投资新生产线/生产线改造/变卖生产线	□	□	□	□
（7）开始下一批生产	□	□	□	□
（8）产品研发投资	□	□	□	□
（9）更新应收款/应收款收现	□	□	□	□
（10）按订单交货	□	□	□	□
（11）支付行政管理费用（填状态记录表）	□	□	□	□

年末：

（1）更新长期贷款/支付利息/申请长期贷款 □

（2）支付设备维护费 □

（3）支付租金/购买建筑 □

（4）折旧 □

（5）新市场开拓投资 /ISO 资格认证投资 □

（6）关账 □

表 12-21　第四年订单

项目	1	2	3	4	5	6	合计
市场							
产品名称							
账期							
交货期							
单价							
订单数量							
订单销售额							
成本							
毛利							

表 12-22　第四年的现金流量表

项目	1	2	3	4
应收款到期（+）				
变卖生产线（+）				
变卖原料/产品（+）				
变卖/抵押厂房（+）				
短期贷款（+）				
高利贷贷款（+）				
长期贷款（+）				
收入总计				
支付上年应交税				
广告费				
贴现费用				
归还短贷及利息				
归还高利贷及利息				
原料采购支付现金				
成品采购支付现金				
设备改造费				
生产线投资				
加工费用				
产品研发				
行政管理费				
长期贷款及利息				
设备维护费				
租金				
购买新建筑				
市场开拓投资				
ISO 认证投资				
其他				
支出总计				
现金余额				

表 12-23　第四年的财务报表

资产负债表　　　　　　　　　　　　　　　　　　　　　　　　单位：M

资产	年初数	期末数	负债及所有者权益	年初数	期末数
流动资产：			**负债：**		
现金			短期负债		
应收账款			应付账款		
原材料			应交税金		
产成品			长期负债		
在制品					
流动资产合计			**负债合计**		
固定资产：			**所有者权益：**		
土地建筑原价			股东资本		
机器设备净值			以前年度利润		
在建工程			当年净利润		
固定资产合计			**所有者权益合计**		
资产总计			**权益总计**		

表 12-24　综合管理费用明细表（损益表）　　　　单位：M

项目	金额		项目	去年	今年
行政管理费			**一、销售收入**		
广告费			减：成本		
设备维护费			**二、毛利**		
设备改造费			减：综合费用		
租金			折旧		
产品研发			财务净损益		
市场开拓			**三、营业利润**		
ISO 认证			加：营业外净收益		
其他			**四、利润总额**		
合计			减：所得税		
			五、净利润		

表 12-25 状态记录表

填报说明：第 小组第 年

1Q末		2Q末		3Q末		4Q末	
应收款		应收款		应收款		应收款	
帐期	金额	帐期	金额	帐期	金额	帐期	金额
4Q		4Q		4Q		4Q	
3Q		3Q		3Q		3Q	
2Q		2Q		2Q		2Q	
1Q		1Q		1Q		1Q	
现金		现金		现金		现金	
应付款		应付款		应付款		应付款	
帐期	金额	帐期	金额	帐期	金额	帐期	金额
1Q		1Q		1Q		1Q	
2Q		2Q		2Q		2Q	
3Q		3Q		3Q		3Q	
4Q		4Q		4Q		4Q	
短期贷款		短期贷款		短期贷款		短期贷款	
帐期	金额	帐期	金额	帐期	金额	帐期	金额
1Q		1Q		1Q		1Q	
2Q		2Q		2Q		2Q	
3Q		3Q		3Q		3Q	
4Q		4Q		4Q		4Q	
高利贷		高利贷		高利贷		高利贷	
帐期	金额	帐期	金额	帐期	金额	帐期	金额
1Q		1Q		1Q		1Q	
2Q		2Q		2Q		2Q	
3Q		3Q		3Q		3Q	
4Q		4Q		4Q		4Q	
原料订单		原料订单		原料订单		原料订单	
类型	数量，所在提前期	类型	数量，所在提前期	类型	数量，所在提前期	类型	数量，所在提前期
M1		M1		M1		M1	
M2		M2		M2		M2	
M3		M3		M3		M3	
M4		M4		M4		M4	
原料库存		原料库存		原料库存		原料库存	
类型	数量	类型	数量	类型	数量	类型	数量
M1		M1		M1		M1	
M2		M2		M2		M2	
M3		M3		M3		M3	
M4		M4		M4		M4	
在制品状态		在制品状态		在制品状态		在制品状态	
生产线编号，类型	产品，在制状态	生产线编号，类型	产品，在制状态	生产线编号，类型	产品，在制状态	生产线编号，类型	产品，在制状态
生产线1，		生产线1，		生产线1，		生产线1，	
生产线2，		生产线2，		生产线2，		生产线2，	
生产线3，		生产线3，		生产线3，		生产线3，	
生产线4，		生产线4，		生产线4，		生产线4，	
生产线5，		生产线5，		生产线5，		生产线5，	
生产线6，		生产线6，		生产线6，		生产线6，	
生产线7，		生产线7，		生产线7，		生产线7，	
生产线8，		生产线8，		生产线8，		生产线8，	
产成品库存		产成品库存		产成品库存		产成品库存	
产品类型	数量	产品类型	数量	产品类型	数量	产品类型	数量
Beryl		Beryl		Beryl		Beryl	
Crystal		Crystal		Crystal		Crystal	
Ruby		Ruby		Ruby		Ruby	
Sapphire		Sapphire		Sapphire		Sapphire	
生产线新建/改造/搬迁		生产线新建/改造/搬迁		生产线新建/改造/搬迁		生产线新建/改造/搬迁	
生产线编号，类型	新建/改造/搬迁,状态	生产线编号，类型	新建/改造/搬迁,状态	生产线编号，类型	新建/改造/搬迁,状态	生产线编号，类型	新建/改造/搬迁,状态
生产线1，		生产线1，		生产线1，		生产线1，	
生产线2，		生产线2，		生产线2，		生产线2，	
生产线3，		生产线3，		生产线3，		生产线3，	
生产线4，		生产线4，		生产线4，		生产线4，	
生产线5，		生产线5，		生产线5，		生产线5，	
生产线6，		生产线6，		生产线6，		生产线6，	
生产线7，		生产线7，		生产线7，		生产线7，	
生产线8，		生产线8，		生产线8，		生产线8，	
产品研发		产品研发		产品研发		产品研发	
产品类型	状态	产品类型	状态	产品类型	状态	产品类型	状态
Crystal		Crystal		Crystal		Crystal	
Ruby		Ruby		Ruby		Ruby	
Sapphire		Sapphire		Sapphire		Sapphire	

年末	
ISO认证	
类型	状态
ISO9000	
ISO14000	
市场开拓	
类型	状态
区域	
国内	
亚洲	
国际	
长期贷款	
帐期	金额
1Y	
2Y	
3Y	
4Y	
生产线净值	
生产线	净值
生产线1	10
生产线2	
生产线3	
生产线4	
生产线5	
生产线6	
生产线7	
生产线8	
现金	

六、第五年

任务清单：

年初：（根据提示，完成部分打钩）

（1）支付应付税（根据上年度结果）	□	（填现金流量表）
（2）支付广告费	□	
（3）登记销售订单	□	

每个季度：	一季度	二季度	三季度	四季度
（1）更新短期贷款/还本付息/申请短期贷款	□	□	□	□
（2）更新应付款/归还应付款	□	□	□	□
（3）更新原料订单/原材料入库	□	□	□	□
（4）下原料订单	□	□	□	□
（5）更新生产/完工入库	□	□	□	□
（6）投资新生产线/生产线改造/变卖生产线	□	□	□	□
（7）开始下一批生产	□	□	□	□
（8）产品研发投资	□	□	□	□
（9）更新应收款/应收款收现	□	□	□	□
（10）按订单交货	□	□	□	□
（11）支付行政管理费用（填状态记录表）	□	□	□	□

年末：

（1）更新长期贷款/支付利息/申请长期贷款	□
（2）支付设备维护费	□
（3）支付租金/购买建筑	□
（4）折旧	□
（5）新市场开拓投资 /ISO资格认证投资	□
（6）关账	□

表 12-26　第五年订单

项目	1	2	3	4	5	6	合计
市场							
产品名称							
账期							
交货期							
单价							
订单数量							
订单销售额							
成本							
毛利							

表 12-27　第五年的现金流量表

项目	1	2	3	4
应收款到期（+）				
变卖生产线（+）				
变卖原料/产品（+）				
变卖/抵押厂房（+）				
短期贷款（+）				
高利贷贷款（+）				
长期贷款（+）				
收入总计				
支付上年应交税				
广告费				
贴现费用				
归还短贷及利息				
归还高利贷及利息				
原料采购支付现金				
成品采购支付现金				
设备改造费				
生产线投资				
加工费用				
产品研发				
行政管理费				
长期贷款及利息				
设备维护费				
租金				
购买新建筑				
市场开拓投资				
ISO 认证投资				
其他				
支出总计				
现金余额				

表 12-28 第五年的财务报表

资产负债表 单位：M

资产	年初数	期末数	负债及所有者权益	年初数	期末数
流动资产：			**负债：**		
现金			短期负债		
应收账款			应付账款		
原材料			应交税金		
产成品			长期负债		
在制品					
流动资产合计			**负债合计**		
固定资产：			**所有者权益：**		
土地建筑原价			股东资本		
机器设备净值			以前年度利润		
在建工程			当年净利润		
固定资产合计			**所有者权益合计**		
资产总计			**权益总计**		

表 12-29 综合管理费用明细表（损益表）

项目	金额		项目	去年	今年
行政管理费			**一、销售收入**		
广告费			减：成本		
设备维护费			**二、毛利**		
设备改造费			减：综合费用		
租金			折旧		
产品研发			财务净损益		
市场开拓			**三、营业利润**		
ISO 认证			加：营业外净收益		
其他			**四、利润总额**		
合计			减：所得税		
			五、净利润		

表 12-30　状态记录表

填报说明：第　　小组第　　年

1Q末		2Q末		3Q末		4Q末	
应收款		**应收款**		**应收款**		**应收款**	
帐期	金额	帐期	金额	帐期	金额	帐期	金额
4Q		4Q		4Q		4Q	
3Q		3Q		3Q		3Q	
2Q		2Q		2Q		2Q	
1Q		1Q		1Q		1Q	
现金		**现金**		**现金**		**现金**	
应付款		**应付款**		**应付款**		**应付款**	
帐期	金额	帐期	金额	帐期	金额	帐期	金额
1Q		1Q		1Q		1Q	
2Q		2Q		2Q		2Q	
3Q		3Q		3Q		3Q	
4Q		4Q		4Q		4Q	
短期贷款		**短期贷款**		**短期贷款**		**短期贷款**	
帐期	金额	帐期	金额	帐期	金额	帐期	金额
1Q		1Q		1Q		1Q	
2Q		2Q		2Q		2Q	
3Q		3Q		3Q		3Q	
4Q		4Q		4Q		4Q	
高利贷		**高利贷**		**高利贷**		**高利贷**	
帐期	金额	帐期	金额	帐期	金额	帐期	金额
1Q		1Q		1Q		1Q	
2Q		2Q		2Q		2Q	
3Q		3Q		3Q		3Q	
4Q		4Q		4Q		4Q	
原料订单		**原料订单**		**原料订单**		**原料订单**	
类型	数量，所在提前期	类型	数量，所在提前期	类型	数量，所在提前期	类型	数量，所在提前期
M1		M1		M1		M1	
M2		M2		M2		M2	
M3		M3		M3		M3	
M4		M4		M4		M4	
原料库存		**原料库存**		**原料库存**		**原料库存**	
类型	数量	类型	数量	类型	数量	类型	数量
M1		M1		M1		M1	
M2		M2		M2		M2	
M3		M3		M3		M3	
M4		M4		M4		M4	
在制品状态		**在制品状态**		**在制品状态**		**在制品状态**	
生产线编号，类型	产品，在制状态	生产线编号，类型	产品，在制状态	生产线编号，类型	产品，在制状态	生产线编号，类型	产品，在制状态
生产线1，		生产线1，		生产线1，		生产线1，	
生产线2，		生产线2，		生产线2，		生产线2，	
生产线3，		生产线3，		生产线3，		生产线3，	
生产线4，		生产线4，		生产线4，		生产线4，	
生产线5，		生产线5，		生产线5，		生产线5，	
生产线6，		生产线6，		生产线6，		生产线6，	
生产线7，		生产线7，		生产线7，		生产线7，	
生产线8，		生产线8，		生产线8，		生产线8，	
产成品库存		**产成品库存**		**产成品库存**		**产成品库存**	
产品类型	数量	产品类型	数量	产品类型	数量	产品类型	数量
Beryl		Beryl		Beryl		Beryl	
Crystal		Crystal		Crystal		Crystal	
Ruby		Ruby		Ruby		Ruby	
Sapphire		Sapphire		Sapphire		Sapphire	
生产线新建/改造/搬迁		**生产线新建/改造/搬迁**		**生产线新建/改造/搬迁**		**生产线新建/改造/搬迁**	
生产线编号，类型	新建/改造/搬迁，状态	生产线编号，类型	新建/改造/搬迁，状态	生产线编号，类型	新建/改造/搬迁，状态	生产线编号，类型	新建/改造/搬迁，状态
生产线1，		生产线1，		生产线1，		生产线1，	
生产线2，		生产线2，		生产线2，		生产线2，	
生产线3，		生产线3，		生产线3，		生产线3，	
生产线4，		生产线4，		生产线4，		生产线4，	
生产线5，		生产线5，		生产线5，		生产线5，	
生产线6，		生产线6，		生产线6，		生产线6，	
生产线7，		生产线7，		生产线7，		生产线7，	
生产线8，		生产线8，		生产线8，		生产线8，	
产品研发		**产品研发**		**产品研发**		**产品研发**	
产品类型	状态	产品类型	状态	产品类型	状态	产品类型	状态
Crystal		Crystal		Crystal		Crystal	
Ruby		Ruby		Ruby		Ruby	
Sapphire		Sapphire		Sapphire		Sapphire	

年末	
ISO认证	
类型	状态
ISO9000	
ISO14000	
市场开拓	
类型	状态
区域	
国内	
亚洲	
国际	
长期贷款	
帐期	金额
1Y	
2Y	
3Y	
4Y	
生产线净值	
生产线	净值
生产线1	10
生产线2	
生产线3	
生产线4	
生产线5	
生产线6	
生产线7	
生产线8	
现金	

参考文献

[1] 彼得·德鲁克. 德鲁克原理[M]. 北京：机械工业出版社，1998.

[2] 方虹·企业家精神与领导艺术[M]. 北京：中国人民大学出版，2012.

[3] 王阳，曹受军. 企业概论[M]. 兰州：兰州大学出版社，2005.

[4] 彼得·德鲁克. 创新与企业家精神[M]. 北京：机械工业出版社，2009.

[5] 罗珉. 管理学原理[M]. 2 版. 北京：科学出版社，2016.

[6] 斯蒂芬 P 罗宾斯. 管理学 [M]. 11 版. 李原，孙健敏，等，译. 北京：中国人民大学出版社，2012.

[7] 吴健安，聂元昆. 市场营销学 [M]. 7 版. 北京：高等教育出版社，2022

[8] 菲利普·科特勒，加里·阿姆斯特朗. 市场营销原理 [M]. 17 版. 北京：清华大学出版社，2021.

[9] 焦雨梅，冉隆平. 大学生创业教育[M]. 北京：航空工业出版社，2013.

[10] 通识教育规划教材编写组. 大学生创新创业教程[M]. 北京：人民邮电出版社，2019.

[11] 胡楠，郭勇. 大学生创新创业指导[M]. 北京：人民邮电出版社，2017.

[12] 胡洪. JIT 准时制采购战略[J]. 铁路采购与物流，2016（1）.

[13] 李严锋，张丽娟. 现代物流管理[M]. 大连：东北财经大学出版社，2016.

[14] 舒辉. 物流学[M]. 北京：机械工业出版社，2015.

[15] 片山修. 丰田生产方式[M]. 北京：华夏出版社，2013.

[16] 马士华，林勇. 供应链管理[M]. 北京：机械工业出版社，2014.

[17] 王道平. 物流管理信息系统[M]. 北京：机械工业出版社，2014.

[18] 陈心德，吴忠. 生产运营管理[M]. 北京：清华大学出版社，2005.

[19] 丁宁. 运营管理[M]. 北京：清华大学出版社，2017.

[20] 盖起军. 生产运营管理[M]. 北京：经济科学出版社，2008.

[21] 陈志祥. 生产与运作管理 [M]. 4 版. 机械工业出版社，2020.

[22] 靳志宏，关志民. 运营管理[M]. 北京：机械工业出版社，2007.

[23] 柯清芳. 生产运作管理[M]. 北京：北京理工大学出版社，2009.

[24] 马士华，林勇，等. 供应链管理 [M]. 6 版. 北京：机械工业出版社，2020.

[25] 吴奇志，赵璋，金茂竹. 运营管理[M]. 北京：中国人民大学出版社，2016.

[26] 李勇建，张建勇. 企业运作管理[M]. 上海：华东师范大学出版社，2010.

[27] 陈心德，吴忠. 生产运营管理[M]. 北京：清华大学出版社，2005.

[28] 彭俊松. 工业 4.0 驱动下制造业数字化转型[M]. 北京：机械工业出版社，2011.

[29] 郗婷婷. 创新创业基础[M]. 北京：清华大学出版社，2021.

[30] 臧其超. 中小企业股权激励一本通[M]. 广州：广东旅游出版社，2019.

[31] 人力资源和社会保障部职业能力建设司，中国就业培训技术指导中心组织. 创办你的企业——创业计划书 [M]. 北京：中国劳动社会保障出版社，2022.